Jacky Girardet
Jacques Pécheur

GW00802392

campus
2

Livre du professeur

CLE
INTERNATIONAL

Édition : Christine Grall
Maquette et réalisation : Nicole Sicre
Couverture : Laurence Durandeau

Sommaire

Introduction à *Campus II*

- ### *Campus II* est une méthode pour l'enseignement du français langue étrangère à des adolescents et à des adultes de niveau moyen

Elle prépare ces étudiants à faire face aux situations de communication les plus diverses. Elle travaille à la fois l'oral et l'écrit, la compréhension et la production. Elle est conçue comme la capitalisation de petits savoir-faire communicatifs et de savoirs culturels.

Ce niveau II s'adresse à des étudiants qui ont couvert le programme du niveau I (soit un minimum de 100 heures de français) ou qui maîtrisent les connaissances et les compétences suivantes :

1. Ils possèdent un bagage lexical minimal de 800 mots appartenant au vocabulaire courant.

2. Ils savent mettre en œuvre les quatre temps principaux de l'indicatif (le présent, le passé composé, l'imparfait et le futur simple), les principaux déterminants, les pronoms personnels compléments (à l'exception des constructions complexes comme l'emploi de deux pronoms), les constructions interrogatives, négatives, présentatives, comparatives et relatives.

3. Ils sont à l'aise dans les situations de communication courantes propres aux domaines des rencontres, des loisirs et des fêtes, de l'information, des achats et de la nourriture, de l'entreprise et du travail, de la famille, de la santé, des voyages et du climat.

Campus II s'adresse également aux étudiants qui souhaitent préparer les épreuves A2 et A4 du Delf.

- ### *Campus II* est organisé (comme *Campus I*) en séquences d'enseignement (ou leçons) de 1 h 30. Chaque séquence est centrée sur un objectif précis

Ce niveau comporte 12 unités de 6 doubles pages (5 dans les unités 11 et 12). Chaque double page propose un travail de 1 h 30 en moyenne qui permet d'atteindre un objectif précis et évaluable.

Par exemple, l'unité 2 (S'affirmer), p. 19, regroupe les six objectifs suivants :

1. Imaginer (introduction du conditionnel)

2. Proposer – Conseiller

3. Parler des qualités et des défauts (des personnes)

4. Faire une demande écrite

5. Raconter des anecdotes

6. Améliorer son image

À l'intérieur d'une unité, les six objectifs sont fédérés par une grande orientation comportementale et communicative (Défendre une idée – Découvrir la vérité – Vivre ses passions – Etc.).

Chaque unité est suivie d'un bilan.

- ### Les parcours d'apprentissage sont adaptés aux objectifs

Les doubles pages de *Campus II* ne se ressemblent pas. Chaque leçon suit un parcours dicté par l'objectif à atteindre.

Lorsqu'il s'agit d'apprendre par exemple à exprimer la possibilité ou la probabilité d'un fait (p. 50-51), on partira d'un dialogue entre des archéologues qui mettent en doute l'authenticité d'une découverte. Les moyens linguistiques acquis lors du travail sur ce dialogue seront ensuite réinvestis dans des jeux de rôles.

Pour motiver la révision des constructions comparatives et superlatives, on proposera à la classe de réaliser en commun un projet, celui du livre des succès de l'année (p. 16-17).

Pages 28 et 29, deux courts articles de presse et une conversation serviront de cadre à l'analyse de la construction d'une anecdote et à des productions de petits récits.

Ailleurs, c'est une suite de petites activités (p. 114-115), qui permettra d'introduire et de pratiquer les dérivations lexicales.

La variété des démarches n'est donc pas seulement un moyen de renforcer la motivation. Elle permet également d'atteindre chaque objectif de la façon la plus directe et la plus efficace possible.

• Les activités s'appuient sur des documents variés écrits, audio et vidéo

Chaque double page est organisée autour d'un document oral ou écrit (ou plusieurs documents brefs). On trouvera :

1. Des scènes dialoguées faisant partie d'une histoire

Chaque unité propose une histoire ou « tranche de vie » dont on présente en général deux scènes. Chaque histoire se situe dans un lieu particulier et a pour cadre un univers socio-professionnel et thématique différent.

Par exemple, l'histoire « La pétition » dans l'unité 3. La SNCF (Société nationale des chemins de fer français) envisage de supprimer une ligne peu rentable qui traverse le Massif central et dessert la petite ville de Langogne. Quelques habitants de cette ville décident de se mobiliser contre ce projet (p. 34) et font signer une pétition (p. 36).

Les scènes de ces histoires sont enregistrées sur les cassettes audio et transcrites dans les leçons. Quelquefois, seul le début de la scène figure dans la leçon. On trouvera la suite de la transcription p. 169 et suivantes.

À la différence du niveau I, les histoires de *Campus II* n'existent pas en version vidéo.

2. Des reportages en version audio ou vidéo

Dans chaque unité, une double page est consacrée à l'exploitation d'un reportage. Ce reportage existe en deux versions :

– **la version vidéo**. La transcription du texte de cette version se trouve dans un livret joint à la cassette ;

– **la version audio**. Il s'agit, à quelques coupures près, de la transcription vidéo. Les quelques coupures qui ont été faites correspondent à des commentaires en voix off difficilement compréhensibles sans l'image. La transcription de la version audio se trouve à la p. 169 du livre de l'élève avec les autres documents sonores.

3. Des documents écrits et iconographiques

Ces documents ont été sélectionnés en fonction des caractéristiques suivantes :

– ils sont très souvent authentiques et illustrent les différents types de texte ;

– ils sont courts et demandent un travail d'explication relativement limité afin de laisser du temps pour les activités de commentaire et de discussion ;

– ils mettent en valeur l'objectif de la leçon. Par exemple, la leçon 2(3), p. 24, qui porte sur les qualités et les défauts des personnes, est introduite par un article sur le film *Le Fabuleux Destin d'Amélie Poulain* qui se présente comme une suite de brefs portraits.

• La progression de *Campus II* est adaptée aux capacités des étudiants

La première unité permet de réviser les principales acquisitions du niveau I. Ensuite, l'intégration des éléments nouveaux se fait sans rupture selon un rythme mesuré et constant : un micro-objectif par leçon, une centaine de mots nouveaux en moyenne par unité.

Le recyclage des acquisitions est permanent. L'automatisation des constructions grammaticales, par exemple, se poursuit tout au long de la méthode. Les grandes difficultés sont morcelées et étudiées sur plusieurs leçons.

L'emploi du subjonctif, par exemple, fera l'objet de 12 présentations différentes selon le sens des verbes et des constructions qui conditionnent ce mode (voir p. 35 les renvois aux pages qui traitent des différents emplois).

• Chaque leçon de *Campus II* se présente comme une suite d'activités motivantes qui cherchent à optimiser l'apprentissage

Pour travailler les verbes qui expriment les sentiments et qui déterminent souvent l'emploi du subjonctif, on propose deux lettres que s'adressent deux amies d'enfance qui vivent l'une en France et l'autre en Australie (leçon 5(4), p. 68). La découverte des lettres se fait grâce à la technique du dévoilement progressif. À chaque phrase, les étudiants notent ce qu'ils apprennent sur les deux correspondantes et formulent des hypothèses. La compréhension des textes et le repérage des formes qui expriment les sentiments sont donc portés par un projet : rassembler le plus possible d'informations sur les deux femmes.

La séquence se poursuit par un exercice écrit « Exercez-vous » et par des exercices oraux « Prononciation et mécanismes » visant à automatiser l'emploi des constructions nouvelles, à mémoriser le lexique des sentiments et à travailler l'intonation de l'expression de certains sentiments.

Elle se termine par un jeu de rôles oral et une activité d'écriture qui nécessiteront l'emploi des formes nouvellement acquises.

Cette leçon aura donc permis de travailler au moins trois compétences :
– *la compréhension écrite*. La technique du dévoilement progressif développe les stratégies d'anticipation et de formulation d'hypothèses ;
– *l'expression orale*. La découverte des lettres se fait en commun et de manière interactive. Le jeu de rôles permet de simuler à l'oral une situation où différents sentiments doivent être exprimés ;
– *l'expression écrite* avec la rédaction d'un message pour lequel l'étudiant utilisera les schémas expressifs des lettres étudiées.

L'appropriation des éléments nouveaux est facilitée par :
– leur mise en relief dans les textes,
– les nombreuses manipulations dont ils sont l'objet,
– l'effort cognitif fourni pour leur compréhension et leur emploi.

• L'imprégnation culturelle est constante

Seules quelques leçons sont uniquement consacrées à des aspects culturels (pages 108 ou 146 par exemple) et elles ont une forme ludique et interactive. Mais chaque document ou activité apportent quelques éléments de ce qu'on appelle traditionnellement la civilisation :
– des connaissances partagées par la plupart des Français sur la France, sa géographie, son histoire, les événements qui ont marqué les dernières décennies, son organisation administrative et politique, son système scolaire, etc. ;
– des savoir-faire pratiques : comment présenter un curriculum vitae, une lettre de réclamation, comment demander une autorisation ;
– des comportements et des traits de mentalité : face à la modernité, dans le travail (p. 100).

Ces éléments donneront lieu à des comparaisons culturelles.

À travers sa thématique, *Campus II* donne l'image d'une France actuelle moderne, plurielle et ouverte sur le monde. On parle aussi bien de la protection des animaux au Zimbabwe que du goût des Français pour les animaux domestiques, aussi bien des films américains de science-fiction que des films français qui ont eu ces dernières années une carrière internationale.

En même temps qu'un intérêt pour les spécificités françaises on cherche donc à établir une proximité entre les étudiants étrangers et les Français.

Les éléments de *Campus II*

Le livre de l'élève

• **12 unités de 6 doubles pages**
Chaque **unité** est organisée autour d'une grande orientation comportementale
(S'affirmer – Défendre une idée – Comprendre le monde – Etc.).
Chaque unité regroupe **6 leçons** (5 dans les deux dernières unités).
Chaque **leçon** est centrée sur **un objectif**. Elle occupe **une double page** et
correspond à **une séquence d'enseignement de 1 h 30 à 2 h.**
• Chaque unité s'ouvre sur **une page de présentation** et se termine par **un bilan-évaluation.**
• **Transcription des activités de compréhension orale** (p. 169 à 177). On trouvera
dans ces pages :
– la transcription des reportages,
– la transcription des exercices d'écoute,
– certaines scènes des « histoires » lorsqu'elles ne sont pas transcrites dans les leçons.
• **Amorce des exercices de la rubrique « Prononciation et mécanismes »**
(p. 178 à 181).
Ces exercices oraux à faire avec les cassettes audio sont signalés par un numéro dans
les leçons.
• **Réponses aux exercices tests** (p. 181).
• **Tableaux de conjugaisons** (p. 182 à 187).
• **Tableau des contenus** (p. 188).

Le cahier d'exercices

• Pour chaque leçon du livre :
– **des exercices de vocabulaire** (reprise des mots connus et enrichissement lexical) ;
– **des exercices de grammaire** ;
– **des exercices d'expression écrite.**
• À la fin de chaque unité : **une page de préparation au Delf** (Diplôme élémentaire de
langue française) : unité A2.

4 cassettes ou 4 CD audio (à usage collectif)

• 2 cassettes comportant dans l'ordre d'utilisation tous **les supports d'activités de
compréhension orale :**
– **les histoires** (transcrites dans les leçons) ;
– **les reportages et les exercices d'écoute** (transcrits p. 169 à 177).

• 2 cassettes contenant **les exercices de la rubrique « Prononciation et mécanismes » :**
– exercices de prononciation ;
– exercices structuraux de grammaire ;
– exercices de vocabulaire.
La transcription de ces exercices se trouve dans ce livre du professeur et leur amorce,
dans le livre de l'élève, p. 178 à 181.

Une cassette vidéo

La vidéo propose un reportage de trois minutes environ par unité. Ce reportage vidéo est exploité :
– dans une double page du livre. Par exemple, pages 14 et 15 pour le reportage de l'unité 1 (« Les internautes ») ;
– grâce à des fiches photocopiables qu'on trouvera à la fin du livre du professeur.
Les reportages existent aussi en version audio (transcription p. 169 à 177).
Le professeur peut donc, selon l'équipement technique dont il dispose ou selon le travail particulier qu'il souhaite faire, utiliser l'une ou l'autre version.

2 cassettes ou 1 double CD audio (à usage individuel)

Ces enregistrements reprennent les exercices de la rubrique « Prononciation et mécanismes » qui se trouvent dans les cassettes collectives.

Le livre du professeur

• Pour chaque leçon, le professeur trouvera :
– une présentation des objectifs de la leçon ;
– une proposition de déroulement de classe ;
– les corrigés des exercices ;
– des encadrés d'informations portant sur des points de langue, de civilisation ou de méthodologie ;
– la transcription des exercices oraux de la rubrique « Prononciation et mécanismes ».
• À la fin de ce livre, on trouvera également des fiches d'activités d'exploitation de la vidéo.
Ces fiches de deux pages sont photocopiables et sont destinées aux étudiants. Il en existe une par reportage.

Les éléments d'une leçon

Chaque leçon réorganise les mêmes éléments selon un parcours adapté à l'objectif.

L'objectif

L'objectif principal de la leçon figure toujours en haut et à gauche de la double page. La leçon peut aussi comporter des objectifs secondaires qui sont répertoriés dans le livre du professeur.

Les documents

La plupart du temps un document sert de support à la leçon. Ce document peut être :

• **un document écrit** : lettre, curriculum vitae, article de presse, questionnaire, extrait d'ouvrage, etc. ;

• **un document oral** : une scène (ou plusieurs courtes scènes). Ces scènes s'enchaînent à l'intérieur d'une unité pour raconter une histoire (« La publicité Punchy » ; « Le premier pas » ; « La pétition » ; etc.) ;

• **un reportage qui mêle un document oral à des textes et à des photos.**
Ce reportage existe en deux versions : audio et vidéo.

Remarque : certaines leçons ne s'appuient pas sur un document de départ. Il s'agit de parcours organisés autour d'un projet de réalisation (voir pp. 16, 40, 58, etc.) ou se présentent comme une succession de brèves activités (voir p. 114).

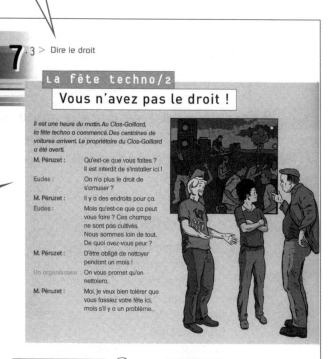

La découverte du document

Le travail de découverte du document permet :
– de développer des stratégies de compréhension ;
– d'observer les faits linguistiques, de découvrir les régularités morphologiques et syntaxiques ;
– de transposer et de réemployer les connaissances acquises ;
– de mener une réflexion culturelle ;
– de susciter l'interactivité.

La partie « Exercez-vous »

Elle comporte des exercices permettant :
– la conceptualisation de certains aspects sémantiques (opposition imparfait/passé composé, ensemble lexical) ;
– l'automatisation des aspects structuraux de la langue (conjugaison, syntaxe, dérivations par préfixes ou suffixes).

Les tableaux

Il s'agit de regroupements de moyens linguistiques (grammaire, vocabulaire, expressions d'actes de paroles) au service de l'objectif et des activités de la leçon.

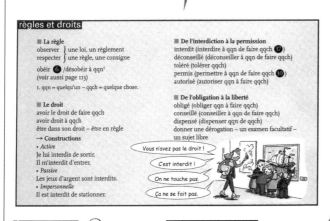

Les activités de production

La leçon se termine souvent par une activité d'expression orale ou écrite. Certaines leçons peuvent être entièrement consacrées à une réalisation (par exemple, p. 98).

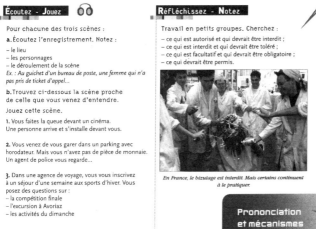

« Prononciation et mécanismes »

Cette rubrique n'apparaît que lorsque le contenu de la leçon présente des difficultés de prononciation ou des éléments structuraux qui peuvent être automatisés par répétition.
Les numéros indiqués dans les cadres renvoient aux amorces des exercices des cassettes audio (p. 178).
Ces exercices de répétition se présentent comme de petits dialogues mis en situation.

Les exercices d'écoute

Il s'agit d'enregistrements de courtes scènes qui servent à vérifier la compréhension orale. Ils peuvent être placés selon les besoins à n'importe quel moment de la leçon. On trouvera leur transcription p. 169 avec les autres documents sonores.

Unité 1

COMMUNIQUER

Présentation de l'unité

Cette première unité du niveau II permettra de réviser les principales acquisitions grammaticales du niveau I, celles que les étudiants doivent maîtriser pour suivre le cours. Les thèmes abordés seront nouveaux (publicité, lieux de rencontres, etc.) sans qu'il y ait d'apport lexical important.

L'unité est conçue pour fonctionner aussi bien avec des classes nouvellement constituées qu'avec des groupes d'étudiants ayant suivi ensemble le niveau I. La leçon 1(1) donnera aux étudiants l'occasion de se présenter ou (s'ils se connaissent déjà) de rédiger leur curriculum vitae. En 1(2), on mènera collectivement une réflexion sur l'apprentissage du français. Les leçons 1(4) et 1(6) permettront un déblocage de l'expression orale et la création d'un climat de classe positif (grâce aux débats et au projet collectif).

L'ensemble de l'unité donnera à l'enseignant l'occasion de jauger les capacités de ses étudiants en expression orale (1(1), 1(2), 1(4)), en compréhension orale (1(1) et 1(5)), en compréhension écrite (1(5)) et en expression écrite (1(6)).

Observation collective de la p. 5

• **Observation des photos**. Où se passent les scènes ? Qui sont les personnages ? De quoi parlent-ils ?

Photo bas gauche : conversation dans un bar.

Photo bas droit : fabrication d'une maquette de publicité (dans une agence de publicité).

• **Commentaire des objectifs de l'unité**.

→ Remue-méninges (*brain storming*) collectif. À quoi vous fait penser le mot « communiquer » ?

→ Expliquer *Faire le point* : faire le bilan de ce qu'on a fait, de ce qu'on sait faire, de ce qui manque.

■ Objectifs

Communication
- Se présenter – présenter quelqu'un.
- Rédiger et présenter oralement son curriculum vitae.

Grammaire
- Expression du passé :
  – emploi du passé composé et de l'imparfait ;
  – situation dans le temps (en 1995, de… à…, etc.).

Vocabulaire
- Formation et études : un diplôme – le baccalauréat – le DEUG – une licence – un stage
- une agence – la communication
- hebdomadaire – efficace
- accueillir
- couramment – sauf

Culture
- Façon de se présenter.
- Présentation d'un CV (curriculum vitae).

■ Découverte des documents

- L'histoire « La publicité Punchy ». Romina Lemercier, une Française d'origine espagnole, vient d'être engagée par l'agence de publicité Uni-Pub. Le directeur profite de la réunion hebdomadaire de production pour la présenter à ses collègues.
N.B. La suite de la transcription de la présentation orale de Romina se trouve p. 169.

1 Présentation de la situation.
Les étudiants lisent silencieusement la phrase d'introduction et observent l'image. Ils présentent oralement la situation.

2 Lecture et présentation orale du CV.
- Recherche individuelle des éléments demandés dans la question 2 : nom de famille → Lemercier ; nom de jeune fille → Munoz ; etc.
- Lecture collective progressive. Après chaque information :
→ explication du vocabulaire nouveau ;
→ dire ce qu'on apprend : « Romina est née… Elle est mariée… Elle a passé son baccalauréat… » ;
→ ce que dit Romina : « Je suis née… Je suis mariée… ».
- Expliquer :
– *Baccalauréat – DEUG – licence* : voir leçon 8(5), encadré « Les études en France » ;
– *couramment* : parler couramment le chinois (très bien, comme un Chinois) ;
– *stage* : période brève de formation ;
– *CDD* : contrat de travail à durée déterminée. À opposer à CDI, contrat à durée indéterminée. Ce dernier contrat offre la sécurité de l'emploi.

- En imaginant le récit de Romina veiller à l'emploi des temps (voir encadré).

3 Écoute de la scène.
- Noter les formules d'introduction du directeur : « je voudrais accueillir… »
- Retrouver les informations du CV.
- Noter les informations nouvelles.
Romina est venue en France à l'âge de 10 ans – Elle a fait ses études à Paris – Elle a travaillé deux ans aux États-Unis – Elle a fait des films pour la formation – Elle a une petite fille – Elle est actuellement travailleur indépendant (conseil en communication).

Le curriculum vitae

En France, un CV doit être court et dépasse rarement deux pages.
Les rubriques sont : **études** (ou **diplômes**) – **formation** (on peut inclure les études générales dans la formation) – **expérience professionnelle** – **langues** – **activités extra-professionnelles** (si elles constituent un atout) – **poste souhaité** (ou « **objectif** »).
Il convient de préciser sa situation de famille (célibataire, marié(e), etc.). On ne mentionne pas la religion ni le salaire auquel on prétend.

■ La partie « Exercez-vous »

- Lecture du tableau et explication de l'opposition « passé composé/imparfait ».
Montrer les tableaux de conjugaison en fin d'ouvrage.

→ **Exercez-vous** ①

*Romina **est née**... Ses parents **étaient** espagnols. Quand ils **sont venus**... Romina **avait** 10 ans. Ils **se sont installés** à Paris. C'est là que Romina **a fait** ses études. Elle **aimait**... Elle **a étudié**... en 1990, elle **a rencontré** Jean-Eudes. Il **était** de Lille et **s'intéressait**... Romina et Jean-Eudes **sont partis** à Lille et **se sont inscrits**...*

→ **Exercez-vous** ②

Avant de faire produire le récit, distribuer les différents verbes dans une grille (voir encadré).

*Le 9 mai, j'**ai déjeuné** avec le directeur. Il **était** en forme. Le 10 mai c'**était** l'anniversaire de Mildred (Mildred **a eu** 10 ans). Nous **avons fait** la fête. Il y **avait** une bonne ambiance.*

*Le 12, j'**ai présenté** ma campagne publicitaire... Il y **avait** beaucoup de monde.*

*Les 13 et 14, nous **sommes partis** à Paris et nous y **avons passé** le week-end. Il **faisait** beau. Nous **avons visité** le Jardin des Plantes. Mildred **était** heureuse.*

■ Rédaction et présentation d'un CV

- Chaque étudiant opte pour faire son propre CV ou pour un CV imaginaire. Donner les différentes rubriques (voir encadré sur le curriculum vitae) et les noms correspondant aux activités (nominalisation des verbes) : études... séjour... stage... etc.
- Rédaction des CV.
- Chaque étudiant présente son CV en utilisant les temps du passé.

■ Prononciation et mécanismes

Exercice 1.

Conjugaison du passé composé.

Vous n'avez pas changé vos habitudes. Faites-le remarquer à votre amie.

- Aujourd'hui, tu te lèves tard !
- Hier aussi, je me suis levé tard.
- Aujourd'hui, tu vas à la bibliothèque !
- Hier aussi, je suis allé à la bibliothèque.
- Aujourd'hui, ton amie Béatrice fait du sport !
- Hier aussi, elle a fait du sport.
- Aujourd'hui, Béatrice et toi, vous déjeunez au restaurant !
- Hier aussi, nous avons déjeuné au restaurant.
- Aujourd'hui, tu travailleras jusqu'à 8 heures du soir !
- Hier aussi, j'ai travaillé jusqu'à 8 heures du soir.
- Aujourd'hui, vous allez vous coucher tard !
- Hier aussi, nous nous sommes couchés tard.

Exercice 2.

Conjugaison de l'imparfait.

L'an dernier, Marie et son ami Pierre habitaient à Paris. Cette année, ils habitent à la campagne. Répondez pour Marie comme dans l'exemple.

- Cette année, tu ne vas plus au théâtre !
- Non, mais l'an dernier j'allais souvent au théâtre.

Passé composé ou

- On peut envisager l'action visions :
(1) l'action est vue comme « qu'une action s'est produite.

   *J'**ai lu** Don Quichotte.*

(2) l'action est vue comme « en train de s'accomplir ». On la rend présente.

   *À l'âge de 12 ans, elle **lisait** déjà Don Quichotte.*

- Il y a plusieurs façons de concrétiser cette opposition pour les étudiants.

1. Utiliser une grille qui permet de distribuer les actions selon les deux visions.

Passé composé	Imparfait
• Actions principales	• Décors et actions secondaires
• Événements	• Circonstances
Elle a passé son bac ...	*Elle avait 17 ans* ...

2. Donner des exemples avec des verbes qui permettent de « voir » ou « d'entendre » la différence.

J'étais dans la campagne, une cloche sonnait (j'entends un son prolongé) ... *une cloche a sonné* (j'entends un coup bref).

Quand je suis arrivé Pierre partait (il était sur le pas de la porte) ... *Pierre est parti* (on enregistre son départ).

- Le passé composé seul peut aussi traduire deux visions différentes :
(1) Un événement passé :
J'ai lu le journal ce matin.
(2) Le résultat présent d'une action passée :
J'ai lu le journal. Tu peux le prendre.

- Cette année, Pierre et toi, vous ne sortez plus le soir !
- Non, mais l'an dernier, nous sortions souvent le soir.
- Cette année, tu ne déjeunes pas au restaurant !
- Non, mais l'an dernier, je déjeunais souvent au restaurant.
- Cette année, tu te promènes beaucoup en campagne !
- Oui, mais l'an dernier, je ne me promenais jamais en campagne.
- Cette année, tu fais beaucoup de sport !
- Oui, mais l'an dernier, je ne faisais jamais de sport.
- Cette année, tu as une vie tranquille !
- Oui, mais l'an dernier, je n'avais pas une vie tranquille.

Réfléchir à l'apprentissage du français

■ Objectifs

Réflexion sur l'apprentissage
• Comparer les différentes façons d'apprendre une langue.
• Recevoir des conseils pour un meilleur apprentissage du français.

Communication
• Décrire les méthodes d'apprentissage.

Vocabulaire
• *Psychologie* : un type – une personnalité – la confiance – être réfléchi – doué – spontané – discret – méthodique – parfait
• *Pédagogie* : un groupe – la conversation – un exposé – un interprète – un débat – la biologie – la géographie – faire une faute – corriger – réviser – imiter – commenter – se taire

Cette leçon se présente sous la forme d'un test de psychologie et de méthodologie de l'apprentissage que les étudiants feront et dont les résultats seront ensuite commentés. Ces discussions permettront aux étudiants :
– de prendre conscience de leurs atouts, de leurs handicaps, de leur façon d'apprendre ;
– de connaître d'autres personnalités d'apprenants et d'autres façons d'apprendre ;
– de recevoir les conseils des autres étudiants et du professeur.

Elles permettront au professeur :
– de mieux connaître ses étudiants ;
– d'expliquer sa méthodologie ;
– de faire comprendre aux étudiants que certaines activités qui peuvent leur paraître inefficaces sont nécessaires pour certains d'entre eux.

■ Travail sur le test

1 Faire le test question par question. À chaque question :
– lecture individuelle et explication des mots inconnus ;
– les étudiants cochent la réponse qui correspond à leur personnalité.

2 Chaque étudiant recherche son type dominant et lit l'article correspondant.

3 Présentation des types.
• Un étudiant qui possède le type « spontané » présente les caractéristiques de ce type.
• Lecture collective et explication du vocabulaire.
• Commentaire par les étudiants appartenant au type « spontané ».

Façons d'apprendre

Les procédures d'apprentissage qui sont mises en œuvre par chaque individu dépendent considérablement de sa personnalité et de son style cognitif. Selon qu'on est introverti ou extraverti, qu'on a des dispositions « auditives » ou « visuelles », « analytiques » ou « globalisantes », on aura besoin ou non d'un support écrit et on entrera plus ou moins facilement dans un jeu de rôles.

C'est pourquoi les méthodologies monolithiques telles qu'elles ont pu exister dans les années 1960 et 1970 sont aujourd'hui abandonnées. Vouloir toujours s'appuyer sur un document oral en interdisant aux étudiants de noter ce qu'ils entendent ne peut que desservir les « visuels » qui ont besoin de lire pour mémoriser. De la même manière, une approche cohérente de la grammaire doit satisfaire à la fois ceux qui ont besoin d'une mise à plat de la langue et ceux qui en perçoivent sans aucune aide les aspects systématiques.

Cela étant dit, certaines habitudes d'apprentissage doivent évoluer parce que l'expérience a prouvé qu'elles n'étaient pas efficaces. Le recours systématique à la traduction et l'apprentissage de listes bilingues de mots sont plutôt des obstacles à la communication que des aides.

Procéder de la même manière avec chaque type.
• **Expliquer**
Beaucoup de mots nouveaux pour la progression de *Campus* auront sans doute été introduits dans le vocabulaire courant de la classe.

→ type spontané
– *spontané* : qui parle facilement, qui ne réfléchit pas beaucoup ;
– *langue maternelle* (citer la langue de l'étudiant) ;
– *doué* : qui apprend vite et facilement ;
– *méthodique* : organisé ;
→ type réfléchi
– *à la place de* : au lieu de ;
– *confiance* : Pierre vous demande 100 €. Vous avez confiance ?
– *discret* : qui parle peu, qui ne dit pas les secrets ;
→ type méthodique
– *biologie* : sciences du corps ;
– *géographie* : étude des pays, des montagnes, des cartes, etc. ;
→ type discret
– *interlocuteur* : on parle à un interlocuteur.

■ Réflexion en groupes (par type)

• Les étudiants se regroupent selon les quatre types d'apprenants et recherchent :
→ leurs points forts (leurs atouts),
→ leurs points faibles (leurs défauts, leurs handicaps).
Ce travail pourra se faire à partir des activités et des compétences :
(1) comprendre (l'oral) – parler – lire – écrire ;
(2) la grammaire – le vocabulaire – les dialogues – les exercices – etc.
Les étudiants recherchent ensuite les moyens qui selon eux permettraient d'atténuer leurs handicaps.
• Chaque groupe rend compte de ses réflexions. Il s'ensuit un débat avec le reste de la classe.

Unité 1

Pages 10-11 — **Leçon 3**

Éviter les répétitions

■ Objectifs

Grammaire
• Les pronoms compléments. Révision des acquisitions du niveau I :
– les pronoms compléments directs ;
– les pronoms remplaçant un complément indirect introduit par la préposition « à » ;
– les pronoms remplaçant un complément introduit par une préposition autre que « à » et « de » (avec, pour, etc.).

Communication
• Demander des informations – Réagir.
• Proposer – Accepter – Refuser.

Vocabulaire
• un séminaire – un scénario
• négatif (= non)
• terminer – s'inscrire – se baigner – se calmer – se retrouver – se souvenir

Prononciation
• Prononciation et rythme des phrases avec pronom antéposé (opposition [ə] – [e], enchaînements, etc.).

■ Découverte et continuation des scènes 🎧

• L'histoire « La publicité Punchy ». Nous assistons à six courtes scènes prises à différents moments de la journée dans l'entreprise de publicité Uni-Pub. Marco, un jeune créateur, a réalisé un projet de publicité pour Punchy (on apprendra plus tard qu'il s'agit d'une boisson aux fruits) et s'apprête à prendre une semaine de congé. Dans l'après-midi, le directeur d'Uni-Pub annonce que l'entreprise Punchy demande d'urgence un réexamen du projet. Qui va accepter de travailler pendant le week-end ?
Chaque scène apporte par ailleurs des informations sur les membres de l'entreprise.
La première et la dernière scène sont transcrites en intégralité. Pour les quatre autres, seul le début est donné. On trouvera la suite de la transcription, p. 163.

1 Première scène (9 h).

• Observer l'image en cachant le dialogue.

• Écouter la scène. Écrire au tableau le nom « Punchy » et faire des hypothèses sur la nature du produit. Quelles informations peut-on recueillir ? (*Marco a réalisé un projet de pub...*).
Écouter phrase par phrase. Analyser les phrases avec des pronoms :

– *On l'a envoyé* → on a envoyé le projet (complément direct) ;

– *Il nous donne une réponse* → il donne la réponse (à nous) ;

– *Ça va leur plaire* → Ça va plaire (à eux), (compléments introduits par « à ») ;

– *Je l'espère...* → j'espère que ça leur plaira (complément direct) ;

– *... pour vous* (complément introduit par une préposition autre que « à » et « de »).

2 Observation du tableau de grammaire.

Retrouver le système des pronoms. Le cas du complément introduit par « de » sera traité dans une autre leçon (p. 37).

On peut, ici, systématiser en faisant la partie « Exercez-vous » (voir ci-dessous).

3 Les quatre scènes ébauchées.

Les étudiants se mettent par deux (si possible une fille et un garçon). Pour chaque scène :

• Observation de l'image et lecture du début du dialogue.

• Recherche collective d'hypothèses sur les personnages, la situation et le dialogue.
Exemple : 10 heures. On connaît Marco. Qui est Marlène ? Qui est Charlotte ? Une collègue ? (Pourquoi doivent-ils parler d'elle ?) Une amie de Marlène et ancienne petite amie de Marco ? Etc.

• Chaque paire d'étudiants imagine et rédige le dialogue entre Marlène et Marco. Veiller à l'emploi correct des pronoms quand c'est nécessaire.

• Présentation de quelques dialogues.

• Écoute de la scène (voir transcription, p. 169). On apprend alors que Charlotte est la fille de Marlène et de Marco, que ces derniers sont séparés, que Charlotte ne voit pas souvent son père, que Marco va passer sa semaine de congé dans une maison qu'il possède en Normandie.

• Analyse des énoncés avec pronoms.

On procédera de même avec les trois scènes suivantes.

Expliquer au fur et à mesure les quelques mots nouveaux :

– *s'inscrire* : ... à un cours de français, à un stage, etc. ;

– *un séminaire* : un stage de réflexion ; séminaire d'entreprise (déjà vu au niveau I, p. 70) ;

– *se baigner* : prendre un bain dans la mer ;

– *rédactrice* : ici, la personne qui crée des textes publicitaires.

4 La dernière scène.

Procéder comme pour la première scène.
Expliquer :

– *négatif* : emploi familier pour « non » (vocabulaire des « gens d'action » : militaires, commerciaux, etc.).
Faire formuler le problème posé à la fin de cette scène.

■ La partie « Exercez-vous »

→ Exercez-vous ①

L'exercice permet de conceptualiser le sens et l'emploi des pronoms et d'observer l'accord des participes passés.

b. « *les* » est pluriel, masculin ou masculin et féminin – *mes amis, des disques, Pierre et Marie qui racontaient leur voyage au Brésil, etc.*

c. « *y* » est une chose ou une idée – *à ma voiture en panne... à l'examen que je dois passer demain... à ce que Marco m'a dit.*

d. « *l'* » peut être masculin ou féminin – *le nom du voisin... acheter du pain... faire le plein d'essence... etc.*

e. « *lui* » est une personne au masculin ou au féminin – *à la vendeuse... au nouveau voisin... à l'étudiante qui travaillait à côté de moi à la bibliothèque.*

→ Exercez-vous ②

*J : Il **nous** a laissé un message... Il **nous** invite toi et moi.*

*M : Tu **la** connais, cette maison ?*

*J : Non, je n'**y** suis jamais allée. Il **l'**a achetée... J'aimerais bien **y** aller...*

*M : Je ne **les** ai pas vus.*

*J : Téléphone-**moi** pour...*

*M : Je **leur** ai promis d'aller **les** voir. Je ne veux pas **les** fâcher. Mais est-ce que tu peux **me** donner...*

*J : Bien sûr. Je **l'**ai dans mon agenda.*

*M : Je vais **lui** téléphoner pour **le** remercier...*

■ Prononciation et mécanismes
Exercice 3.

Prononciation et rythme des phrases avec pronom avant le verbe. Répétez.

1. Achat...
Je les ai vues/... Je les ai mises/... Je les ai achetées/... Je les ai gardées/...

2. Promesse...
Quand je le dis/... Je le fais/... Quand je l'ai fait/... Je le défends/...

3. Rencontre...
Je la rencontrerai/... Je la regarderai/... Elle me sourira/... Elle me parlera/...

4. Interrogatoire...
Je ne l'ai pas vu !/... Je ne l'ai pas fait !/... Je ne l'ai pas su !/... Je ne l'ai pas eu !/...

Exercice 4.

Emploi des pronoms compléments aux formes interrogative et négative. Réponses à des questions sur l'histoire « La publicité Punchy ».

On interroge le directeur de l'agence Uni-Pub. Répondez pour lui.

• Vous avez fini le projet pour Punchy ?
– Oui, nous l'avons fini.
• Vous avez envoyé le scénario du film ?
– Oui, nous l'avons envoyé.
• Vous avez téléphoné aux gens de Punchy ?
– Oui, nous leur avons téléphoné.
• Ils ont aimé le scénario ?
– Non, ils ne l'ont pas aimé.
• Alors, il faut revoir ce scénario ?
– Oui, il faut le revoir.

Exercice 5.

Emploi des pronoms compléments. Réponses affirmatives ou négatives selon la situation.

Marie, qui n'est jamais allée en Italie, part pour un séminaire à Venise. Répondez pour elle.

• Tu connais la ville de Venise ? Non ?/...
– Non, je ne la connais pas.
• Tu verras le Grand Canal ? Oui ?/...
– Oui, je le verrai.
• Tu verras la place Saint-Marc ? Oui ?/...
– Oui, je la verrai.
• Tu feras l'excursion à l'île de Murano ? Non ?/...
– Non, je ne la ferai pas.
• Tu comprendras les Italiens ? Non ?/...
– Non, je ne les comprendrai pas.
• Tu auras le temps de visiter les musées ? Non ?/...
– Non, je n'aurai pas le temps de les visiter.

Unité 1	
Pages 12-13	Leçon 4

Exprimer une opinion

■ Objectifs

Communication
• Donner un avis, une opinion.
• Exprimer sa préférence (*j'aime mieux...*).
• Dire que l'on comprend/que l'on ne comprend pas.

Civilisation
• Trois sujets de débats qui partagent les Français :
– l'art contemporain,
– la surveillance des lieux publics,
– les énergies non polluantes (voir encadré).

Vocabulaire
• Vocabulaire de la bourse : un marché – un cours – baisser/monter
• Vocabulaire de l'expression des opinions (voir tableau, p. 13)
• une boisson – une gorgée – une bouteille – l'enfer
• satisfait – incompréhensible
• sourire

Prononciation
• Opposition [e] – [ɛ] – [i].
• Opposition [u] – [y] – [o] – [i].

■ Travail sur le script du film publicitaire

1 L'histoire « La publicité Punchy ». Le projet de publicité que l'agence publicitaire Uni-Pub a fait pour les produits Punchy a été refusé. Il faut revoir le scénario dans les trois jours, c'est-à-dire pendant le week-end. C'est Romina Lemercier, la nouvelle venue dans l'entreprise, qui va s'en charger.
La scène se passe le lundi matin. Romina présente à ses collègues le projet qu'elle a conçu. Ses collègues donnent leur opinion.

2 On peut aborder le document de plusieurs manières.

a. Lecture individuelle et vérification de la compréhension.
Cette vérification peut se faire :
→ en demandant à deux étudiants de mimer la scène ;
→ sous forme d'un dialogue de demande d'informations ; le producteur du film pose des questions à Romina : « Qu'est-ce qu'il faut comme décor ? Combien d'acteurs ? Quels accessoires ? » ;
→ sous forme de questions/réponses : « Où se passe la scène ? Que fait le personnage principal ? Etc. ».

b. Mettre les étudiants dans la situation de Romina à la fin de la leçon précédente. Elle doit imaginer un scénario de film publicitaire pour la boisson aux fruits Punchy.

Par petits groupes les étudiants imaginent un scénario. On commence donc par la consigne 3 du livre.

3 Compréhension et recherche de la signification du film.

• Expliquer :

– le vocabulaire de la bourse :
la salle des marchés dans une banque → on y achète et vend des actions (montrer la page « bourse » d'un quotidien) ;
les cours montent/baissent : visualiser la hausse et la baisse par un schéma ou par des chiffres au tableau ;
– *une gorgée* : mimer ;
– *l'enfer* : allusion à des œuvres (portails de cathédrales, tableaux de Jérôme Bosch, *La Divine Comédie* de Dante, etc.) ou traduire.

La phrase « *L'enfer c'est les autres* » est extraite de *Huis-clos*, une pièce de théâtre de Jean-Paul Sartre. Dans cette pièce, trois personnages qui viennent de mourir se retrouvent en enfer. Ils découvrent que le pire des supplices est d'être obligé de vivre éternellement ensemble.

• Signification

Quand on boit Punchy tout va bien. Punchy apporte le bonheur. Il porte chance et suscite l'optimisme. Sans Punchy le monde s'écroule. La publicité joue donc sur les idées de réconfort, d'optimisme, de chance.

4 Opinions sur la publicité et invention d'autres scénarios.

• *On pourra approuver :*
– **son originalité**. *Les pubs pour boissons fruitées évoquent en général l'exotisme, la chaleur, la récompense après l'effort ;*
– **son humour**. *La relation de cause à effet. La phrase de Sartre ;*
– **le fait qu'elle suscite de nouveaux marchés**. *On en boit en travaillant.*

• *On pourra critiquer :*
– **son élitisme**. *Certains risquent de ne pas comprendre la situation. Beaucoup passeront à côté de l'allusion à la pièce de Sartre ;*
– **le décalage** *entre le monde représenté dans le film et celui qui motive l'envie de boire.*

• *Autres scénarios :*
L'explorateur dans le désert arrive dans une oasis et découvre Punchy.
Le célibataire invite sa petite amie. Le frigo est bourré de Punchy.
Punchy est le breuvage magique que les membres d'une secte consomment en secret.

Sujets de débats

• **L'art contemporain.** Dans la lignée des Nouveaux Réalistes qui se contentaient d'exposer des objets de la vie quotidienne qu'ils avaient légèrement transformés afin d'en détourner le sens et la fonction, Jean-Pierre Raynaud présente partout dans le monde des pots de fleurs. Ici, un modèle géant de couleur dorée. Cet ancien horticulteur, poursuivi sans doute par le fantasme de son premier métier, s'est fait connaître en exposant des « habitations » en céramiques blanches.

• **Sécurité ou liberté.** Pour essayer d'arrêter l'augmentation du nombre d'actes de délinquance (vols, agressions, actes d'incivilité) dans les villes, les municipalités font installer des caméras de surveillance dans les rues. Beaucoup de Français s'inquiètent de ces atteintes à la vie privée (voir p. 56 du livre de l'élève).

• **Énergies non polluantes.** Les trois quarts de la production française d'électricité proviennent des centrales nucléaires. La France a en effet choisi l'indépendance énergétique dans les années 70.
Face aux dangers que représentent les centrales atomiques, les courants écologistes réclament le développement d'autres formes d'énergies.
Mais celles-ci ont aussi leurs inconvénients. Les éoliennes doivent être très grandes pour capter les vents faibles et très résistantes en cas de tempête. Pour alimenter en électricité une petite ville, il en faudrait des milliers. Or elles sont très encombrantes dans le paysage et sont aussi très bruyantes.

■ Découverte du dialogue

• Observer l'image et présenter la situation.

• Faire imaginer des phrases qui peuvent être dites dans le dialogue (à partir des opinions que les étudiants ont formulées).

• Écoute du dialogue. Noter les opinions et les moyens linguistiques qui permettent de les exprimer. Faire un tableau.
– Compléter le tableau avec d'autres expressions

Opinions positives	Opinions neutres	Opinions négatives
J'aime assez	Je n'ai pas d'opinions	J'ai horreur de
J'apprécie	J'hésite	Je déteste
…	…	…

– Noter aussi les moyens qui expriment l'incompréhension. Compléter avec la partie du tableau « Dire si on comprend ».
– Rechercher des situations d'incompréhension. *Ex.* : Une femme vient de présenter une de ses amies à son compagnon. Celui-ci dit : « Elle est bizarre, ton amie ». Elle : « Qu'est-ce que tu entends par "bizarre" ? »

■ Discussion – Expression d'opinions

1 Travail en six petits groupes. Pour chacun des trois sujets de débats proposés p. 13, on constitue deux petits groupes :
– celui des partisans (qui défendent par exemple les œuvres d'art modernes) ;
– celui des opposants (qui s'opposent par exemple à l'installation des caméras de surveillance).
Chaque groupe recherche des arguments.

2 Mini-débats.
Les défenseurs et les opposants échangent leurs arguments dans un débat (5 minutes par sujet). Veiller au réemploi des formes du tableau

■ Création d'un scénario de film publicitaire

Cette activité peut se faire individuellement ou en petits groupes.

Elle pourra être démarrée en classe et la rédaction proprement dite sera poursuivie en travail personnel. Pour donner une caution à l'activité, les étudiants peuvent choisir de faire la publicité d'un produit de leur pays pour les Français.
Il s'agit d'aboutir à un petit récit d'une dizaine de lignes sur le modèle de la pub Punchy.

■ Prononciation et mécanismes

Exercice 6.
Deux petits poèmes pour travailler des différenciations qui posent toujours des problèmes.

Répétez.
• Sons [e] – [ɛ] – [i]
Je m'appelle Freddy/…
Et j'aime Émilie/…
Émilie la belle/…
Émilie cruelle/…
Qui préfère Eddie/…

• Sons [u] – [y] – [o] – [i]
Je voudrais vivre/…
Rue Rousseau/…
À Suresnes, au soleil/…
Avec vue sur la ville/…
Avec vous dans ma vie/…

Unité 1		Se rencontrer
Pages 14-15	Leçon 5	

■ Objectifs

Communication
• Décrire les différents espaces et les différentes fonctions d'un lieu public.
• Donner son opinion sur un lieu.
• Raconter une rencontre.

Culture et civilisation
• Les cafés à la mode.
• Les façons de se rencontrer.

Grammaire
• Les pronoms relatifs *qui, que, où*.
• Les constructions relatives non incises (révision).

Vocabulaire
• **Extrait du « Petit Futé »**
. un endroit – une institution – une vocation – un amateur – un court métrage – une ambiance
. branché – tous azimuts – commun
. surprendre – attirer – se dérouler
• **Reportage « Les internautes »**
. une galerie – un format – un contraste – une enseigne – un royaume – un accès
. lumineux – génial
. ressentir – se tromper
• **Texte « Rencontres »**
. des statistiques – une panne – un baptême – un parrain – une marraine – un rayon – un tas – une queue
. bavarder – asperger – approcher

Cette double page fera l'objet de deux séquences indépendantes :

(1) Le travail de découverte du document et du reportage audio ou vidéo sur le Web Bar, café branché de Paris.

Nous proposons deux démarches pédagogiques à partir de ces documents selon qu'on utilise la version audio ou la version vidéo du reportage.

(2) Le travail sur le texte « Rencontres » (p. 15).

■ Travail sur le reportage en version audio 🎧

1 **Présentation de l'introduction.** Recherche d'endroits branchés connus des étudiants.

2 **Lecture compréhension de l'extrait du *Petit Futé*.**

Lecture individuelle en complétant la fiche donnée au bas de la page. Correction collective. **Expliquer** :

– *institution* : lieu public ou établissement reconnu par tout le monde ;

– *attirer* : le film *Harry Potter* a attiré beaucoup d'enfants ;

– *ambiance* : atmosphère, climat qu'il y a dans un lieu ;

– *vocation* : la vocation du professeur, c'est enseigner ; la vocation du policier, c'est faire respecter la loi ;

– *la verrière* : le toit en verre de l'immeuble ;

– *se dérouler* : avoir lieu. La fête de… se déroule le…

3 **Écoute du reportage.**

Au fur et à mesure de l'écoute, compléter la fiche. Expliquer :

– *une galerie* : lieu où on expose des tableaux ;

– *un format* : dessiner ou montrer dans l'espace ;

– *le contraste* : la différence. Ici, il s'agit des contrastes dans les photos en noir et blanc ainsi que du contraste entre l'Inde rurale et Paris ;

– *ressentir* : sentir une émotion, une douleur ;

– *se tromper* : faire une erreur, une faute.

Corrigé de la fiche : voir après le travail à partir de la vidéo.

4 **Présentation du Web Bar.**

L'objectif est la production d'un discours descriptif avec propositions relatives.

• Lecture et commentaire du tableau de grammaire, p. 15.

• Rédiger chacune des rubriques du tableau en rassemblant les informations. « … Le bâtiment qui était une ancienne fabrique de bijoux et qui est un lieu agréable et lumineux se trouve dans un quartier branché de Paris. »

Les cafés

Bien que leur nombre ait considérablement diminué depuis 1960, les cafés sont des lieux importants de la vie sociale française. Certaines personnes y prennent le café qui leur sert de petit déjeuner. On vient y déjeuner rapidement avec les collègues. On s'y retrouve après le travail. On s'y donne rendez-vous et on y rencontre ses amis. On y vient seul pour attendre, lire, écrire ou tout simplement rêver.

Depuis quelques années, de nouveaux types de cafés sont apparus. Ils offrent quelque chose en plus de leur fonction traditionnelle. C'est le cas des cafés philosophiques qui organisent des débats, des cafés Internet, des cafés librairies, etc. Ils favorisent les rencontres entre des gens qui ont des intérêts communs.

Au café, on peut consommer « au bar », en « salle » ou en « terrasse ». On interpelle le garçon ou la serveuse par « Monsieur » et « Madame » ou « S'il vous plaît ! ». Au moment de payer, si l'on n'a pas reçu de facturette, on dit : « Combien je vous dois ? » ou « Ça fait combien ? »

■ Travail sur le reportage en version vidéo 📼

Ce travail peut se faire avec ou sans la fiche d'exploitation vidéo.

1 **Visionner le reportage sans le son.**

• Demander aux étudiants d'énumérer en vrac tout ce qu'ils ont vu (déballage).

• Quel est le sujet du reportage ? Préciser progressivement :

– l'organisation du Web Bar (les trois espaces) ;

– l'organisation du reportage (alternance de lieux que l'on montre et de personnes).

▷ *Fiche, ex. 1* : On ne voit pas de garçon de café ni de magasin.

▷ *Fiche, ex. 2* : On situe le Web Bar en montrant la rue et le quartier mais le reportage porte bien sur le Web Bar, café original de Paris.

▷ *Fiche, ex. 3* : d. – a. (on n'entendra par leur voix quand on procédera à l'écoute) – c. – e. – b. (pour ces deux dernières, on ne peut faire que des hypothèses).

▷ *Fiche, ex. 4* : Rez-de-chaussée → bar, restaurant. Premier niveau → galerie (= balcon) avec ordinateurs (Internet).

Deuxième niveau → galerie d'exposition.

2 **Visionner avec le son en trois étapes.**

• Jusqu'à la fin de la présentation de l'exposition (« …qui vivent le long du fleuve retirés du monde »).

Expliquer les mots inconnus (voir travail sur la version audio).

Situer le Web Bar.

Présenter et caractériser l'exposition. Qui a pris les photos ? Quel est le sujet de l'exposition ? etc.

▷ *Fiche, ex. 5* : tout près → à deux pas de – s'orienter → se repérer – Paris → la capitale – un air volontaire → un air décidé – à la mode → branché – prises par → signées.

▷ *Fiche, ex. 6* : c. est fausse ; e. comporte une erreur : les photos sont en noir et blanc.

• Jusqu'aux interventions des internautes

Faire la liste de tout ce qu'on peut faire au Web Bar.

▷ *Fiche, ex. 7* : il est peu probable qu'on puisse prendre le petit déjeuner – le reportage ne dit pas qu'on peut danser ni qu'on peut participer à des débats.

• Jusqu'à la fin

Relever les intérêts et les motivations des utilisateurs de l'espace Internet.

▷ *Fiche, ex. 8 et fiche du livre à compléter.* Les informations entre crochets ne peuvent être obtenues qu'avec la vidéo.

• **Situation** : *32, rue de Picardie, à côté de la place de la République, métro Filles-du-Calvaire.*

• **Heures d'ouverture** : *voir* Le Petit Futé.

• **Cadre** : *quartier branché de Paris – lieu agréable et lumineux – [architecture métallique avec 2 galeries supérieures].*

• **Historique** : *ancienne fabrique de bijoux.*

• **Description des différents espaces**

– *Bar et restaurant – [meubles et décoration très sobres].*

– *1er étage : galerie Internet. 18 ordinateurs à la disposition du public.*

– *2e étage : galerie d'exposition et de projection de courts métrages.*

• **Actualité du lieu**

Expositions : en général, artistes qui utilisent les nouvelles technologies et le multimédia – projections de courts métrages – animations musicales avec DJ.

• **Fréquentation** : *clientèle jeune et internationale.*

• **Motivations et préférences du public.** *Lieu bon marché – Possibilité de manger le soir – Accès facile (proche des métros) – Bon matériel informatique.*

Envoi de e-mails (messages électroniques, méls) à la famille et aux amis (garder le contact) – Recherche d'emploi grâce à Internet – Participation à des « chats » (forums).

■ Commentaire du document écrit « Rencontres »

1 Lecture collective et commentaire de l'introduction.

Dans le pays de l'étudiant les couples ont-ils l'occasion de se rencontrer en vacances ? chez des amis ? etc.

2 Découverte des situations de rencontre (voir consigne dans le livre).

Dans le corrigé ci-dessous, certaines informations sont des hypothèses.

	Lieu	Circonstances	Premiers gestes	Premiers mots
2	Métro ou bus	Voiture en panne Se connaissent de vue	Attitude de surprise Mouvement vers l'autre	« Tiens, vous prenez le métro ! »
3	Habitation des parents de l'enfant Église	Baptême	La jeune femme passe le bébé au jeune homme	« Vous pouvez le tenir un moment ? »
4	Rayon « pâtes » d'un supermarché	Courses	L'homme regarde les pâtes que la jeune femme vient de prendre	« Vous voulez un conseil ? »
5	Route	Il asperge la jeune fille en passant sur une flaque	Il s'arrête et se précipite vers la jeune fille	« Je suis désolé »
6	Domicile	Faux numéro de téléphone	Elle est sur le point de raccrocher	« Il me semble que je connais votre voix »
7	Escalier	Ils font la queue pour visiter un studio[1]	Regards – Sourires	« Vous en avez visité beaucoup ? »

1. À Paris et dans les grandes villes, les agents immobiliers annoncent dans la presse l'heure de visite des appartements à louer. Si on veut avoir une chance d'obtenir la location, il faut arriver en avance pour être dans les premiers.

3 Les étudiants proposent d'autres situations de rencontres originales.

4 Les étudiants se mettent par couples et jouent une des scènes.

■ Prononciation et mécanismes

Exercice 7.

Construction de phrases présentatives avec proposition relative.

Pierre aime toutes les sortes de musique. Répondez pour lui affirmativement.

• Tu aimes les chansons de Serge Gainsbourg ?/...
– Oui, ce sont des chansons que j'aime.
• Les spectacles de Johnny Hallyday te plaisent ?/...
– Oui, ce sont des spectacles qui me plaisent.
• Tu vas danser au dancing « La Scala ? »/...
– Oui, c'est un dancing où je vais danser.
• Tu as acheté le nouveau disque d'Isabelle Boulay ?/...
– Oui, c'est un disque que j'ai acheté.
• Les soirées techno t'amusent ?/...
– Oui, ce sont des soirées qui m'amusent.

• Tu vas souvent écouter du jazz au « Petit journal ? »/...
– Oui, c'est un endroit où je vais souvent.

Exercice 8.

Construction du passé composé à la forme négative avec pronom antéposé.

Juliette et Patrick sont installés depuis deux jours dans leur appartement de Paris. Répondez « non » pour eux.

• Juliette, est-ce que tu as rencontré tes voisins ?/...
– Non, je ne les ai pas rencontrés.
• Est-ce que tu as vu le mari de la gardienne ?/...
– Non, je ne l'ai pas vu.
• Est-ce que tu as parlé à la boulangère ?/...
– Non, je ne lui ai pas parlé.
• Est-ce que vous avez découvert le petit square près de chez vous ?/...
– Non, nous ne l'avons pas découvert.
• Est-ce que Patrick a vu la bibliothèque de la rue Sainte-Geneviève ?/...
– Non, il ne l'a pas vue.
• Est-ce que nos amis ont vu votre nouvel appartement ?/...
– Non, ils ne l'ont pas vu.

Unité 1
Pages 16-17 — Leçon 6

Mettre en valeur

■ Objectifs

Communication
• Mettre en valeur les qualités d'un objet, d'une personne ou d'une activité.
• Comparer.

Grammaire
• Les constructions comparatives.
• Les constructions superlatives.

Vocabulaire
• une médaille – une reine – un exploit – une distinction – le déclin
• psychologique – doux – banal
• masquer – consacrer (donner de la valeur, de la distinction) – obtenir
• pourtant

Culture et civilisation
• La gastronomie et les chefs cuisiniers.
• Goûts des Français en matière de musique.

Cette leçon se déroule selon la logique du projet.
Dans un premier temps, on donnera aux étudiants l'envie de réaliser en commun *Le Petit Livre des succès* de l'année précédente (année civile ou année scolaire).
Chaque étudiant choisira un produit (alimentaire, culturel, etc.) qui a été à la mode et qui s'est bien vendu, ou une personne qui a eu du succès. Il préparera ensuite les présentations écrite et orale de cet objet ou de cette personne. Cette préparation se fera selon les étapes suivantes :

(1) Lecture compréhension de deux extraits du *Grand Livre des succès* en France.

(2) Révision des moyens linguistiques qui permettent de mettre en valeur.
(3) Recherche collective des succès de l'année et des raisons de ces succès.
(4) Répartition des succès.
(5) Rédaction individuelle.

Le projet peut déboucher (si les étudiants sont assez nombreux) sur un petit recueil intitulé *Le Petit Livre des succès.*
Dans ce cas, une présentation orale (qui prendrait beaucoup de temps) n'est pas indispensable.

■ Lancement du projet

Présenter *Le Grand Livre des succès* en France. Existe-t-il un ouvrage semblable dans le pays des étudiants (ou une émission de radio ou de télévision) ?
Susciter le désir de faire en décrivant la réalisation future : un petit recueil avec illustrations que quelqu'un pourrait mettre en page avec l'ordinateur et dont chacun aurait un exemplaire.

■ Lecture des extraits du *Grand Livre des succès*

1 La pomme Golden.

• **Relever les images attachées à ce fruit.**
– douce → *douceur (au toucher).*
– gentille → *gentillesse (c'est un fruit courant qui plaît à tout le monde).*
– traditionnelle → *tradition (la pomme jaune dorée existe depuis toujours.* Cf. *les pommes d'or de la mythologie et des contes.*
– stable → *stabilité.*
– rassurante → *pas de risque d'avoir mal au ventre (comme avec les cerises) ou de grossir (elle est peu calorique). Les autres qualificatifs recoupent les précédents :* classique – ancienne – banale – utile.

• **Mots et expressions de mise en valeur.**
– Superlatif *: c'est le fruit le plus consommé.*
– Qualificatifs *signifiant la valeur et l'importance : médaille d'or – histoire à succès – la reine – la position dominante sur le marché.*

2 Alain Ducasse.

• **Relevé des informations.**
– Alain Ducasse *: chef cuisinier qui possède au moins deux restaurants (un à Paris, l'autre à Monte-Carlo). Il a obtenu trois étoiles au* Guide Michelin *pour chacun de ses restaurants. C'est une première dans l'histoire du guide.*
– Guide Michelin *: voir encadré.*

• **Mise en valeur.**
– Superlatifs *: qui a le plus d'étoiles – c'est la première fois – la plus haute distinction.*
– Vocabulaire *: consacré – un succès – un exploit.*

La pédagogie du projet

L'organisation d'un déroulement de classe autour d'un projet de réalisation collective comporte plusieurs avantages.

1. Elle motive et valorise les étudiants en leur donnant une tâche ambitieuse.
2. Les apports linguistiques sont justifiés par l'objectif à atteindre. Il ne s'agit plus de mettre en pratique ce qui a été appris mais d'apprendre pour réaliser quelque chose.
3. L'organisation du projet nécessite des recherches collectives, une répartition des tâches au sein du groupe. Elle suscite donc des interactions permanentes.
4. Le projet crée une émulation entre les étudiants. Chacun a le souci d'être à la hauteur de la réalisation.
Campus II met en œuvre la pédagogie du projet dans les leçons suivantes : 1(6) – 3(4) – 4(6) – 5(6) – 6(6) – 7(5) – 9(2) – 9(5) – 10(5) – 11(5) – 12(4).

■ La partie « Exercez-vous »

• **Lecture du tableau de grammaire.**
Faire remarquer en particulier les constructions présentatives. « C'est elle qui est la meilleure ».

• **Exercez-vous.**
b. *On entend moins de chansons françaises que de chansons étrangères. – Ce sont les chansons françaises qu'on entend le moins.*
c. *On écoute plus Céline Dion que Lara Fabian. – C'est Céline Dion qu'on écoute le plus.*
d. *Michel Sardou est plus populaire que Johnny Hallyday. – C'est Michel Sardou qui est le plus populaire.*
e. *Ils écoutent moins de musique classique que de chansons. – Ils aiment autant le rock que la musique classique.*

■ Recherche collective des succès de l'année

Suivre les consignes du livre.
Exemple : À la télévision, l'émission la plus regardée par les jeunes en 2001 a été « Loft Story ». Raisons : nouveauté de la formule – identification avec des jeunes qui ne sont pas des stars et qui parlent de leurs problèmes – aspect compétition – etc.
N.B. Chaque étudiant peut choisir plusieurs sujets.

■ Rédaction des articles

Chaque article sera assez court (à l'exemple de ceux du *Grand Livre des succès*).

Voir les propositions que nous faisons ci-dessus au début de la leçon.

■ Prononciation et mécanismes

Exercice 9.
Construction présentative (superlatif dans une proposition relative).

Deux copains parlent de leurs amies. Confirmez comme dans l'exemple.
• Justine danse mieux que Charlotte/…
– C'est Justine qui danse le mieux.
• Charlotte a plus de diplômes que Justine/…
– C'est Charlotte qui a le plus de diplômes.
• Charlotte fait plus de sport que Justine/…
– C'est Charlotte qui fait le plus de sport.
• Justine fait mieux la cuisine que Charlotte/…
– C'est Justine qui fait le mieux la cuisine.
• Je connais plus Charlotte que Justine/…
– C'est Charlotte que je connais le plus.
• J'aime moins Charlotte que Justine/…
– C'est Charlotte que j'aime le moins.

Exercice 10.
Comparaison des actions (verbe au passé composé).

Deux copines sont allées à une soirée. Elles parlent de leurs amis. Confirmez comme dans l'exemple.
• Qui a le plus dansé ? Pierre ou Paul ?
– Pierre.
– Oui, Pierre a plus dansé que Paul.
• Qui a le mieux dansé ? Pierre ou Paul ?
– Paul.
– Oui, Paul a mieux dansé que Pierre.
• Qui a le plus mangé ? Pierre ou Paul ?
– Les deux pareil.
– Oui, Pierre a autant mangé que Paul.
• Qui s'est le plus amusé ? Pierre ou Paul ?
– Les deux pareil.
– Oui, Pierre s'est autant amusé que Paul.
• Qui a le moins bu ? Pierre ou Paul ?
– Pierre.
– Oui, Pierre a moins bu que Paul.

Les grands cuisiniers : stars médiatiques

Le héros d'un film sorti en 1999 était **Vatel**, célèbre cuisinier du prince de Condé (XVIIᵉ siècle) qui se suicida parce qu'un soir de grand dîner royal, du rôti manqua à une table et qu'il craignait que le poisson qu'il avait commandé n'arrive pas à temps pour le repas suivant.

En France, les grands cuisiniers ont toujours été de véritables stars. Aujourd'hui les **Ducasse, Bocuse, Robuchon, Loiseau** et **Veyrat** sont aussi célèbres que des artistes.

Pourtant, seule une clientèle riche et souvent internationale peut régulièrement s'asseoir à leur table. Les autres se contentent d'en rêver ou de faire dans leur vie deux ou trois repas prestigieux comme on fait un voyage à Venise ou à Saint-Pétersbourg.

Pour connaître les grands restaurants et les très bons dont le prix est abordable, deux guides « incontournables » :
– le *Gault et Millau* (qui décerne des notes) ;
– le *Guide Michelin* (qui accorde des étoiles).

Corrigé du bilan 1

1. Je **suis arrivée** chez Uni-Pub… J'**ai trouvé** que les collègues **étaient** très sympathiques… le directeur m'**a appelée**… Il **fallait** revoir… nous **avons travaillé**… je **suis restée** chez moi.

2. M : Non, je ne **l'**ai pas vu… Il **me** cherche ?
P : Oui, il veut **te** parler.
M : … je vais **lui** dire que c'est impossible.
… Non, je ne **les** connais pas.
P : … Ils pourront **t'**aider. Ça **leur** fera plaisir.
M : … Je vais **y** réfléchir.

3. Chaussures René. Je les aime à mes pieds.
Confiture Mamie. On l'aime.
Pommes Golden. J'en mange à tous les repas.

Fleurs du monde. Je pense à eux. Je leur envoie des fleurs.
Dictaphone Éco. Je lui parle tout le temps.

4. La Tosca est une discothèque qui est à côté du théâtre, où on peut écouter de la techno et que les jeunes branchés de la ville fréquentent. Le DJ Alex qui est très dynamique et que j'apprécie beaucoup fait de la musique originale.

5. Je trouve que le cadre du Jardin est plus original et que les plats sont meilleurs. En revanche, l'accueil est moins sympathique qu'à l'Auberge et la carte est beaucoup moins variée. Quant aux prix, ils sont aussi élevés au Jardin qu'à l'Auberge.

6.

	E. Petit	B. Kleiss
Âge	40 ans	30 ans
Situation de famille	mariée à un médecin un fils de 15 ans	célibataire (probablement)
Études – Diplômes	licence d'espagnol et d'italien, diplôme de l'université de Cambridge	école d'interprètes de Genève
Expérience professionnelle	6 ans responsable des relations internationales chez Doucet Communication	1 an en Égypte
Langues parlées	anglais – espagnol – italien	allemand – anglais – japonais – arabe
Langues écrites	anglais – espagnol – italien	allemand – anglais
Séjours à l'étranger	5 ans en Angleterre	Japon

Unité 2
S'affirmer

Présentation de l'unité

Avec cette unité, on entre de plain-pied dans le niveau II. L'étudiant doit se préparer à s'exprimer dans des situations autres que celles de la vie quotidienne. Avec le conditionnel (2(1) il pourra faire des hypothèses, imaginer, donner et recevoir des conseils (2(2)). Il pourra s'affirmer en tant que locuteur en racontant des anecdotes (2(5)), en parlant des autres et de leur image (2(3) et 2(6)) ou en étant capable de formuler une demande écrite.

Observation collective de la p. 19

On pourra partir de la photo de l'émission de télévision « Star Academy » (les reality shows ou les dramatisations de type Loft Story). Pourquoi certaines personnes ont-elles envie de passer à la télé ?

Que signifie pour vous s'affirmer ? Avoir un bon métier (où l'on s'épanouit, qui permet de gagner de l'argent) ? Avoir une vie sociale dense (beaucoup d'invitations, beaucoup d'amis) ? Développer des compétences personnelles ?

Montrer que les objectifs de la leçon permettront de s'affirmer auprès des locuteurs francophones.

■ Objectifs

Communication
• Formuler des hypothèses. Imaginer des événements. Faire des suppositions.

Grammaire
• Le conditionnel présent (emploi dans l'expression de l'hypothèse avec « si »).

Prononciation
• Rythme des formes du conditionnel avec [ə].

Vocabulaire
• un rallye – un club – une équipe – une randonnée
• une faculté – le droit
• un truc – un industriel

Culture et civilisation
• Jeunes garçons et jeunes filles.
• La ville de Grenoble.

■ Découverte du dialogue 🎧

L'histoire : « Le premier pas ». Dylan et Arthur cherchent une coéquipière pour participer au rallye organisé par leur club de handball. Dylan suggère à Arthur d'inviter Floriane, une étudiante de la faculté de droit avec qui il a dansé récemment. Mais Arthur pense qu'il n'a aucune chance d'intéresser la jeune fille.

1 **Observation des illustrations et écoute de la première réplique de Dylan.**

Faire préciser le lieu, les personnages et le sujet de la conversation.

Observer la forme « verrais » et introduire la conjugaison du conditionnel.

Faire imaginer des phrases possibles pour la suite du dialogue commençant par :

On pourrait	*inviter...*
On devrait	*proposer à...*
Tu devrais	*aller voir..., téléphoner à...*

2 **Écoute complète, puis par fragments de la suite du dialogue.**

• Noter tout ce qu'on apprend :
→ sur Floriane Moretti : fille d'industriel – pratique l'équitation – étudie à la faculté de droit.
→ sur Arthur : fait du handball – participe à des rallyes – appartient probablement à un milieu plus modeste que celui de Floriane – Est-il amoureux de Floriane ? – Ils ont dansé ensemble chez une connaissance commune (Lacour).

• Noter et analyser les hypothèses. « Si » + imparfait → conditionnel.
Si tu lui proposais... Si je l'invitais...

• Développer le « rêve » d'Arthur. Il imagine les situations idéales pour que Floriane s'intéresse à lui :
Si mon père était industriel ou haut fonctionnaire...
Si j'avais une voiture de sport...
Si je faisais partie de la bande Lacour...

• Expliquer :
– *rallye* : ici, compétition en voiture par équipes, où les participants progressent en passant des épreuves physiques ou intellectuelles ;
– *une randonnée* : une promenade ;
– *un truc* : mot passe-partout. Un truc : une chose (dont on ne se rappelle plus le nom) – Ce n'est pas son truc : ce n'est pas ce qu'elle aime ;
– *la faculté* : une université est composée de plusieurs facultés (droit, médecine, lettres et sciences humaines, etc.). On dit aussi souvent « je vais à la fac (faculté) » que « je vais à l'université ».

3 **Imaginer la suite du dialogue** (production collective).

Arthur et Dylan imaginent comment rencontrer et inviter Floriane.

L'un formule une suggestion, l'autre la réfute.
Si elle dînait à la fac de droit, elle serait avec ses copains.
Si elle était avec ses copains, je ne pourrais pas l'inviter.
Tu pourrais l'attendre à la sortie des cours.
Si elle me voyait l'attendre, ça donnerait l'impression que je veux la draguer.
Etc.

■ La partie « Exercez-vous »

→ Exercez-vous ①

*... nous **aurions** un peu plus d'argent. Nous **pourrions** aller en vacances... tu **ferais** de la plongée, les enfants **apprendraient** à nager.*

*... si je **travaillais**, qui **s'occuperait** des enfants ?*

*Tes parents **pourraient**...*

*Et ta mère **s'installerait** ici. Tu crois que tu **apprécierais** ? Non, je **recommencerai** à travailler quand les enfants **seront** plus grands.*

[Cette dernière phrase à l'indicatif car « quand » introduit un fait. Il s'agit d'une décision et non d'une hypothèse.]

→ Exercez-vous ②

a. Les parents : *... nous irions à la campagne, tu ferais du vélo,...*

*– **La jeune actrice :** ... il me donnerait un rôle, je jouerais sous sa direction...*

*– **La jeune fille :** ... tu rencontrerais Arthur, vous feriez connaissance...*

b. Le cadre supérieur : *... si je n'avais pas autant de travail, si l'entreprise n'avait pas tous ces problèmes...*

*– **Florence :** ... s'il était poli, s'il était plus souvent à Paris...*

*– **Le médecin :** ... si vous mangiez moins, si vous faisiez un peu de sport...*

■ Le jeu des réincarnations (« Imaginez »)

- L'enseignant aura préparé des petits papiers pliés sur lesquels il aura inscrit les mots génériques du tableau.
- Chaque étudiant tire au sort un ou plusieurs papiers. Bien montrer le modèle de phrase à produire :
« Si j'étais un(e)... je serais un(e)... + conséquences au conditionnel. »
- Préparation (5 mn ou plus selon le nombre de papiers tirés) et présentation à la classe.

■ Prononciation et mécanismes

Exercice 11.

Production de constructions « si + imparfait → conditionnel ».

Il se vante de faire des choses extraordinaires. Vous vous étonnez.

- Moi, quand j'ai de l'argent, je m'arrête de travailler !
- Si tu avais de l'argent, tu t'arrêterais de travailler ?
- Moi, quand je m'arrête de travailler, je pars en voyage !
- Si tu t'arrêtais de travailler, tu partirais en voyage ?
- Marie et moi, quand nous partons en voyage, nous allons en Amazonie !
- Si vous partiez en voyage, vous iriez en Amazonie ?

Le conditionnel

- Le conditionnel pose l'action comme hypothétique et irréelle. Il traduit un processus d'imagination. On comparera « si + présent... » et « si + imparfait... ». Voir les deux exemples du tableau.
- Le sens du conditionnel explique ses différents emplois :
(1) hypothèses avec « si » ;
(2) conseils, suggestions, propositions (on exprime une action possible) ;
(3) informations non vérifiées ;
(4) demandes et souhaits polis (on ne présente pas les choses brutalement).
- Pour certains étudiants, la difficulté réside dans la compréhension de « si + imparfait » pour exprimer l'hypothèse.

Qu'ils se rassurent ! Après « si », les Canadiens francophones utilisent encore le subjonctif et les enfants français le conditionnel (« Si j'aurais huit ans... »). La meilleure façon d'automatiser cette forme reste le réemploi fréquent et les mécanisme oraux.

- Quand nous allons en Amazonie, nous vivons comme les Indiens !
- Si vous alliez en Amazonie, vous vivriez comme les Indiens ?
- Quand nous sommes chez les Indiens, ils nous reçoivent comme des amis !
- Si vous étiez chez les Indiens, ils vous recevraient comme des amis ?

Exercice 12.

Prononciation et rythme des groupes avec [ə].

Répétez.

Si le téléphone sonnait

Je décrocherais

Si c'était Pierre-André

Je l'écouterais

Si nous étions samedi

Il m'inviterait

Si nous déjeunions

Il me raconterait

Ses promenades

Autour du monde

Et tout ce qui se passe

Au bout de l'avenue

■ Objectifs

Communication
• Proposer, suggérer à quelqu'un de faire quelque chose. Donner des conseils.
• Hésiter.

Grammaire
• « Si + imparfait » et le conditionnel dans la réalisation des actes de parole ci-dessus.

Vocabulaire
• les coordonnées – un pas – un collaborateur
• mignon
• revoir – rêver – se demander – convaincre – craquer (emploi familier pour céder, abandonner)

Civilisation et culture
• Les relations amoureuses.
• Les problèmes psychologiques.
• La BF (Bibliothèque de France).

■ Découverte du dialogue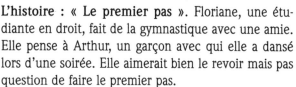

L'histoire : « Le premier pas ». Floriane, une étudiante en droit, fait de la gymnastique avec une amie. Elle pense à Arthur, un garçon avec qui elle a dansé lors d'une soirée. Elle aimerait bien le revoir mais pas question de faire le premier pas.

On sait qu'Arthur lui aussi cherche à revoir Floriane. Les deux jeunes gens vont-ils se rencontrer ? Quelle suite peut-on donner à cette histoire ?

1 Écoute et compréhension.

Ce dialogue ne comportant que très peu de mots nouveaux et aucune forme grammaticale nouvelle, on peut l'aborder directement.

• Observation de l'image et écoute complète, puis par fragments.
Faire retrouver le texte du dialogue.
Faire induire le sens des mots nouveaux (voir question 1).
(1) l'autre jour – (2) un type – (3) sympa – (4) mignon – (5) les coordonnées – (6) se demander.

• Présentation de la situation.

• **Relever les formes qui permettent de conseiller, de suggérer.**
« On pourrait… Et si on restait… Pourquoi ne pas… » Compléter avec les formes du tableau.

2 Imaginer une suite au dialogue.

– On pourrait le voir jouer à son club de handball ?
– Non, il verrait tout de suite que j'ai envie de le voir.
– Pourquoi ne pas essayer de voir d'abord un de ses copains ?
Etc.

3 Imaginer la suite de l'histoire.

À faire en petits groupes. Plusieurs possibilités de points de départ :
– Arthur et Dylan invitent Floriane à participer à leur rallye ;
– Dylan et Arthur vont passer le week-end chez Patrick dans le Vercors ;
– Ils se rencontrent dans un café à Grenoble ;
Etc.

Grenoble

Ville et agglomération de 400 000 habitants située dans une vallée des Alpes (département de l'Isère). Grenoble est un grand centre pour la recherche scientifique. Elle occupe le 2e rang en France pour les congrès et les colloques. Elle a une université et une école d'ingénieurs.

Le Vercors est un massif des Alpes au sud de Grenoble et un lieu de week-end et de vacances pour les Grenoblois.

■ Jeu de rôles

Les étudiants se mettent par deux et choisissent l'un des quatre problèmes psychologiques exposés dans le courrier des lecteurs.

Un des étudiants va jouer le rôle de la personne qui a un problème. L'autre jouera celui de son conseiller (ami, psychologue, etc.).

1 Lecture collective du courrier des lecteurs.

Expliquer :

– *banal* : qui n'est pas original. Pour l'amie de Patrick, le mariage n'est pas original ;

– *convaincre* : persuader. Faire penser, agir l'autre comme vous ;

– *craquer* : 1ᵉʳ sens : un homme de 120 kg s'est assis sur la chaise. Elle a craqué.

– 2ᵉ sens : J'ai vu une robe qui m'a beaucoup plu dans la vitrine. J'ai craqué. Je l'ai achetée. (se laisser aller à ses envies)

– 3ᵉ sens : Le spectacle était ennuyeux. J'ai craqué. Je suis sortie. (ne plus supporter quelque chose ou quelqu'un)

2 Jeu de rôles.

Exemple : L'homme qui voudrait se marier (Patrick).
Le conseiller : *Il faut lui dire que pour le mariage, elle aura une belle robe et que vous lui offrirez un bijou.*
Patrick : *Elle déteste ça. Et c'est pareil pour les cérémonies.*
Le conseiller : *Alors pourquoi vous ne lui proposez pas un mariage pique-nique ou un rallye avec les copains ?*
Etc.

■ Réflexion sur un projet (« Refaites le monde »)

(1) Chaque étudiant s'attribue un rôle.

Si vous pouviez avoir un poste important pour changer les choses, qu'aimeriez-vous être ? Maire de la ville, président du pays, ministre de l'Éducation, directeur d'une chaîne de télévision ?

(2) Chaque étudiant recherche les projets qu'il pourrait entreprendre.

Que feriez-vous ? Quelle réformes proposeriez-vous ?
Laisser cinq à dix minutes de préparation.
Chaque étudiant présente ensuite son projet.
(La mise au point peut donner lieu à un travail écrit.)
Veiller à l'emploi du conditionnel : « Si j'étais… je construirais… »

■ Prononciation et mécanismes

Exercice 13.

Conseiller par la construction : « Si j'étais à ta place + conditionnel ».

Donnez-lui des conseils.

• Je suis un peu fatigué(e)/…
– Si j'étais à ta place, je me reposerais.
• J'ai même sommeil/…
– Si j'étais à ta place, j'irais me coucher et je dormirais.
• Et puis j'ai un peu faim/…
– Si j'étais à ta place, je mangerais.
• En fait, j'ai envie d'aller me promener/…
– Si j'étais à ta place, j'irais me promener.
• Ou de téléphoner aux copines/…
– Si j'étais à ta place, je téléphonerais aux copines.

Exercice 14.

Suggérer par la construction « Et si + imparfait ».

Marie fait des projets pour l'année prochaine. Pierre voudrait qu'ils se réalisent cette année.

M. L'année prochaine, j'ai envie d'apprendre l'italien.
P. Et si tu l'apprenais cette année ?
M. L'année prochaine, on devrait repeindre le salon.
P. Et si on le repeignait cette année ?
M. L'année prochaine, nous pourrions faire un voyage en Russie.
P. Et si nous le faisions cette année ?
M. L'année prochaine, tu devrais acheter une nouvelle voiture.
P. Et si je l'achetais cette année ?
M. L'année prochaine, j'aurais envie de m'inscrire à un club de gymnastique.
P. Et si tu t'y inscrivais cette année ?

■ Objectifs

Communication
- Décrire le caractère, la personnalité, le comportement d'une personne.

Civilisation
- Le cinéma français : *Le Fabuleux Destin d'Amélie Poulain*.
- L'acteur Gérard Depardieu.

Grammaire
- Formes masculin et féminin des adjectifs.

Vocabulaire
- *Vocabulaire du caractère et de la personnalité* (voir tableau, p. 25)
- le destin – l'imagination – l'action
- un nain – la peau – un amant
- un concierge – un épicier
- obéir – écraser – pleurer – collectionner – mériter
- éternellement

Prononciation
- Finales des adjectifs – Oppositions *-if/-ive – -eur/-euse – -ant/-ante*.

■ Découverte du document

1 Identification du document.

Article de presse. Commentaire d'un film. Qui a vu le film ? De quoi parle-t-il ? Etc.

2 Lecture progressive. Compléter le tableau (question 1).

Noter et expliquer les caractéristiques de chaque personnage.
- Tous les personnages → attachants : *on s'attache à une personne, à une maison, à un animal familier ; du verbe « attacher », « s'attacher à ».*
- Amélie → rêveuse *(de rêver)* – timide – n'a pas de chance : *quand on joue à la loterie…* Elle a de l'imagination.
- Le père d'Amélie → égoïste – pessimiste *(opposer à « optimiste » et à « joyeux »).*
- La concierge → pleure son mari.
- Le peintre → idéaliste : *qui a un idéal politique, artistique ; qui croit que l'on peut arriver à la perfection.*
- L'épicier → autoritaire : *qui aime commander, diriger –* en colère.
- L'employé → sympathique.
- La serveuse → indépendante – amoureuse.
- L'amant *(l'homme aimé par une femme mariée)* → jaloux (jalouse) : *sa femme s'intéresse à un autre homme. Il est jaloux –* agressif : *qui se met en colère, qui devient méchant.*
- L'écrivain → sans ambition : *Elle a de l'ambition (elle est ambitieuse). Elle veut être chef d'entreprise.*
- Georgette → fragile *(opposer à « forte »)* – mal dans sa peau : *mal à l'aise avec les autres.*
- Nino → curieux – collectionneur : *collectionner des timbres, de vieux disques, etc.*

3 Faire résumer l'histoire.

4 Faire imaginer comment Amélie va changer le destin de chaque personnage.

- À faire sous forme de remue-méninges (*brain storming*) collectif ou en petits groupes de réflexion. Donner l'exemple du changement de vie du père.
- *Exemple* : le peintre → Amélie détruit toutes ses copies du tableau de Renoir pour l'obliger à s'intéresser à un autre tableau.
- Voir l'encadré pour le destin réservé à quelques personnages.

■ La partie « Exercez-vous »

→ Exercez-vous ①

a. indifférent – **b.** jalouse – **c.** joyeux, gai, bon vivant – **d.** sociable, sympathique – **e.** obéissant – **f.** modeste – **g.** indépendant.

→ Exercez-vous ②

-isme : optimisme – pessimisme – égoïsme – autoritarisme – idéalisme – réalisme.

-(i)té : gaîté – timidité – expansivité – sociabilité – générosité – agressivité – fragilité – curiosité.

-ance (-ence) : indépendance – confiance – obéissance – indifférence.

-tion : ambition – organisation.

-(e)ment : mécontentement.

autres : tristesse – antipathie – politesse – jalousie – force – modestie.

→ **Exercez-vous** ③

a. *bonne humeur, joie, gaîté.*
b. *égoïsme, indépendance.*
c. *sociabilité, sympathie.*
d. *générosité.*
e. *ambition (l'ambitieux est comparé à « un jeune loup aux dents longues »).*
f. *timidité, tempérament rêveur.*
g. *réalisme.*

→ **Exercez-vous** ④

a. *sympathique, sociable, gai, organisé, bien dans sa peau.*
b. *de bonne humeur, sympathique, dévouée, calme, forte, courageuse.*
c. *autoritaire, réaliste, travailleuse, courageuse, organisée.*
d. *ambitieux(se), courageux(se), sociable, sympathique.*
e. *curieux, calme, organisé, réaliste.*

■ Expression orale

• Présentation d'une personnalité intéressante parmi les gens qu'on connaît.
• L'activité peut aussi prendre la forme d'un jeu de connaissances. On fait deviner le nom d'un personnage de roman, de film, etc.

■ Prononciation et mécanismes

Exercice 15.

Formes masculin et féminin des adjectifs. Veiller à la prononciation.

Trouvez le féminin ou le masculin.

• *Finale du masculin « -if »*
Il est expansif/… Elle est expansive
Elle est passive/… Il est passif
Il est actif/… Elle est active
Elle est créative/… Il est créatif

• *Finale du masculin « -eux »*
Il est généreux/… Elle est généreuse
Elle est paresseuse/… Il est paresseux
Il est malheureux/… Elle est malheureuse
Elle est peureuse/… Il est peureux

• *Finale du masculin « -eur »*
Il est menteur/… Elle est menteuse
Elle est rêveuse/… Il est rêveur
Il est tricheur/… Elle est tricheuse
Elle est travailleuse/… Il est travailleur

• *Finale du masculin « -teur »*
Il est dessinateur/… Elle est dessinatrice
Elle est exploratrice/… Il est explorateur
Il est observateur/… Elle est observatrice
Elle est imitatrice/… Il est imitateur

• *Finale du masculin « -ant/ent »*
Il est indépendant/… Elle est indépendante
Elle est obéissante/… Il est obéissant
Il est content/… Elle est contente
Elle est confiante/… Il est confiant

Le Fabuleux Destin d'Amélie Poulain

Ce film de Jean-Pierre Jeunet (2001) a eu beaucoup de succès en France comme dans le monde. C'est une œuvre poétique et pleine de situations amusantes qui tient du conte de fées et raconte l'histoire d'une jeune fille depuis sa naissance jusqu'à son premier grand amour.

Amélie, enfant solitaire et rêveuse, va entrer dans l'âge adulte avec une âme d'enfant. Elle a le goût du jeu, le sentiment que l'injustice est un scandale intolérable et la volonté de réparer elle-même cette injustice.

Quand elle découvre par hasard dans son appartement une cache secrète où quarante ans auparavant, un enfant de dix ans a dissimulé une boîte pleine de photos et de jouets, elle se mettra à la recherche de l'enfant devenu adulte et, sans se faire voir, fera en sorte qu'il récupère son trésor.

Pour consoler sa concierge qui pleure son mari mystérieusement disparu, elle fabriquera de fausses lettres. La concierge recevra alors une lettre de la Poste lui transmettant une lettre d'amour de son mari trouvée dans l'épave d'un avion qui s'est écrasé vingt ans auparavant dans une zone inaccessible.

L'épicier du coin de la rue tyrannise son employé. Amélie s'introduit chez lui pendant qu'il est au travail, règle son réveil sur quatre heures du matin, remplace le dentifrice par du cirage, le whisky par de l'eau de Cologne, etc. Profondément perturbé par cette avalanche de mésaventures, l'épicier réfléchira peut-être sur sa méchanceté.

Et quand elle tombe amoureuse de Nino, Amélie inventera une rencontre en forme de jeu de piste et de chasse au trésor (messages mystérieux, parcours fléchés, énigmes à résoudre, etc.). L'homme de sa vie comme elle-même ne peut pas avoir abandonné son enfance.

Exercice 16.

Passage de l'adjectif au nom.

Trouvez la qualité ou le défaut.

Pierre est timide/… C'est de la timidité
Il est généreux/… C'est de la générosité
Il est modeste/… C'est de la modestie
Il est idéaliste/… C'est de l'idéalisme

Marie est curieuse de tout/… C'est de la curiosité
Elle est optimiste/… C'est de l'optimisme
Elle est un peu agressive/… C'est de l'agressivité
Elle est ambitieuse/… C'est de l'ambition

■ Objectifs

Communication et culture
• Savoir rédiger selon les codes actuels
une lettre de demande pour différents objets :
– information,
– emploi, stage, etc.,
– entretien,
– commande, etc.

Vocabulaire
• le commerce – l'emploi – le contact –
l'expression – un sentiment – une salutation
• cordial – respectueux – distingué
• souhaiter – nécessiter – prier – agréer –
solliciter

■ Découverte de la lettre

1 Première lecture rapide individuelle.

Qui écrit ? À qui ? Pourquoi ? Quelle est la formule de politesse ? la pièce jointe ?

2 Deuxième lecture ayant pour objectif de rassembler des informations sur Zhongmin Wong.

Son nom de famille est Wong, son prénom Zhongmin. C'est une femme (Diplômée). Elle est d'origine chinoise et parle chinois. Elle a vécu aux États-Unis. Elle parle anglais et a un diplôme d'une école de commerce de New York. Elle a passé 3 ans en France et a obtenu une licence à l'université de Bordeaux.

3 Recherche de l'objet de la lettre.

• Le destinataire : le Conseil régional d'Aquitaine. Bordeaux est la ville principale de la région Aquitaine. Comme chacune des 21 régions de France, cette région est administrée par un conseil régional élu au suffrage universel pour six ans.
• L'objet : Z. Wong écrit au service des relations internationales pour demander un emploi dont elle ne donne pas le nom : guide, interprète, agent commercial. Elle pense que ses compétences rares intéresseront l'administration.

4 Observer :

→ la façon de présenter la lettre. Comparer avec les usages dans le pays de l'étudiant ;
→ la façon de se présenter. Deux phrases suffisent. La lettre doit seulement retenir l'attention du lecteur et lui donner envie de lire le CV.
Trois éléments sont mis en valeur : le fait qu'elle maîtrise bien trois langues, son bon niveau de qualification et sa double compétence (commerce et langues) ;

→ la façon de formuler sa demande. Remarquer l'emploi du conditionnel dit « de politesse » : « Je souhaiterais... Je serais très intéressée... un emploi qui nécessiterait... ».
Le conditionnel atténue la forme de la demande et des faits qui sont envisagés.

■ Commentaire du tableau et exercices

• Commenter les différentes formules du tableau (voir encadré ci-contre).

→ Exercez-vous ①

a. familier à l'écrit comme à l'oral
b. administratif, oral
c. désinvolte et désobligeant
d. écrit administratif
e. administratif oral ou écrit

→ Exercez-vous ②

(a) un demandeur d'emploi
→ au responsable du recrutement d'une entreprise
... pour demander un entretien, le poste proposé.
(b) une personne qui n'habite pas à Paris
→ à un(e) ami(e) qui va à Paris
... pour demander à son ami(e) de lui rendre un service. Par exemple lui rapporter quelque chose de Paris.
(c) une personne
→ à un(e) ami(e)
... pour lui demander de l'amener quelque part ou de lui prêter sa voiture.
(d) une personne qui prépare ses vacances en famille ou avec ses amis
→ à un office du tourisme ou une agence immobilière dans une région touristique
... pour demander la liste des logements à louer.

Plusieurs possibilités selon les situations :
a. → 2. – 6.
b. → 5. (6. serait ici trop familier).
c. → 3. (seulement si la lettre professionnelle s'adresse à un collègue ; si elle s'adresse à un supérieur important on peut exprimer ses salutations distinguées, son respect ou son dévouement).
d. → 1.
e. → 4.

■ Rédaction d'une lettre

1. Compréhension de la situation.

Il s'agit de rédiger une lettre à la place de quelqu'un qui est incapable de le faire mais qui donne toutes les informations nécessaires.

Un(e) étudiant(e) (qui prépare un doctorat sur l'œuvre du peintre Dali) souhaite avoir un entretien avec une personne (Anne Charasse) qui a bien connu le peintre, qui a écrit des articles sur lui et a organisé des expositions de ses œuvres.

Faire en commun le plan de la lettre.

2. Rédaction individuelle.

En tête (voir la lettre de la p. 26)

Madame,
Étudiant(e) en histoire de l'art, je prépare actuellement un doctorat sur l'œuvre de Salvador Dali. Ce doctorat est dirigé par le professeur ... de l'université de ... .
J'ai lu avec énormément d'intérêt les articles que vous avez écrits sur ce peintre ainsi que les catalogues des expositions que vous avez organisées. Je suis persuadé(e) que vous pourriez m'éclairer sur certains aspects de ma recherche.
Je vous serais donc très reconnaissant(e) s'il vous était possible de m'accorder un entretien.
Je ferai un séjour à Paris du 3 au 28 octobre. Si vous aviez le loisir de me recevoir pendant cette période, ce serait idéal pour moi.
Je joins à cette lettre un résumé de ma recherche ainsi que les questions que j'aimerais aborder avec vous.
Dans l'attente de votre réponse et, je l'espère, du plaisir de faire votre connaissance, je vous prie d'agréer, Madame, mes salutations distinguées.

Formules à caractère administratif

(Compléments au tableau de la p. 27).

• *Le verbe « solliciter » et surtout la formule « J'ai l'honneur de solliciter... »* sont encore utilisés dans les administrations quand on s'adresse à un supérieur hiérarchique important mais ils le sont de moins en moins. On préférera « je serais intéressé par... », « je souhaiterais que... ».

• *Dans la formule finale,* ce qui caractérise les sentiments ou les salutations dépend des relations que l'on a (ou que l'on souhaite avoir) avec l'interlocuteur.

→ **Meilleures salutations – Meilleurs sentiments – Sentiments les meilleurs** : formule neutre.

→ **Cordiales salutations – Sentiments les plus cordiaux** : à un collègue ou à quelqu'un avec qui on entreprend quelque chose.

→ **Salutations amicales – Sentiments amicaux** : à quelqu'un qu'on considère comme un ami.

→ **Respectueuses salutations – Sentiments respectueux** : à quelqu'un à qui on veut témoigner du respect en raison de sa fonction, de son âge, de son autorité morale ou intellectuelle.

→ **Sentiments dévoués – Expression de mon entier dévouement**. Si on veut exprimer son dévouement. Par exemple un fournisseur à un client, un collaborateur à son chef.

→ **Salutations distinguées** : formule neutre et administrative.

• Un usage veut qu'une femme n'exprime pas de sentiment dans une lettre administrative. Cet usage n'est plus beaucoup respecté car le mot « sentiment » employé dans une formule de politesse a perdu son sens.

Comprendre et raconter une anecdote

■ Objectifs

Communication
- Comprendre un récit anecdotique (oral ou écrit).
- Raconter oralement une anecdote.

Grammaire
- Situation dans le temps et dans l'espace.
- Récit au présent et récit au passé.

Prononciation
- Opposition voyelle/voyelle nasale.

Vocabulaire
- l'atmosphère – la pollution – l'oxygène – la chaleur
- le citron – l'eucalyptus – la lavande – une dose
- un milieu – une libération – un front (sens politique et militaire)
- frais – naturel
- échapper – apaiser – bercer – noter – (se) relaxer – réclamer

■ Découverte des documents

Pour chaque document on pourra procéder de la manière suivante :

1 **Lecture rapide et repérage des éléments essentiels du récit.**

2 **Imaginer un titre pour chaque document.**
(1) Ouverture d'un bar à oxygène à Bangkok.
(2) Vol de nains de jardin à l'exposition de Bagatelle.

3 **Compréhension des mots difficiles (question 2).**
À faire collectivement. Les étudiants donnent un équivalent ou un exemple.
a. *échapper* : partir pour éviter.
– *rien de tel* : quand on a très soif, rien de tel qu'un thé glacé.
– *frais* : peut avoir deux sens : du poisson frais (bien conservé ou pêché récemment) – une boisson fraîche (froide) – Pour parler de la température des aliments distinguer :
→ la soupe est froide. On mange le gaspacho froid (opposé à chaud).
→ la bière est fraîche (légèrement refroidie) s'oppose à glacée et à tiède.
– *bercer* : mimer.
– *apaiser* : calmer.
– *relaxant* : qui relaxe, détend.
b. *front de libération* s'applique en général à une organisation de type militaire prête à entreprendre des actions violentes.
– *une figurine* : statuette, poupée de petites dimensions.
– *se réclamer de* : dire qu'on appartient à.
– *afin de* : pour.

	Bangkok	**Paris**
Que s'est-il passé ?	l'ouverture d'un nouveau type de bar : les bars à oxygène	le vol de 20 nains de jardin
Pourquoi ?	la pollution et la chaleur à Bangkok	le « Front de libération des nains de jardin » pense que les nains doivent être rendus à leur milieu naturel : la forêt
Où a eu lieu l'événement ?	à Bangkok	dans le parc de Bagatelle (près de Paris) lors d'une exposition
Quand ?	en avril 2001	en avril 2000

■ Vérification de la compréhension

1 Écoute de la conversation et relevé des erreurs (voir transcription, p. 170).

Texte Bangkok : L'histoire ne se passe pas aux États-Unis – Il ne s'agit pas de distributeurs semblables aux machines à café – Ça ne se trouve pas dans les lieux publics mais dans des bars spécialisés – Ça coûte plus de un dollar.

Texte Paris : Il s'agit peut-être de fous mais les nains n'ont pas été cassés et le délit porte sur 20 figurines seulement.

2 Relevé des expressions qui servent à intéresser.

Est-ce que vous savez que... (annonce d'une anecdote)
Ben, c'est comme des machines à café (comparaison pour aider à la compréhension)
C'est incroyable, hein ! (appel à l'approbation)
Et attention... (relance de l'intérêt)
Il y a vraiment des choses bizarres... (annonce d'une anecdote)
Eh bien, figurez-vous que... (accroche)

3 Lecture du tableau.

■ Commentaires

La classe se partage les deux textes et les commente. Si la discussion sur les cafés et les bars originaux a déjà été menée en 1(5), choisir un autre lieu (restaurant, jardin public, etc.).

■ Rédaction d'une anecdote d'après un récit oral

Voir transcription, p. 170.
L'histoire est authentique. Elle date de l'année 2001.

1 Faire repérer :

→ *le lieu :* désert du Nevada ; au bord d'une route.
Au bord de cette route, une cabine téléphonique (voir la photo).
→ *les faits :* la cabine sonne sans arrêt. Des personnes appellent du monde entier. Il y a toujours quelqu'un qui répond. Apparemment, l'information curieuse s'est transmise (peut-être grâce à Internet).
• *revoir le vocabulaire pratique du téléphone (décrocher – raccrocher – être au bout du fil – etc.).*

2 Rédaction de la lettre dans le style d'une nouvelle brève (comme les textes de la p. 28).

Aux États-Unis, en plein désert du Nevada, existe une cabine téléphonique qui reçoit de mystérieux appels du monde entier. Et bizarrement, il y a toujours quelqu'un pour décrocher et pour répondre.

3 Récit d'anecdotes.

Insolite

• **Lieux nouveaux et insolites**
La mode est actuellement au mélange des genres. Ainsi, il existe des boutiques de vêtements qui proposent des collations (repas léger) aux femmes qui viennent essayer des vêtements à l'heure du déjeuner.
Pour faire sa promotion, un cordonnier traditionnel a aménagé dans sa boutique un coin bibliothèque et restauration.
À Paris, on trouve des restaurants qui proposent à peu près tout ce qui se mange sur la planète : des insectes, des fleurs, etc.
Bien sûr, il y a toujours les lieux magiques qu'on trouvera dans les guides touristiques : par exemple, le cinéma La Pagode, un cinéma en forme de pagode, les jardins du musée Rodin, le cimetière du Père-Lachaise (on se promène au milieu de tombes aux inscriptions prestigieuses).

• **Organisations originales**
On compte en France un nombre incalculable d'associations, certaines ayant des objectifs assez curieux.
Beaucoup défendent des produits du terroir : chevaliers du Tastevin qui militent pour les vins de qualité, association de mangeurs de cassoulet, etc.
Mais il existe aussi des associations de barbus, de chauves, de fumeurs de pipe, de défenseurs d'espèces animales en voie d'extinction (dans les années 70, des gens se sont émus de la disparition des poux et ont fondé une association).

■ Prononciation et mécanismes
Exercice 17.

Différenciation voyelle/voyelle nasale. Faire remarquer l'impossibilité de produire les voyelles nasales quand on se bouche le nez et la résonance particulière de la voyelle nasale.
Faire tracer le tableau (voir p. 178) et écrire les mots au fur et à mesure de l'écoute.

Écoutez. Placez chaque mot dans la colonne du son que vous entendez.

1. la paix
2. le bas
3. le bord
4. la main
5. le tas
6. le pain
7. le banc
8. c'est bon
9. mais
10. le temps

[a]	[ɑ̃]	[ɔ]	[ɔ̃]	[ɛ]	[ɛ̃]
le bas	le banc	le bord	c'est bon	la paix	la main
le tas	le temps			mais	le pain

Exercice 18.

Il s'agit ici d'éviter la nasalisation quand la voyelle est suivie de [n].

Distinguez les voyelles des voyelles nasales. Répétez.

1. [a] + n / [ɑ̃]
une année / un an/…
en panne / Pan/…
une canne / quand/…
la grammaire / grand/…
Jeanne / les gens/…

2. [ɛ] + n / [ɛ̃]
la laine / le lin/…
la scène / le saint/…
il amène / la main/…
la reine / le Rhin/…
la peine / le pain/…

3. [ɔ] + n / [ɔ̃]
Simone / Simon/…
Il donne / un don/…
Ça sonne / un son/…
Il téléphone / ils font/…
La bonne vie / le bon vin/…

Unité 2	
Pages 30-31	Leçon 6

Améliorer son image

■ Objectifs

Communication
• Parler de l'aspect physique de quelqu'un, de son image, de ses habitudes.
• Exprimer des goûts et des préférences.

Culture et civilisation
• Modes et tendances dans la société française du début des années 2000 (apparence physique, valeurs individuelles).

Vocabulaire
• *Vocabulaire de l'image* (voir tableau, p. 30).
• une cantine – un robinet – une serrure – un lavabo – un carton
• améliorer – fréquenter

Grammaire
• Constructions au passé composé (« Prononciation et mécanismes »).

■ Travail sur le reportage en version audio 🎧

1 Préparation à l'écoute du document.
• Lecture de la présentation du reportage.
Expliquer : *tranche d'âge* (à partir du sens concret : une tranche de gâteau) ;
– *uni* : ensemble.
• Lecture et réponses de la classe (sous forme d'hypothèses) aux trois questions posées dans le reportage aux personnes qui fréquentent le Gymnase de Nancy.

2 Écoute de la première partie du document (voir transcription, p. 170).

• Écoute collective. Faire dégager les quatre principales motivations des personnes interrogées : l'esthétique, la santé, la détente, les rencontres.

• Écoute phrase par phrase. Expliquer les mots difficiles. Noter les façons d'exprimer chaque motivation. Regrouper les motivations selon qu'elles sont exprimées par les femmes ou par l'homme. Commenter :
(1) *esthétique* : la remise des formes (jeu de mots d'après « la remise en forme ») – le culte du corps – s'entretenir.
(2) *santé* : la remise en forme – éviter les problèmes de dos – se tenir en forme – faire une activité

physique qui compense le manque d'activité au bureau.

(3) *détente* : se défouler – trouver autre chose après le travail.

(4) *rencontrer* : le contact humain.

3 Écoute de la deuxième puis de la troisième partie.

Procéder comme pour la première partie. Au fur et à mesure compléter le tableau proposé, p. 30.

	Réponses des femmes	Réponses des hommes
Pourquoi venez-vous ici ?	Raisons esthétiques Rester en bonne santé, en forme Se défouler Rencontrer des gens	Éviter des problèmes de santé Faire une activité physique
Quelle image avez-vous de vous-même ?	Pas assez grande, pas assez mince	Pas assez musclé
Quelle image idéale avez-vous de l'autre ?	Qualités physiques (non précisées) Qualités mentales (avoir du cœur, de l'humour)	La féminité, la classe, la gentillesse, l'intelligence

■ Travail sur le reportage en version vidéo 📼

1 Visionner le reportage sans le son.

Identifier le lieu. Décrire les activités. Imaginez les propos des personnes qui parlent.

▷ *Fiche, ex. 1* : **a.** *interview dans un club de gymnastique.* – **b.** *le vélo et la course.* – **c.** *toutes les tranches d'âge (mais plutôt en dessous de 50 ans).*

▷ *Fiche, ex. 2* : *les intrus sont : lunettes de soleil, chemise et pantalon (on dit « haut » et « bas » de jogging).*

2 Visionner le reportage avec le son.

Visionnage en entier puis fragmenté selon les trois parties. Au fur et à mesure, compléter la fiche vidéo ou le tableau de la p. 30.

▷ *Fiche, ex. 3 (après la première partie)* :
Être plus beau : *la remises des formes – le culte du corps.*
Rester en bonne santé : *la remise en forme – éviter les problèmes de dos – se tenir en forme – bouger.*
Se préparer aux compétitions : *cette motivation n'est exprimée par personne.*
Se détendre : *se défouler – trouver autre chose après le travail.*
Rencontrer des gens : *le contact humain.*

▷ *Fiche, ex. 4 (après la deuxième partie)* : *enrichissement du vocabulaire des parties du corps.*

▷ *Fiche, ex. 5 (après la dernière partie)* :
a. *Voir le tableau à la fin du travail sur le reportage en version audio.*
b. *beauté du cœur* → *a, o.*
qualités physiques → *g, m, n, q, r, s.*
avoir de l'humour → *c.*
la féminité → *i, k, p.*
la classe → *f.*
être présentable → *e.*

être gentil → *a, b.*
être intelligent → *f.*

■ Lecture et commentaire du document « Modes de vie »

Le document se présente comme la page d'introduction d'un article de magazine sur les nouveaux modes de vie, les comportements à la mode ou « tendance » (l'expression « être tendance » est une nouvelle façon de dire « se comporter selon les modes »). Ce document présente trois listes qu'il s'agit de mettre en correspondance :

– les mots de la décennie (fin 1990, début 2000),
– des phrases révélatrices de comportements,
– des actions.

Les commentaires que nous faisons ci-dessous ne constituent pas un corrigé. Chaque phrase ou chaque action est significative de plusieurs mots clés (c'est-à-dire de plusieurs tendances). L'important est que les étudiants comprennent les comportements et qu'ils les comparent avec ceux de leur pays.

1 Illustrer chaque valeur de la décennie (question 1).

• Autonomie : *4 – 6 – 7 (je n'ai pas besoin des transports en commun) – f (fréquentation des magasins de bricolage).*
• Créativité : *6 – g.*
• Dynamisme : *1 – 5 – 7 – b – c – h.*
• Jeunesse : *1 – 5 – c.*
• Mobilité : *7 – h.*
• Nature : *2 – a.*
• Ouverture : *3 – e – h.*
• Simplicité : *6 – 8 – d (le TGV est moins cher que l'avion) – g.*

2 Recherche des mots clés représentatifs des comportements dans le pays de l'étudiant.

À faire en petits groupes ou sous forme de recherche collective.

■ Discussion par deux

Activité facultative. Les étudiants se mettent par deux. Chacun répond aux trois questions posées. L'autre commente ces réponses.

« Je pense que je donne l'image de quelqu'un de sérieux et de travailleur.

– C'est vrai. Mais je crois que tu aimes bien t'amuser... »

■ Prononciation et mécanismes
Exercice 19.

Pratique de l'interrogation. Expliquer la consigne.

Didier parle du séminaire d'entreprise qu'il a suivi à Porquerolles. Vous ne comprenez pas très bien ce qu'il dit. Demandez des précisions.

• Nous avons suivi un séminaire d'entreprise/...
– Qu'est-ce que vous avez fait ?
• Un séminaire d'entreprise. Il a eu lieu à Porquerolles.
– Où est-ce qu'il a eu lieu ?
• À Porquerolles. Il a eu lieu le week-end dernier.
– Quand est-ce qu'il a eu lieu ?
• Le week-end dernier. Il y avait 100 personnes.
– Combien est-ce qu'il y avait de personnes ?

• Cent. Nous avons parlé du futur de l'entreprise.
– De quoi avez-vous parlé ?
• De l'avenir de l'entreprise. Pendant une réunion, il y a eu un accident.
– Qu'est-ce qu'il s'est passé ?
• Un accident.

Exercice 20.
Expression de la fréquence (toujours/ne... jamais) au passé composé.

Marie surveille sa forme. Pierre se laisse aller. Répondez pour eux.

• Marie, tu fréquentes les salles de gym ?/...
– J'ai toujours fréquenté les salles de gym.
• Et toi Pierre ?/...
– Je n'ai jamais fréquenté les salles de gym.
• Marie, tu manges bio ?/...
– J'ai toujours mangé bio.
• Et toi Pierre ?/...
– Je n'ai jamais mangé bio.
• Marie, tu dors bien ?/...
– J'ai toujours bien dormi.
• Et toi Pierre ?/...
– Je n'ai jamais bien dormi.
• Marie, tu te soignes par les plantes ?/...
– Je me suis toujours soignée par les plantes.
• Et toi Pierre ?/...
– Je ne me suis jamais soignée par les plantes.
• Marie, tu es en forme ?/...
– J'ai toujours été en forme.
• Et toi Pierre ?/...
– Je n'ai jamais été en forme.

Corrigé du bilan 2

1 Si vous achetiez ce camping-car, vous seriez plus autonome, vous iriez où vous voulez, vous n'auriez plus de souci de réservation de chambre d'hôtel.
– Oui, mais les enfants feraient du bruit, nous dormirions mal, je devrais faire la cuisine. Quand il ferait chaud, ce serait insupportable.

2 a. – On devrait lui parler du problème.
– Il vaudrait mieux appeler la police.
– Et si je cassais son tracteur ?
– Pourquoi ne pas acheter des boules Quiès tout simplement ?
– On pourrait l'empoisonner.

b. – Tu devrais changer de look.
– À ta place, je travaillerais plus.
– Si j'étais toi, j'essaierais de rencontrer des journalistes.
– Tu pourrais sortir plus souvent.
– Et si tu épousais quelqu'un de célèbre ?

3 a. ambitieux – **b.** indépendante – **c.** autoritaire – **d.** désorganisée – **e.** de mauvaise humeur – **f.** optimiste – **g.** organisée, efficace.

4 c – a – e – b – d – f.

5 Madame,
Je suis journaliste au magazine *L'International* et je m'occupe plus particulièrement de la rubrique « Spectacles ».
Il y a une dizaine de jours, je vous ai téléphoné pour vous demander une documentation sur le festival d'orgue qui doit avoir lieu en juin dans la cathédrale de Chartres. Je n'ai malheureusement rien reçu.
Je vous serais très reconnaissante de m'envoyer rapidement ce dossier de presse car notre numéro spécial sur les festivals va sortir dans quinze jours.
Je vous en remercie par avance.
Salutations distinguées.

Unité 3

Défendre une idée

Présentation de l'unité

Toute l'unité est orientée vers l'expression de la volonté (depuis le souhait jusqu'à l'ordre) et de l'obligation. On introduira donc le mode subjonctif.

L'étudiant apprendra à poser un problème (expression du manque, du besoin) et à faire des propositions pour le résoudre (souhait).

Cette compétence s'exercera dans différents domaines : l'urbanisme (3(1) et 3(2)), l'identité des régions (3(3)), l'environnement (3(4) et 3(6)) et la protection des animaux (3(5)).

Observation collective de la p. 33

Tout se passe en France mais les participants aux manifestations brandissent des drapeaux différents : celui de leur région.

• **haut gauche : le drapeau breton** (Bretagne). Les bandes blanches et noires représentent les évêchés de l'ancienne Bretagne. Les queues d'hermine sont les éléments du blason des ducs de Bretagne. La Bretagne n'a été rattachée au royaume de France qu'au XVIe siècle.

• **haut droite et bas gauche : le drapeau corse**. L'île de Corse a été acquise par la France en 1768 soit un an avant la naissance de son plus célèbre habitant : Napoléon Bonaparte, futur Napoléon Ier (à un an près, Napoléon aurait pu être génois donc italien).

• **bas droite : le drapeau basque**. Le Pays basque s'étend sur les deux côtés espagnol et français de l'ouest des Pyrénées. La partie espagnole est beaucoup plus grande que la partie française. L'annexion de la partie française s'est faite aux XVe et XVIe siècles. L'éloignement de Paris et la géographie montagneuse du Pays basque ont favorisé le maintien de la langue et des traditions.

Exprimer la volonté, la nécessité

■ Objectifs

Communication
• Exprimer la volonté (*vouloir, avoir envie de, exiger* + verbe).
• Exprimer l'obligation (*il faut que...*).

Grammaire
• Le subjonctif présent :
– formes,
– présentation générale des emplois,
– emploi dans l'expression de la volonté et de l'obligation.

Vocabulaire
• une menace – un passager – du ciment – une pétition – un préfet
• rentable
• maintenir – supprimer – agir

Culture
• La région des Cévennes.

Prononciation
• Le [j] dans les deux premières personnes du pluriel du subjonctif.

■ Découverte du dialogue

• L'histoire « La pétition ».

La SNCF (Société nationale des chemins de fer français) envisage de supprimer la petite ligne qui traverse la région des Cévennes, de Nîmes à Clermont-Ferrand (voir encadré).

Deux habitants de Langogne, gros village de la région, découvrent la nouvelle dans le journal et sont scandalisés. Ils décident de faire une pétition pour le maintien de la ligne.

1 Observation des images et lecture de l'article de presse.

Où sommes-nous ? Que font les personnages ? Que découvrent-ils ?

Imaginer leur réaction et leurs propos.

Expliquer :

– *menacer* : c'est le contexte qui expliquera ce mot. La SNCF veut supprimer la ligne. Les habitants aiment cette ligne. La SNCF menace de supprimer la ligne. L'auteur d'un hold-up menace l'employé de la banque.

– *supprimer* : faire disparaître. Introduire aussi « maintenir ». Supprimer/maintenir un examen, une bourse d'étudiant, etc.

Observer la situation des Cévennes et de la ligne de chemin de fer sur une carte.

2 Écouter le dialogue.

Relever les arguments de Rémi (pour la suppression) et ceux d'André (qui n'est pas pour mais qui est fataliste et répercute les arguments de la SNCF).

Rémi → La ligne est utile. Elle sert au transport du bois et du ciment. Si on la supprime, les routes seront encombrées et polluées.

André → La ligne n'est pas rentable. Il y a très peu de passagers.

3 Observation des formes de la volonté et de l'obligation.

• Volonté

« ils veulent supprimer...
... tu veux qu'ils fassent...
Tu voudrais qu'il y ait... et que les routes soient polluées.
Tu as envie qu'on fasse... et qu'on aille... »
Rechercher l'infinitif des verbes au subjonctif. Remarquer que le subjonctif ne s'emploie que lorsque les deux verbes sont à des personnes différentes.

• Obligation

Il faut qu'ils la maintiennent.
Il faut qu'on agisse.

N.B. Faire la question 4 sous forme de jeu de rôles après les exercices.

■ La partie « Exercez-vous »

• Retrouver dans le tableau les informations qui ont déjà été données au cours des activités précédentes. Voir aussi les tableaux de conjugaison de la fin du livre (p. 183).

→ Exercez-vous ①

• *Il faut que nous **soyons** nombreux et que nous **ayons** beaucoup d'arguments.*

• *... que les touristes **puissent** prendre ce train...*

• *... On doit la **maintenir**.*

• *Il faut que le préfet **sache**... Il faut qu'il **prenne**...*

→ **Exercez-vous** ②

*Il faut que **j'aille** à la banque et que **je finisse** de faire les valises.*

*Pierre, je voudrais que **tu fasses** les courses, que **tu prennes** de l'essence et que **tu sois** là à 16 h.*

*Les enfants, je veux que **vous alliez** chez le coiffeur et que **vous rangiez** vos chambres.*

*Et à 17 h, il faut que **nous partions** et que **nous laissions** le chat chez Mamie.*

■ Jeu de rôles (consigne 4 de « Découvrez... »)

Rémi rencontre un responsable de la SNCF. Ils échangent leurs arguments.

• Recherche collective des arguments. En plus de ceux qui sont suggérés par le dialogue, on pourra utiliser :

→ *pour la suppression* : le risque d'accident (ligne mal entretenue), l'insécurité (voyageur ou conducteur isolé), les économies faites (qui pourraient servir à l'amélioration des routes) ;

→ *pour le maintien* : l'intérêt historique et touristique (voir les informations dans l'encadré sur les Cévennes) – le progrès (on évolue peut-être vers une priorité accordée au rail dans les modes de transport) – le bruit (si le trafic routier augmente).

• Les étudiants se mettent par deux et jouent la scène. D'autres sujets de débats peuvent être choisis. Suppression ou maintien :

– d'un magasin ou d'un bureau de poste en milieu rural,

– d'un cinéma ou d'un café en centre-ville,

– d'une manifestation culturelle,

– etc.

■ Prononciation et mécanismes

Exercice 21.

Emploi du subjonctif après « je voudrais que... ».

L'assistant demande des instructions à la directrice. Répondez pour la directrice.

• Je dois taper cette lettre ?

– Oui, je voudrais que vous tapiez cette lettre.

• Je dois aller faire les photocopies ?

– Oui, je voudrais que vous alliez faire les photocopies.

• Je dois prendre rendez-vous avec Uni-Pub ?

– Oui, je voudrais que vous preniez rendez-vous avec Uni-Pub.

• Justine doit venir m'aider ?

– Oui, je voudrais qu'elle vienne vous aider.

• Elle doit être au bureau demain à 9 h ?

– Oui, je voudrais qu'elle soit au bureau demain à 9 h.

• Nous devons finir le budget ?

– Oui, je voudrais que vous finissiez le budget.

Les Cévennes

C'est une région de basses montagnes située au sud du Massif central. Elle a été un haut lieu de développement de la religion protestante.

Au XIXe siècle, c'était encore une région économiquement riche, notamment en raison de la production de soies naturelles.

Le chemin de fer dont parle l'histoire a été construit à cette époque.

Aujourd'hui, le bon réseau routier ne justifie plus l'existence de cette ligne de chemin de fer très coûteuse.

Son seul atout : elle traverse de magnifiques paysages et elle est très empruntée par les touristes en été.

Le subjonctif

Avec le subjonctif on aborde une question qui ne pourra pas être traitée en deux ou trois leçons. En effet :

1. Le subjonctif a (comme le présent de l'indicatif) des formes qui ne se déduisent pas automatiquement de l'infinitif ou d'une forme du présent. Toutefois, on peut remarquer, qu'à la différence du présent de l'indicatif, la 1re personne du singulier du présent du subjonctif conditionne le reste de la conjugaison.

2. Le subjonctif n'a pas de sens compréhensible (comme le futur ou le passé). Un verbe est mis au subjonctif parce qu'il est introduit par un verbe ou une conjonction qui le conditionnent. Il faut donc connaître ces verbes et ces conjonctions. Il n'y a pas d'explication (autre que tautologique) du fait qu'on dise :

« Je souhaite qu'il vienne »

mais

« J'espère qu'il viendra ».

Certes l'emploi du subjonctif est déterminé par certaines orientations expressives que nous répertorions et qui seront abordées progressivement (voir le chapitre « Emplois » dans le tableau de la p. 35). Mais la maîtrise de ce mode passe par l'automatisation des associations :

verbes ou formes introductives → subjonctif.

L'emploi du subjonctif sera donc vu à plusieurs reprises dans *Campus II*.

Exercice 22.

Emploi du subjonctif après « il faut que... ».

C'est mercredi matin. Avant d'aller travailler, une mère de famille donne ses instructions à ses enfants. Répétez pour elle.

• Kevin, tu dois faire ton lit/... Kevin, il faut que tu fasses ton lit.
• Clara, tu iras faire les courses/... Clara, il faut que tu ailles faire les courses.
• Kevin et Clara, vous devez préparer le déjeuner/... Kevin et Clara, il faut que vous prépariez le déjeuner.
• Hugo tu dois faire ton travail de français/... Hugo, il faut que tu fasses ton travail de français.
• Les petits, vous ne devez pas faire de bruit/... Les petits, il ne faut pas que vous fassiez du bruit.
• Clara, n'oublie pas ! Tu dois être à l'école de musique à 2 h/... Clara, il faut que tu sois à l'école de musique à 2 h.

Exercice 23.

Opposition [ɔ̃] / [jɔ̃] et [e] / [j e] dans les deux premières personnes du pluriel de l'impératif et du subjonctif.

Distinguez la prononciation de l'impératif et du subjonctif. Continuez comme dans l'exemple.

Levons-nous ! /... Il faut que nous nous levions.
Préparons-nous ! /... Il faut que nous nous préparions.
Partons ! /... Il faut que nous partions.
Prenez ce chemin ! /... Il faut que vous preniez ce chemin.
Tournez à droite ! /... Il faut que vous tourniez à droite.
Arrêtez-vous ! /... Il faut que vous vous arrêtiez.

Unité 3

Pages 36-37 — Leçon 2

Exprimer un manque

▪ Objectifs

Communication
• Exprimer l'existence.
• Exprimer le manque et le besoin.
• Enchaîner des phrases sans faire de répétition.

Grammaire
• Les pronoms compléments qui remplacent les choses ou les idées.
On complétera ce qui a déjà été vu au niveau I (et révisé au niveau II, p. 11) avec les emplois de « en » et « y ».

Vocabulaire
• *Vocabulaire de l'existence et du manque* (voir tableau, p. 37)
• un camion
• se passer de... – s'habituer

Culture et civilisation
• La pétition : un mode d'action politique courant en France.

▪ Découverte du dialogue 🎧

• L'histoire « La pétition ». Les défenseurs de la ligne de chemin de fer des Cévennes menacée de suppression par la SNCF se sont organisés et font signer une pétition. Une jeune femme, Manon, essaie de convaincre un vieil habitant de Langogne, M. Pujol.

1 Observation de l'image et écoute du document.

• Expliquer :
– *une pétition* : voir l'image ;
– *se passer de* : faire sans. Je peux me passer de petit déjeuner.
– *des tas de* : beaucoup ;
– *s'habituer à* : s'adapter, prendre de nouvelles habitudes.

• Imaginer qui est M. Pujol d'après ce qu'il dit : vieux et seul (son fils habite loin ; il ne le voit pas souvent), pessimiste, mauvais caractère, fataliste, probablement asocial.

2 Analyse des constructions avec « en » et « y » et des constructions propres à l'oral.

• Allez M. Pujol... besoin → Nous avons besoin de votre signature (Nous en avons besoin).
• Faire remarquer :
(1) que « en » remplace une chose ou une idée introduites par la préposition « de ». À la différence du « en » quantitatif (il prend du thé → il en prend), il n'y a pas ici d'idée de quantité ;

(2) que « y » remplace une chose ou une idée introduites par la préposition « à ». Rappeler que « y » peut aussi remplacer un complément de lieu. (À la Bastide... je n'y vais plus) ;

(3) la construction orale familière : « complément placé avec le verbe + phrase complète avec rappel du complément sous forme de pronom ». Elle est très fréquente en français (« Votre pétition, je m'en moque – La ligne, je m'en passerai – etc.).

3 Faire imaginer une suite au dialogue.

• *Arguments de M. Pujol*
La SNCF a pris la décision. On n'y peut rien !
Vous critiquez la route mais votre voiture, vous la laissez au garage ?
Le train, les gens l'auront vite oublié.
Des trains, il y en a deux par jour. Ça ne changera pas grand-chose.

• *Arguments de Manon*
Le bruit, il vous empêchera de dormir.
Les odeurs d'essence, vous en respirerez.
Et les maisons en bordure de la route, elles ne vaudront plus rien.

4 Faire jouer le dialogue et la suite qui a été imaginée.

■ La partie « Exercez-vous »

• Lecture et commentaire de la partie du tableau sur les pronoms compléments.

→ **Exercez-vous** ①
Oui, j'en viens... nous en avons fait... je ne les ai pas faits... nous y pensons... je les ai faits... je m'y habitue... je n'en ai pas besoin.

→ **Exercez-vous** ②
... Nous y sommes très bien installés... je m'y habitue petit à petit... j'y pense jour et nuit... Nous en rêvons... Nous en sommes sûrs... Nous en avons besoin.

N.B. Le participe passé ne s'accorde ni avec « en » ni avec « y » mais un participe passé précédé de ces pronoms peut s'accorder avec le sujet du verbe ou le complément du verbe.
Elles sont allées dans la discothèque. → *Elles y sont allées.*
Elles ont vu leurs amies dans la discothèque. → *Elles les y ont vues (construction rare).*

■ Jeux de rôles

• Voir la partie du tableau consacrée à l'expression de l'existence et du manque.
• Les étudiants se mettent par deux et choisissent un sujet (interview d'une personne qui vit dans l'isolement).

Ils recherchent ensemble ce qui manque et ce qui ne manque pas.
Ex. : Robinson. La télévision ne vous manque pas ?
• Faire jouer quelques scènes ou rapporter les résultats de la recherche.

■ Prononciation et mécanismes

Exercice 24
Emploi des pronoms « en » et « y » au passé composé (forme affirmative).

Elle voyage beaucoup. Répondez pour elle.
• Vous êtes allée en Grèce ?
– Oui, j'y suis allée.
• Vous avez travaillé à l'institut d'archéologie d'Athènes ?
– Oui, j'y ai travaillé.
• Vous avez envie d'y retourner ?
– Oui, j'en ai envie.
• Et les États-Unis ? Vous connaissez ? Vous avez bien vécu à New York ?
– Oui, j'y ai vécu.
• Vous habitiez dans Manhattan ?
– Oui, j'y habitais.
• Vous avez visité le Musée d'Art moderne, je suppose ?
– Oui, je l'ai visité.

Exercice 25.
Emploi du pronom « en » quantitatif.

Un inspecteur de l'Éducation interroge le directeur d'un lycée de banlieue. Répondez pour lui.
• Les élèves font beaucoup de sport ?
– Oui, ils en font beaucoup.
• Vous avez besoin de matériel de sport ?
– Oui, nous en avons besoin.
• Est-ce qu'il y a un gymnase ?
– Oui, il y en a un.
• Est-ce que vous voulez davantage de tapis de sol ?
– Oui, nous en voulons davantage.
• Est-ce qu'il y a assez de ballons ?
– Oui, il y en a assez.

Exercice 26.
Emploi des pronoms personnels au passé composé (forme négative).

L'appartement des jeunes est en désordre parce qu'ils ont fait la fête. Répondez « non » pour eux.
H : Est-ce que tu as vu mes lunettes ?
F : Non, je ne les ai pas vues.
H : Est-ce que Thomas a pris ma cassette vidéo ?
F : Non, il ne l'a pas prise.
H : Est-ce que vous avez touché à mes clés de voiture ?
F : Non, nous n'y avons pas touché.
H : Est-ce que tes amis ont mangé les chocolats ?
F : Non, ils ne les ont pas mangés.
H : Est-ce que quelqu'un est entré dans ma chambre ?
F : Non, personne n'y est entré.
H : Est-ce que tu as trouvé mon portable ?
F : Non, je ne l'ai pas trouvé.

Unité 3

Exprimer des souhaits

■ Objectifs

Communication
• Exprimer un souhait ou un espoir.
• Parler de l'identité culturelle d'une région.

Civilisation et culture
• La formation du territoire de la France.
• L'identité des régions, en particulier de la Bretagne.

Vocabulaire
• *Vocabulaire des particularités culturelles :*
un territoire – une zone – une identité – une culture – une racine – un particularisme – une caractéristique – la mondialisation
• l'économie – une crevette – un apéritif
• violent – proche
• se sentir – conserver – renaître
• certains (pronom)

■ Découverte du document

1 Identifier le document.

Son origine : un forum Internet. Les personnes qui s'expriment : les Bretons (habitants de la région Bretagne). La question posée : « Que souhaitez-vous pour la Bretagne ? »
Il s'agit d'une succession de témoignages tels qu'on peut les trouver dans un forum Internet.

2 Lecture collective de l'introduction.

Expliquer :
– *particularisme* : à partir d'un particularisme propre au pays de l'étudiant (les Écossais portent des kilts, c'est un particularisme, etc.) ;
– *autonomie – indépendance* : l'indépendance est le degré supérieur de l'autonomie.
Autonomie → la région gère certaines choses (la culture, l'éducation, etc.).
Indépendance → la région devient un pays avec son armée, son drapeau, etc.
– *action violente* : destruction de biens publics ou privés, bombes, etc.

3 La classe se répartit les quatre témoignages. Relever les souhaits de chaque personne.

(1) pas de changement politique mais souci de conserver les traditions et la culture (nourriture, vêtements, musique, folklore) ;

(2) autonomie à l'intérieur de l'Europe – rapprochement avec des régions de langues et de cultures proches (voir encadré) ;

(3) enseignement de la langue bretonne pour que cette langue reste vivante ;

(4) rester français, s'opposer aux autonomistes par crainte d'être isolé.

4 Relever les formules utilisées pour exprimer les souhaits. Classer les constructions :

• *Je voudrais (bien)*
Je souhaite (souhaiterais)
J'aimerais
+ infinitif *(quand le souhait porte sur celui qui l'exprime)*
+ subjonctif *(quand le souhait porte sur un sujet différent)*

• *J'espère*
venir (infinitif)
que je pourrai venir (futur)
qu'il viendra (futur)

5 Présenter les opinions des Bretons d'après le forum.

On pourra ici anticiper l'utilisation de quelques pronoms indéfinis (vus en 4(5)).
Tous *les Bretons souhaitent conserver leur culture, en particulier leur musique.* ***Certains*** *pensent qu'il faut aussi que les Bretons continuent à parler leur langue.* ***La plupart*** *ne souhaitent pas de changement politique mais* ***certains*** *veulent davantage d'autonomie pour que la Bretagne puisse se rapprocher de l'Irlande ou de l'Écosse.* ***Très peu*** *(moins de 1 %) demandent l'indépendance.*

■ Compréhension de la notion de région en France

À faire à partir de la p. 39 et de sa légende. Utiliser les connaissances des étudiants.

Région et régionalisme en France

• La situation au Moyen Âge

Au Moyen Âge, le territoire actuel de la France est une mosaïque de seigneuries plus ou moins regroupées selon les lois de la féodalité. Du point de vue linguistique on distingue :

(1) **la majeure partie du territoire** qui parle des langues issues du latin. Au nord, la langue d'oïl (qui donnera le français d'aujourd'hui), au sud, la langue d'oc. Bien qu'elles soient toutes deux des évolutions du latin, ces deux langues se différencient de plus en plus, si bien qu'au XVIᵉ siècle, les gens du Nord et ceux du Sud ne se comprennent plus ;

(2) **sur les marges du territoire**, des régions où l'on parle des langues non romanes : le Pays basque (où l'on parle une langue spécifique), la Bretagne (langue celtique), les Flandres (langue flamande proche du néerlandais), l'Alsace et la Lorraine (langues proches de l'allemand).

• Sous la monarchie

Les rois de France vont progressivement agrandir leur royaume en intégrant les seigneuries. La France est alors constituée de provinces qui gardent leur identité culturelle et surtout leur langue.

Mais les pouvoirs sont à Paris et la langue de la région parisienne s'impose peu à peu auprès des gens cultivés.

• De la Révolution de 1789 à la régionalisation de 1982

Les révolutionnaires, Napoléon Iᵉʳ et les républiques successives veulent unifier la France culturellement et linguistiquement.

On casse donc les provinces (qui étaient des entités historiquement fondées) et on divise la France en 90 départements. Parallèlement on impose partout en France la langue de Paris.

Mais il faudra attendre le développement des médias pour que les langues régionales disparaissent totalement de l'usage familier et quotidien.

Bien entendu, le sentiment de perte d'identité est plus fort dans les zones de langue non romane. C'est là que les revendications autonomistes ou indépendantistes sont les plus fortes. Elles sont puissantes aussi en Corse (acquise par la France en 1768) et dans les territoires d'outre-mer (îles de la Martinique et de la Guadeloupe, etc.).

• La régionalisation de 1982

Elle regroupe les départements en 21 régions qui épousent plus ou moins les contours des principales anciennes provinces. Mais ces nouvelles régions n'ont pas encore beaucoup de sens (autre que politique) pour les Français. Une identité ne se forge pas en quelques décennies.

Quelles régions connaissez-vous ? Quelles sont ses particularités ? ses spécialités ?
Présenter aux étudiants l'explication historique.

■ La partie « Exercez-vous »

• *La Corse est une île qui **fait partie** de la France... certains Corses veulent **obtenir** leur indépendance.*
• *Quand Pierre... Il **a gardé** (**conservé**) son accent.*
• *Dans l'histoire, l'Alsace a été plusieurs fois **séparée** de la France, puis **réunie** à la France.*

• *Marie... la fête des fleurs **se perde**... pour **maintenir** cette tradition.*

■ Expression orale ou écrite

Travail qui peut se faire en petits groupes.
Les étudiants formulent des souhaits pour leur région. Par exemple, ils participent par écrit à un forum sur le thème : « Quels souhaits pour votre région ? »

■ Objectifs

Communication
- Faire un état des lieux pour un site naturel.
- Faire des propositions pour protéger un site naturel.

Civilisation
- La Guyane française, un département d'outre-mer.
- Deux sites naturels : la vallée de Chamonix, les Calanques près de Marseille.

Vocabulaire
- *Vocabulaire de l'environnement* (voir tableau, p. 41)
- une espèce – un végétal – la pêche – la chasse – la circulation – une vallée
- nomade – local
- exploiter – limiter – considérer

Prononciation
- [j] + voyelle nasale en finale.

Tout au long de cette leçon, les étudiants réaliseront un projet pour la protection d'un site naturel. Ce projet fera une dizaine de lignes. Le développement de la leçon sera le suivant :

(1) lecture de deux articles qui permettront de sensibiliser les étudiants aux problèmes d'environnement et de mettre en route le projet ;

(2) recherche de sites à protéger et choix du sujet ;

(3) à partir d'un document oral sur le site des Calanques de Marseille, réalisation collective d'un plan de projet ;

(4) réalisation individuelle ou en petit groupe à partir du site choisi par les étudiants.

■ Étude des deux articles

1 Article « Réouverture du tunnel du Mont-Blanc ».

- **Lecture du titre.** Qu'apprend-on ? Quelles questions se pose-t-on ? Le tunnel va réouvrir. Il était donc fermé. Pourquoi ?

- **Lecture de l'article** avec pour objectif la réponse aux questions qu'on vient de se poser : le tunnel a été fermé après un grave accident (un camion avait explosé dans le tunnel provoquant la mort de quarante personnes). Les opposants à la réouverture aux camions craignent de nouveaux accidents et veulent protéger la vallée de la pollution.

- **Compléter le tableau** (voir ci-dessous) ;

- **Observer la construction du texte** : ... Pourtant... Ainsi...

2 Article « Guyane française ».

- **Situer la Guyane** sur une carte.

- **À partir du titre faire des hypothèses** sur le contenu de l'article. Qu'est-ce qui peut menacer la forêt ?

- **Lecture de l'article.** Expliquer :

– *espèces animales et végétales* : donner des exemples ;

– *nomade* : qui n'a pas de lieu d'habitation fixe ;

– *chasse et pêche* : mimer les actions ;

– *exploiter*, *une exploitation* : tirer profit. Dans la région du Sud-Ouest, on exploite le gaz naturel.

- **Compléter le tableau** (voir ci-dessous).

- **Observer la construction du texte.** ... Pourtant... Ensuite... Enfin...

Nom du site	Vallée de Chamonix	Forêt de Guyane
Intérêt écologique	Vallée des Alpes qui conduit au Mont-Blanc : montagnes, forêt, faune et flore	Forêt riche en espèces animales et végétales
Défenseurs du site	Les habitants de la vallée	Le gouvernement français
Projet de protection	Interdiction aux camions de circuler	Création d'un grand parc national
Opposition au projet	Les transporteurs (?)	Les grosses sociétés et les dirigeants locaux
Arguments des opposants	Pas mentionnés (facilités de communication avec l'Italie)	Exploitation du bois et de l'or Développement du pays

■ Travail sur le vocabulaire de l'environnement et choix du sujet

À faire sous forme de recherche collective ; pour chaque thème :
– chercher des mots,
– évoquer des sites à protéger (dans le pays de l'étudiant).

a. une source – une rivière – un fleuve – un torrent – une cascade – un ruisseau – un marais (En France, le marais poitevin, la Camargue).

b. un glacier – une vallée – une gorge (les gorges du Verdon) – un pic.

c. une plage – une falaise – une île – un îlot – une lagune (la lagune de Venise).

d. une forêt – la flore – les végétaux – un arbre – les plantes – les fleurs – (la forêt d'Amazonie).

e. l'oxygène – un gaz (le gaz carbonique, l'ozone) – l'atmosphère des villes.

■ Découverte d'un document sonore

Voir transcription, p. 170.
• Écoute progressive. Recherche des informations demandées.

(1) ***Caractéristiques du lieu*** *: les Calanques, paysage de bord de mer, petites criques abritées du vent et falaises (Dessiner une crique) – pureté de l'eau – endroit sauvage – flore particulière – poissons et coquillages dans la mer.*

(2) ***Les risques*** *: beaucoup de promeneurs ne respectent pas le site – la flore est détruite – risques d'incendies – stationnement sauvage – vendeurs de sandwichs et de boissons – trop de bateaux et de pêcheurs dans la mer – présence d'une algue nocive.*

(3) ***Solutions proposées*** *: construction de parkings obligatoires – aménagement de chemins – limitation du nombre de bateaux – interdiction de pêcher – recherches pour détruire l'algue nocive.*

• L'enseignant présente oralement ce que pourrait être un projet de protection du site des Calanques en suivant les trois parties ci-dessus.

• Les étudiants recherchent des idées et des arguments pour leur projet en suivant le même plan.

■ Rédaction du projet

Selon le même plan.
Le projet peut prendre diverses formes :

La Guyane française

La Guyane devient Territoire français dans la deuxième moitié du XIXᵉ siècle. On y installe le bagne qui sera en activité jusqu'en 1945. Le bagne est une prison semi-ouverte où l'on envoie certains délinquants.
En 1966, on y installe un centre spatial devenu la base de tir de la fusée Ariane. Le sous-sol de la région et la forêt tropicale n'ont pas encore été exploités. Des tribus nomades vivent de la chasse et de la pêche. Le reste de la population connaît un taux de chômage très élevé.

– article de presse,
– tract à distribuer,
– plaquette ou affiche illustrée.

■ Prononciation et mécanismes 🎧

Exercice 27.

Transformation des verbes en noms (nominalisation). Utilisation du suffixe *-tion.*

Transformez les phrases comme dans l'exemple.
• La qualité de l'air se dégrade/… Dégradation de la qualité de l'air.
• Dix hectares de forêt sont détruits/… Destruction de dix hectare de forêt.
• Les impôts augmentent/… Augmentation des impôts.
• Le prix de l'essence diminue/… Diminution du prix de l'essence.
• Certaines espèces animales disparaissent/… Disparition de certaines espèces animales.

Exercice 28.

Le [j] suivie d'une voyelle nasale.

Mots avec finale [s j ɛ̃], [s j ɑ̃], [s j ɔ̃]. Répétez.
• Un musicien/… – un Égyptien/… – un électricien/… – un martien/…
• Un négociant/… – un patient/… – il est conscient/… – il est insouciant/…
• Une profession/… – une invention/… – une addition/… – une ambition/…
• Une réception/… – une action/… – une collection/… – une exception/…

■ Objectifs

Communication
• À propos des animaux, dire ses goûts et ses préférences, parler de danger et de protection, prendre position dans un débat.

Culture et civilisation
• Les Français et les animaux familiers.
• Pour ou contre la protection de certaines espèces.

Vocabulaire
• *Vocabulaire des animaux* (voir tableau, p. 43)
• un coin – une réserve – une concession – un massacre
• faible
• baptiser – réglementer – impliquer – résumer – effectuer – accorder – embaucher
• au lieu de

■ Découverte de l'article

1 Identification du document.

• Extrait de *L'Express*, magazine (hebdomadaire) d'informations générales.
Zimbabwe : pays du sud de l'Afrique (vallée du Zambèze). Les animaux sauvages sont menacés. Un projet de protection est prévu.
• À quelles questions va répondre l'article ?
(1) Pourquoi les animaux sauvages sont-ils menacés ?
(2) En quoi consiste le projet ?
Ce travail d'anticipation peut se faire à partir de l'observation de la photo et de la lecture du titre.

2 Lecture recherche d'informations.

Travail individuel (les étudiants sont aidés pour la compréhension des mots difficiles par des équivalents qui sont dans le livre).
Puis, mise au point collective.
• Vocabulaire :
tuerie → massacre
créer → mettre en place
nommé → baptisé
faire participer → impliquer
faire → effectuer
en échange d'argent → moyennant finances
donner → accorder
contrat... → concession
demander un paiement → facturer
zone administrative → district
• Réponses aux questions
– Causes de la menace : *le braconnage – diminution de la population d'animaux sauvages. Les revenus de la chasse constituent une richesse pour le pays.*
– Le projet Campfire
Chaque année, le World Wild Fund compte les animaux sauvages.
Les organisations de chasse peuvent alors acheter le droit de tuer un nombre d'animaux calculé en fonction du nombre total.

Lecture – Hypothèses – Anticipation

Tout lecteur a en général un projet de lecture. Celui qui ouvre le journal opère un balayage des titres et en sélectionne un selon ce qu'il cherche ou selon son intérêt. À partir de ce titre, le lecteur échafaude un ensemble d'hypothèses en fonction de ses connaissances.

La lecture procédera ensuite selon une vérification de ces anticipations.

Hypothèses et anticipations permettent au lecteur de mobiliser dans sa mémoire des ensembles sémantiques et lexicaux pré-construits qui serviront à la compréhension du texte.

C'est pourquoi il est toujours efficace d'aborder un texte en se fixant un axe de recherche qui constituera un projet de recherche. Il s'agit :
→ p. 52 (Le mystère de la bête du Gévaudan) de dégager les différents moments d'une histoire ;
→ p. 68 (lettres) de mieux cerner la biographie et la personnalité des deux femmes.

Ici, le projet sera donné par le titre et le chapeau (6 premières lignes).

L'essentiel de l'information est en effet donné dans ces quelques lignes. La lecture consistera à agréger des informations complémentaires à celles qui sont déjà connues.

Ces organisations paient la concession (1,3 à 1,6 million de francs, soit 200 000 à 250 000 euros) et 40 000 F (6 100 euros) pour chaque éléphant tué.

3 Présentation du projet sous forme de jeu de rôles.

• Deux jeux de rôles possibles :
(1) Un journaliste interroge un responsable du gouvernement.

(2) Un journaliste interroge un tour-opérateur spécialisé dans la chasse.

Les interviews doivent permettre de rassembler toutes les informations.

• Les journalistes préparent leurs questions. Les autres préparent leur dossier de façon à pouvoir répondre aux questions.

Exemple

J. : Pourquoi ce projet Campfire ?

R. : Parce que les animaux sauvages disparaissent. Ils sont tués par les braconniers.

J. : Pourquoi ne pas interdire la chasse ?

R. : Elle est déjà interdite mais notre pays est pauvre. Les gens ont besoin des revenus de la chasse. Il fallait donc l'organiser.

J. Quel est le projet ?

R. : …

■ Découverte et apprentissage du nom des animaux

L'activité peut se dérouler de plusieurs façons :

a. Exploration collective de la liste du tableau. Pour chaque animal on cite (selon les idées qui viennent à l'esprit) :

– une anecdote ou une référence. *Exemple* : le lion : roi des animaux – les lions de la place Saint-Marc à Venise – le film *Le Roi lion* – etc. ;

– les qualités ou les défauts associés qui ont produit des comparaisons figées : fort comme un lion – têtu comme un âne – malin comme un singe – etc.

– des commentaires ou remarques personnelles.

b. Chaque étudiant choisit (ou tire au sort) **le nom d'un animal et relève les différents emplois de ce mot** dans un dictionnaire unilingue.

Il présente ensuite ces différents emplois à la classe.

• On peut ensuite se livrer à des **classements** :

– animaux qu'on peut avoir chez soi,

– animaux qu'il faut protéger,

– etc.

• On peut aussi **créer des animaux fabuleux** en utilisant la technique des mots valises.

Exemple : crocodile + éléphant = crocophant (on mixe les deux mots de façon à créer un troisième mot qui « sonne » juste).

Définition : « Le crocophant est un animal allongé et à courtes pattes qui vit dans les rivières africaines. Il a le corps couvert d'écailles et une longue trompe avec laquelle il aspire les poissons. En cas de danger, il se sert de ses grandes oreilles pour impressionner l'adversaire ou pour s'enfuir en les utilisant comme des rames… »

c. Suivre la démarche proposée dans le livre.

Question 2

un appétit d'oiseau… une mémoire d'éléphant… cet enfant n'apprend rien, c'est un âne… il mange comme un cochon… Il suit l'avis des autres comme un mouton.

Les Français et les animaux

• Un foyer sur deux en France possède un animal familier, en général un chien ou un chat.

La présence des déjections canines dans les rues des villes est un vrai problème qui choque souvent les étrangers. Les campagnes de sensibilisation sur ce sujet et l'incitation au civisme n'ont pas encore donné de résultats suffisants.

La possession d'un animal est souvent liée à la solitude (personnes seules ou âgées, couple sans enfant) et à un besoin de tendresse (chez les enfants).

• On connaît le goût des Français pour les associations. De nombreuses associations se consacrent au monde animal : élevage, dressage, protection, etc. Les plus médiatiques sont celles qui défendent certaines espèces menacées ou essaient de réintroduire des espèces disparues.

L'actrice des années 50 et 60, Brigitte Bardot, s'est trouvée une nouvelle vocation avec la défense des animaux. Aujourd'hui la pianiste Hélène Grimaud milite pour la réintroduction des loups.

Ces idées et les projets ne sont pas toujours du goût des chasseurs et des éleveurs. La défense ou la réintroduction des loups et des ours donnent lieu à de violentes manifestations.

■ Débats

Partir des photos pour en venir progressivement aux problèmes et susciter un débat.

1 Photo « petite fille avec un bébé tigre ».

Qu'est-ce qu'elle tient dans ses bras ?

Est-ce que ça vous paraît normal ?

Quels sont les inconvénients présents pour l'enfant, pour l'animal ?

Quels sont les dangers futurs ?

→ À quoi correspond le besoin d'avoir un animal familier ?

→ Pourquoi des animaux exotiques ?

→ Peut-on introduire n'importe quelle espèce ?

N.B. En France, certaines espèces exotiques qui ont été introduites il y a une trentaine d'années sont en train de détruire les espèces traditionnelles locales. C'est le cas de la tortue d'eau douce et du ragondin qui font disparaître les grenouilles.

2 Photo « manifestation d'éleveurs de moutons ».

Que dit l'agneau sur les pancartes ?

Qui proteste ? Pourquoi ?

Y a-t-il des espèces disparues ou en voie de disparition dans votre pays ?

Êtes-vous pour ou contre leurs réintroductions ? N'y a-t-il pas des inconvénients ?

Parler d'une catastrophe

■ Objectifs

Communication
• Comprendre le récit d'un événement catastrophique.
• S'informer sur les circonstances de cet événement.

Civilisation
• La forêt des Vosges – l'Office national des forêts.
• Rôle des associations dans la protection de l'environnement.

Vocabulaire
• *Vocabulaire des catastrophes* (voir tableau, p. 45)
• un cataclysme – une rafale – un instrument de mesure – un clocher – un foyer
• frapper – amplifier – résister – abattre – bloquer

On pourra commencer la leçon soit par l'article de *Chronique de l'année 1999*, soit par le reportage en version audio ou en version vidéo. Si on commence par le reportage, lire l'introduction en haut de la p. 44.

■ Découverte de l'article

1 lecture du titre et des quatre premières lignes.
• Faire le « Vrai ou Faux » de la question 1.
a. *V* – **b.** *V* – **c.** *F* – **d.** *: vrai pour la première partie de la phrase, faux pour la seconde.*
• La correction de cette activité permet des mises au point lexicales :
– *cataclysme* : grande catastrophe naturelle ;
– *amplifier* : devenir plus ample (plus fort, plus important) ;
– *les instruments de mesure* : ceux des services de la météo qui servent à mesurer la force des vents. Ils se sont cassés ;
– *rafale* : coup de vent.

2 Lecture de la suite de l'article.
Au fur et à mesure :
• faire la liste des conséquences de la catastrophe :
– 30 morts,
– arbres abattus (parcs et bois très endommagés),
– rues bloquées par les troncs,
– toitures et clochers détruits,
– 2 millions de foyers sans électricité (câbles électriques cassés) ;
• expliquer le vocabulaire nouveau.
Ce texte donne l'occasion de travailler la compréhension des mots par inférence à partir de leur environnement.
Exemple : Le vent **soufflait** à 172 km/h → l'environnement du verbe « souffler » en éclaire le sens.

■ Lecture-commentaire du tableau et partie « Exercez-vous »

1 Découverte du vocabulaire du tableau.
À faire sous forme d'une conversation guidée au cours de laquelle les mots sont introduits progressivement.
Exemple : Est-ce qu'il y a eu une tempête récemment ? Quand ça c'est produit ? Il y avait des coups de tonnerre ? La foudre est tombée (faire un dessin, etc.).

2 Exercez-vous.
*Un grave incendie **a eu lieu (a éclaté)**… Quinze hectares de forêts **ont brûlé**.*
*Des pluies… **des inondations**… Des animaux sont morts **noyés**.*
*Une avalanche **a eu lieu (s'est produite)**… Trois skieurs ont été légèrement **blessés**.*
*En 1991, **l'éruption** du volcan…*
*… **la foudre** est tombée… il n'y a pas eu de **victimes**.*

■ Travail avec le reportage en version audio 🎧

1 Lecture de l'introduction. Hypothèses sur le rôle de l'association Oiseaux-Nature et sur ce que va dire Catherine Bernardin.

2 Préparation à l'écoute. Introduire en donnant des exemples :
– *tirer parti de…* : profiter de ; le sujet de l'examen était difficile mais Pierre a su tirer parti de ses connaissances ;
– *la faune* : les animaux ;
– *bénéficier de* : Pierre a bénéficié d'une bourse ;
– *une clairière* : espace sans arbres dans une forêt ;

– *la flore* : les plantes ;
– *un arbuste* : un petit arbre.

3 Écoute du document. Faire l'exercice de vérification de la compréhension.

• L'association n'a pas cherché à réparer les dégâts mais à s'adapter (tirer parti de ces dégâts) et à améliorer les conditions de vie des oiseaux.

• L'association a décidé de créer de nouvelles clairières et de planter des arbustes et des arbres à fruits qu'affectionnent les oiseaux.

■ Travail avec le reportage en version vidéo 📼

1 Regarder le reportage sans le son.

▷ *Fiche, ex. 1 : c. – a. – d. – b. – e.*

▷ *Fiche, ex. 2 : a. – d. : premières images ;*
b. : image de la clairière avec les tas de troncs coupés ;
e. : image du nid artificiel.

2 Visionner la première partie avec le son (jusqu'au moment où Mme Bernardin parle).

▷ *Fiche, ex. 3 :*
*Nous sommes... **en automne**.*
*Une femme... dans **une clairière**.*
*Les arbres... **arrachés**.*
*Des **troncs**...*
*C'est **le résultat**...*
*Cette tempête **a détruit**...*
*Dans la forêt... **mesurer l'importance**...*
*Marc Leclère est **employé**...*
*Catherine Bernardin est **vice-présidente**...*

• Vérifier la compréhension de la voix off. Pourquoi y a-t-il des troncs ? Qui sont les personnes qui marchent ? Etc.

3 Visionner la fin du reportage.

▷ *Fiche, ex. 4 :*
a. 7 – b. 5 – c. 4 – d. 1 – e. 8 – f. 6 – g. 2 – h. 2 – i. 5 – j. 3 – k. 9.

▷ *Fiche, ex. 5 :*
a. → pour voir les réalisations de l'association.
b. → Comment s'adapter... Comment améliorer...
c. → de créer de nouvelles clairières ; de planter... ;
de mettre des nids...

■ Prononciation et mécanismes

Exercice 29.
Transformation d'une forme nominale en forme verbale.

Elle lit les titres du journal. Étonnez-vous comme dans l'exemple.
• Tremblement de terre en Sicile.
– La terre a tremblé en Sicile !
• Mort d'un pilote dans le rallye Paris-Dakar.
– Un pilote est mort dans le rallye Paris-Dakar !
• Éruption d'un volcan dans l'île de la Réunion.
– Un volcan est entré en éruption dans l'île de la Réunion !
• Avalanche à Chamonix dans les Alpes.
– Une avalanche s'est produite à Chamonix !

Exercice 30.
Expression du souhait avec emploi du subjonctif.

Un habitant d'une zone rurale parle de sa région. Exprimez des souhaits.
• Il n'y a pas beaucoup d'habitants dans cette région.
– Je souhaite qu'il y ait plus d'habitants.
• Les touristes ne sont pas nombreux.
– Je souhaite que les touristes soient nombreux.
• Le gouvernement ne fait pas d'effort pour nous.
– Je souhaite que le gouvernement fasse des efforts.
• Les gens d'ici ne sont pas assez accueillants.
– Je souhaite que les gens d'ici soient plus accueillants.
• Les traditions locales se perdent ?
– Je souhaite que les traditions locales se conservent.

Corrigé du bilan 3

1 a. J'aimerais que tu **viennes**... Il faut qu'il y ait beaucoup de monde. Il faut **qu'ils** comprennent... Désolé, il faut **que j'aille**...
... je voudrais **que tu travailles** moins, **que nous sortions**... **qu'on parte**...
... que nous **irons** à Venise.
b. Il faut que les enfants **quittent** la maison. – Je voudrais que **tu fasses** du piano. – Je voudrais **lire**.
– Je voudrais que **nous voyagions** et que **nous allions** faire des balades.

2 Chers amis,
Nous avons appris qu'il y avait de terribles inondations dans votre ville. Nous espérons que votre maison n'a pas été inondée et si c'est le cas, que vous avez pu trouver une solution pour vous loger. Nous souhaitons que les eaux baissent rapidement et que la situation redevienne normale pour tout le monde.
Si vous avez dû quitter votre maison, nous souhaitons que vous puissiez y revenir le plus vite possible.

3 Oui, j'en ai envie.
Oui, j'y ai réfléchi.
Oui, j'en ai besoin.
D'accord, j'y penserai.
D'accord, j'y serai (je ne l'oublierai pas).

4 a. Aujourd'hui, l'eau est polluée. Le nombre de poissons a diminué. Certaines plantes ont disparu… les gaz toxiques ont augmenté. La qualité de l'environnement s'est dégradée.
b. … les grenouilles → il faut les protéger.
… le parc → il faut le nettoyer.

… l'air → il faut interdire la circulation et déplacer les usines.
… espèces rares → il faut les protéger.

5 Voir transcription, p. 171.
1. Graves inondations en Camargue. Beaucoup d'animaux noyés.
2. Nombreux départs d'avalanches à Chamonix. La prudence est recommandée aux skieurs.
3. Dans la région de Biarritz, une tempête a fait un mort. Les vents soufflaient à plus de 200 km/h.

Unité 4

Découvrir la vérité

Présentation de l'unité

Cette unité sera consacrée aux faits et à la façon de les présenter. On peut en effet présenter une information comme plus ou moins vraie ou fausse (4(2)). On peut mettre en valeur l'objet de l'action au lieu de l'agent (4(1)) ou éviter de présenter cet agent avec trop de précision (forme impersonnelle ou emploi des indéfinis).

Événements de l'actualité ou de l'histoire (4(1)) et 4(6)), découvertes scientifiques (4(2) et 4(4)), histoires étranges et légendes (4(3)), comportements des Français face au secret et au mensonge donneront l'occasion de travailler le récit et les circonstances de l'action (4(4)).

Découverte de la page d'introduction de l'unité (p. 47)

Pourquoi ces titres de presse ont-ils fait la une des magazines (les trois magazines sont des hebdomadaires d'informations générales) ?

(1) *Marianne* (tendance centre gauche). Couverture typique d'une édition du mois d'août. Les sujets sont légers : les grandes énigmes de l'histoire, les îles de rêve. Même le sujet sur la Corse est présenté comme une énigme policière. Il suggère que le gouvernement aurait négocié avec les terroristes (certains indépendantistes corses). Quelles sont les grandes énigmes de l'histoire de votre pays ?

(2) *Le Nouvel Observateur* (tendance gauche socialiste). Les fonctionnaires (le quart de la population active) ont la sécurité de l'emploi et un système de retraite plus avantageux que les salariés du privé. N'auraient-ils pas d'autres avantages et d'autres privilèges ?

(3) *Le Point* (tendance droite libérale et modérée). Les deux titres suggèrent aussi des révélations. Le classement des maires de France selon leurs compétences et le carnet de notes de la Cour des comptes, organisme chargé de veiller à la régularité des finances publiques.

Présenter une information

■ Objectifs

Grammaire
• La construction passive.
• L'accord du participe passé

Communication
• Présenter une information en mettant en valeur l'objet de l'action.

Vocabulaire
• la paix – un référendum – une coupe – un témoin
• prévoir – assassiner – battre – élire – bouleverser – démolir – servir – déclarer

Culture
• Quelques événements de la deuxième moitié du XXᵉ siècle qui restent dans la mémoire des Français.

■ Découverte du document

Le document présente quelques événements marquants de la deuxième moitié du XXᵉ siècle. Pour chaque document :
(1) vérifier la compréhension et trouver la date ;
(2) observer la construction passive. Mettre à la forme active, puis à la forme nominale ;
(3) faire produire un bref commentaire.

1962 – Les accords de paix ont été signés. On a signé… Signature des accords de paix – On prévoit un référendum – Référendum prévu pour… (voir encadré).

1963 – À Dallas… On a assassiné… Assassinat du président J.F. Kennedy (par Lee Oswald).

1969 – L'Homme a marché sur la Lune. Des millions de téléspectateurs ont suivi l'événement.

1981 – François Mitterrand… On a élu F. Mitterrand président de la République. Élection de F.M. à la présidence de la République.

Quand on a connu la nouvelle… « Cette élection m'a bouleversée ».

1989 – Destruction du mur de Berlin. On démolit 400 m… Démolition de 400 m.

On conservera six morceaux.

2002 – L'équipe de France, vainqueur de la Coupe du monde en 1998, est battue en 2002 dès le début de la compétition.

■ Observation du tableau et construction de phrases

1 Lecture du tableau dans le prolongement de ce qui vient d'être fait. Faire remarquer :
→ la construction sans agent : « J'ai été intéressée » ;

Quelques dates

1962. La France avait colonisé l'Algérie depuis 1830 mais les mouvements nationalistes s'étaient organisés. En 1954 éclate une guerre d'indépendance qui se terminera en 1962 avec la signature des accords d'Évian entre le Front de libération nationale et la France. En avril 1962, les Algériens demandent leur indépendance par référendum. L'indépendance de l'Algérie provoquera l'exode de plus d'un million de Français vers la France.

1981. Quand François Mitterrand est élu en 1981, la gauche n'avait pas été au pouvoir depuis 25 ans. Toute la génération de mai 1968 a donc vu dans F. Mitterrand et son gouvernement de gauche ceux qui allaient réaliser leur idéal de société. D'où un formidable élan d'enthousiasme.

→ l'introduction de l'agent par « par » et quelquefois par « de » (mais « par » est toujours correct alors que « de » ne peut pas convenir à la plupart des phrases passives) ;
→ les règles d'accord du participe passé.

2 Rédaction de titres de presse (voir consigne de la question 3 de « Découvrez… »).
Exemple : Des territoires inconnus ont été découverts par Christophe Colomb. L'exposé de Renzo a été très écouté.

■ La partie « Exercez-vous »

→ Exercez-vous ①
*b. La France **est envahie** par les cartes Pokemon.*
*c. Des lignes de tramway **seront construites** dans les grandes villes.*
*d. La chanteuse M. Carey **a été applaudie** par les spectateurs de Bercy.*
*e. Les impôts **vont être baissés**.*
*f. En Russie, Vladimir Poutine **a été élu** président.*
*g. L'Euro 2000 **est gagné** par l'équipe de France.*

→ Exercez-vous ②
*b. **Invasion** des cartes Pokémon.*
*c. **Construction** de lignes de tramway dans les grandes villes.*
*d. **Applaudissements** pour M. Carey.*
*e. **Baisse** des impôts.*
*f. **Élection** de V. Poutine à la présidence.*
*g. **Victoire** de la France à l'Euro 2000.*

→ Exercez-vous ③
*… Heureusement, **j'ai été recrutée** par Alfa international. Pierre aussi **a été pris**.*
***Nous serons bientôt envoyés** quelque part dans le monde.*
*J'espère que **je serai nommée** responsable…*

→ Exercez-vous ④
*Tu as **vu** la Pyramide du Louvre ?… elle a été **construite**… je l'ai **vue**… avec Diana nous sommes **allées** à Paris. Nous y avons **passé**… Nous les avons tous **visités**.*

■ Prononciation et mécanismes

Exercice 31.
Pratique de la transformation passive (passé composé passif).

Marie retrouve un ami d'enfance qui lui parle du village où ils ont passé leur jeunesse. Étonnez-vous comme elle.

• Tu sais, on a construit un collège.
– Un collège a été construit !
• Et comme maire on a élu M. Lavigne.
– M. Lavigne a été élu !
• L'ancienne municipalité a coupé les arbres de la route.
– Les arbres de la route ont été coupés !
• On a rénové la salle des fêtes.
– La salle des fêtes a été rénovée !
• Notre équipe de football a gagné la coupe régionale.
– La coupe régionale a été gagnée par notre équipe !
• Et la nouvelle municipalité a agrandi le parc.
– Le parc a été agrandi par la nouvelle municipalité !

Exercice 32.
Pratique de la transformation passive (présent et futur passifs).

Le maire d'une grande ville parle à son assistante. Confirmez pour elle.
• Vous prévoyez une réunion pour le 8 février ?
– Oui, une réunion est prévue pour le 8 février.
• Nous étudierons le projet du nouveau théâtre ?
– Oui, le projet du nouveau théâtre sera étudié.
• Mme Lemercier prépare le budget ?
– Oui, le budget est préparé par Mme Lemercier.
• L'architecte Durand réalise les plans ?
– Oui, les plans sont réalisés par l'architecte Durand.
• Vous inviterez le conseiller du ministre ?
– Oui, le conseiller du ministre sera invité.

Unité 4
Pages 50-51 — Leçon 2

Exprimer la possibilité, la probabilité

■ Objectifs

Communication
• Présenter une information comme possible, probable ou comme relevant d'une impression personnelle.

Grammaire
• Expression de l'apparence, de la possibilité, de la probabilité, de l'improbabilité.
• La forme impersonnelle.

Vocabulaire
• un chantier – une fouille – une tablette – une énigme – un amateur – une plaisanterie – un spécimen
• mystérieux – probable – archéologique
• avoir l'impression – sembler – s'agir (il s'agit de…) – prouver

Culture et civilisation
• L'énigme archéologique des tablettes de Glozel.

■ Découverte des documents

• L'histoire « La plaisanterie ». Deux jeunes gens, qui travaillent sur un chantier de fouilles à Chavigny dans le nord-est du Massif central, découvrent une tablette sculptée qui ressemble à celles qui ont été trouvées à Glozel (scène 1). Un bref article nous apprend que les tablettes de Glozel découvertes en 1924 n'ont jamais été authentifiées et qu'elles restent un mystère. À l'Institut d'archéologie (scène 2), un professeur doute de l'authenticité de la découverte de Chavigny.

1 Observation de l'image du premier dialogue.

Identification du lieu, des personnes (des archéologues) et de la scène (on dirait qu'ils ont découvert quelque chose).

Imaginer ce que disent les personnages.

2 Écoute de la première scène.

Qu'est-ce qu'ils ont trouvé ? Qu'est-ce qui est étrange ? À quoi ça ressemble ?

Les archéologues pensent qu'il s'agit d'une écriture antérieure au latin et au grec. Donc antérieure au VIIIe siècle avant J.-C.

3 Lecture de l'article sur les tablettes de Glozel.

• Qui a fait la découverte ? Où ? Quand ? Que pensent les archéologues ?

• Expliquer pourquoi Karim dit : « On va devenir célèbres ».

4 Relever les formes qui expriment les nuances de la certitude et de l'incertitude.

Commencer à relever les expressions du premier dialogue et du texte. Le poursuivre après avoir étudié le deuxième dialogue.

Certitude ⟶		Incertitude
Ce n'est pas...	Ça peut être...	Il ne semble pas que ce soit...
	Ça a l'air...	Ça n'a pas l'air d'être...
	On dirait...	On ne dirait pas que c'est...
	Ça y ressemble...	Je n'ai pas l'impression que ce soit...
	J'ai l'impression que...	
	L'écriture daterait de 2 000 ans (conditionnel).	

Remarquer l'emploi du subjonctif ainsi que l'emploi du conditionnel pour donner une information non vérifiée.

5 Écoute du deuxième dialogue.

• Où se passe la scène ? Quel est le sujet ?

• Observer la succession des informations et compléter le relevé fait en 4.

Il paraît que (+ indicatif)

Il est probable que (+ indicatif)

Ça prouve que (+ indicatif)

Il est possible que (+ subjonctif) – *Ce n'est pas sûr.*

• Quelle est l'explication du journal (reprise par l'assistant) ?

• Quelle est l'explication du professeur ?

6 Imaginer collectivement un article de presse relatant la découverte.

En continuant les phrases de la question 1 de « Découvrir » :

Hier, 25 septembre, à Chavigny, les archéologues ont découvert une tablette avec de mystérieuses inscriptions.

Il est possible que ces inscriptions soient une très ancienne écriture.

En effet, en 1924, à Glozel, on a découvert une tablette semblable.

Toutefois, les archéologues pensent qu'il est probable que la découverte de Glozel ne soit pas authentique.

Il est donc possible que la tablette de Chavigny soit un faux.

■ La partie « Exercez-vous »

• Lecture du tableau. Retrouver et compléter les formes qui ont été vues dans les documents de la p. 50.

• Exercez-vous

a. Il est probable qu'il ne travaille pas assez en mathématiques.

b. Il est nécessaire qu'il fasse un effort.

c. Il est dommage qu'il ne prenne pas de cours particuliers.

d. Il serait utile que vous l'aidiez.

e. Il est possible que tout aille mieux avec votre aide.

Les mystérieuses tablettes de Glozel

L'histoire est authentique. Glozel se trouve dans l'Allier (nord-est du Massif central). La controverse de Glozel vient du fait que ces tablettes (datées de 2 000 ans) ont été trouvées avec des ossements qui remonteraient à 15 000 ans.

Les Glozéliens affirment que la datation des tablettes est fausse et qu'elles remontent comme les ossements à 15 000 ans. L'écriture ne serait donc pas née en Mésopotamie mais… en Occident !

Les antiglozéliens affirment que le ramassis d'objets hétérogènes trouvés à Glozel a été placé là pour faire croire que l'écriture étaient née en France.

L'affaire est donc plus politique qu'archéologique. De nouvelles fouilles ont été faites en 1983 qui n'ont pas confirmé les thèses des Glozéliens. Aucune autre tablette n'a en effet été découverte.

■ Jeux de rôles

Deux situation dans lesquelles les étudiants vont pouvoir utiliser toutes les expressions du tableau (Il est possible de répartir ces expressions entre les deux jeux de rôles).

• **Début du jeu de rôles 1**

– *On dirait qu'il n'y a personne.*
– *Il est possible que nous nous soyons trompés de jour.*
– *Non, j'ai encore vérifié ce matin.*
– *J'ai l'impression que la sonnette ne marche pas.*
– *Mais si, je l'entends très bien.*
– *...*

• **Début du jeu de rôles 2**

– *Je ne me sens vraiment pas bien. J'ai l'impression que c'est à cause de la pizza. Où tu l'as achetée ?*
– *Chez Lucas.*
– *Il paraît que leurs produits ne sont pas frais.*
– *Il est probable que tu fais une intoxication alimentaire.*
– *On risque d'être malades nous aussi.*
– *...*

■ Prononciation et mécanismes

Exercice 33.

Pratique de l'expression de l'apparence.

Pierre et Marie sont dans une soirée. Ils observent leurs amis.

• Regarde là-bas. C'est la fiancée de Paul. On le dirait.
– Oui, on dirait que c'est la fiancée de Paul.

• Est-ce qu'elle est heureuse ? Je n'en ai pas l'impression.
– Je n'ai pas l'impression qu'elle soit heureuse.
• Et Paul, il n'est pas en forme ? J'en ai l'impression.
– Oui, j'ai l'impression qu'il n'est pas en forme.
• Est-ce qu'il y a de l'ambiance dans cette soirée ? Je n'en ai pas l'impression.
– Je n'ai pas l'impression qu'il y ait beaucoup d'ambiance.
• Le mariage de Paul n'aura pas lieu. J'en ai l'impression.
– J'ai l'impression que le mariage de Paul n'aura pas lieu.

Exercice 34.

Expression de la certitude et du doute.

Pierre et Marie vont sortir. Marie confirme ce que dit Pierre.

• Est-ce qu'il fera beau ? C'est peu probable.
– Il est peu probable qu'il fasse beau.
• Les Galeries Lafayette seront ouvertes. C'est certain.
– Il est certain que les Galeries Lafayette seront ouvertes.
• On pourra se garer à côté du magasin. C'est possible.
– Il est possible qu'on puisse se garer à côté du magasin.
• Je trouverai le cadeau pour ma mère. C'est probable.
– Il est probable que tu trouveras le cadeau pour ta mère.
• Nous aurons le temps de prendre le thé. C'est possible.
– Il est possible que nous ayons le temps de prendre le thé.

Unité 4	
Pages 52-53	Leçon 3

Raconter des faits mystérieux

■ Objectifs

Communication
• Faire un récit en présentant les événements comme certains, possibles ou impossibles.

Culture et civilisation
• La légende de la bête du Gévaudan – Les animaux fabuleux.
• La religion chrétienne – Les saints et les saintes.

Prononciation
• Opposition [y]/[ɥ i].
• Opposition [ʃ]/[ʒ].

Vocabulaire
• *Thème de l'étrange et du mystérieux*
une bête – une créature – le diable — une malédiction – une légende
• *Thème de la religion*
. un chrétien – un païen – une chapelle – un tombeau – une statue – religieux – miraculeux – un vœu – curatif – une vertu
. un paysan – une agression – une colline – un rocher
. récent – rare
. attaquer – décapiter – enterrer – se déguiser – examiner – passionner – jaillir – exaucer (un vœu)

La double page propose deux parties indépendantes qui peuvent être traitées dans n'importe quel ordre :
(1) un texte sur un animal étrange (la bête du Gévaudan) ;
(2) un reportage en version audio ou vidéo sur la légende de saint Élophe.

■ Découverte de l'histoire de la bête du Gévaudan

1 Lecture silencieuse. Les étudiants doivent relever les faits.

• **Le lieu** : le Gévaudan (le département actuel de la Lozère, situé au sud du Massif central), région de montagnes et de forêts.

• **L'époque** : le XVIIIe siècle, le règne du roi Louis XV.

• **Les faits** : un animal tue plus de cent personnes, principalement des femmes et des enfants. Le massacre dure trois ans jusqu'au jour où un paysan, Jean Chastel, tue un énorme loup. Il n'y aura plus de victimes. Mais l'animal tué par Chastel ne correspond pas aux descriptions des témoins. Aucun scientifique ne l'a examiné. D'où la rumeur.

2 Deuxième lecture. Faire un relevé des témoignages et des suppositions sur l'identité de l'animal.

• **Observations** : la bête est plus grande qu'un loup. Elle a une force extraordinaire mais s'attaque surtout aux femmes et aux enfants.

• **Hypothèses**
→ un tigre ou un ours (échappés d'un cirque)
→ un homme déguisé en loup
→ une créature du diable
→ un faux animal (un homme dans la peau d'un animal) qui tue pour faire croire à une malédiction sur la région et ainsi favoriser les organisations politiques opposées au roi.

3 Présentation des hypothèses et discussion collective. Imaginer d'autres explications.

Ex. : un tigre → on l'aurait tout de suite reconnu. Il n'aurait pas vécu trois ans dans les hivers du Gévaudan. Il aurait attaqué aussi bien les hommes que les femmes.

■ Travail sur le tableau de vocabulaire

• **Deux possibilités** :
(1) Travail par petits groupes. Les étudiants se partagent les quatre récits proposés et recherchent le vocabulaire correspondant. Il est préférable d'utiliser le dictionnaire bilingue.
(2) Chaque rubrique du tableau est découverte au cours d'une conversation guidée collective.
Ex. : Quand vous étiez enfant, vous aimiez vous cacher, les cachettes secrètes ? Vous avez dissimulé

La bête du Gévaudan et autres animaux mystérieux

La région du Gévaudan couvrait les Cévennes (voir 3(1)) et les montagnes situées au nord : l'actuel département de la Lozère. C'était une région rurale isolée, mais plus peuplée qu'aujourd'hui. La thèse défendue dans le film *Le Pacte des loups* est donc plausible.

Chaque région a gardé le souvenir d'une histoire d'animal extraordinaire.

Une des plus célèbres est celle de la Tarasque. Les habitants de la ville de Tarascon, au bord du Rhône, près d'Avignon, étaient terrorisés par un monstre à tête de taureau, à corps de lion, qui possédait des ailes et une queue de dragon. La Tarasque dévorait ceux qui s'aventuraient près du Rhône. Malgré de nombreuses battues, personne n'était arrivé à la tuer.

Un jour, une jeune femme (la future sainte Marthe) partit à la rencontre de la Tarasque. Quand elle la vit, elle lui attacha sa ceinture au cou et la ramena à Tarascon où on la tua.

---

des secrets ? Et aujourd'hui, vous pouvez garder un secret ?

• **Mise au point du travail en petits groupes**
a. Les gens mettent des masques. Ils se déguisent. Pierre se dissimule derrière un masque d'Astérix. Il porte un déguisement de...
b. Une série de meurtres mystérieux, étranges, inexplicables. Le commissaire Maigret cherche la vérité. Il pense que Brigitte ment, qu'elle connaît un secret qu'elle ne veut pas révéler.
c. Ce chef d'entreprise cache bien son jeu. Il dissimule une partie des bénéfices et trompe ses collaborateurs. Mais l'un d'eux découvre la vérité.

■ Travail sur le reportage en version audio 🎧

L'écoute du document sonore (assez difficile) aura pour objectif l'enrichissement de l'extrait du guide touristique qui se trouve dans le livre, p. 53.

1 Lecture de l'extrait du guide touristique.
Découverte collective. Expliquer les mots nouveaux. Mettre dans l'ordre chronologique les étapes de l'histoire et de la légende.
Veiller à ce que le contexte historique soit bien compris (voir encadré).

2 Écoute du document oral (voir transcription, p. 171).
Compléter progressivement la chronologie qui vient d'être faite.

D'après le guide touristique	Compléments d'après le document oral
(1) Sous le règne de l'empereur Constantin, le christianisme se développe en France.	
(2) Julien l'Apostat succède à Constantin.	Il fait rouvrir les temples et autorise les fêtes païennes.
(3) À Soulosse (village des Vosges), on organise une grande fête païenne.	
(4) Élophe, un chrétien, détruit les statues païennes.	Ces statues représentent les idoles.
(5) Élophe est condamné à avoir la tête coupée.	Il est d'abord mis en prison. Il est libéré par ses parents qui sont riches. Mais on lui demande de se convertir au paganisme. Il refuse. Il est alors condamné.
(6) Élophe a la tête coupée. Il se relève, prend sa tête et commence à monter une colline.	Élophe demande à son bourreau d'être enterré au sommet d'une colline.
(7) Sur le chemin, il fait jaillir une source d'un rocher et y lave sa tête. Cette eau a des vertus curatives.	Il frappe le rocher. Cet endroit s'appelle « la fontaine ». L'eau guérit les maladies des yeux et les rhumatismes.
(8) Élophe arrive en haut de la colline. Il s'assied sur un rocher qui prend la forme de son corps. Il est enterré à cet endroit. Les vœux qu'on fait quand on est assis sur le rocher sont exaucés.	

■ Travail sur le reportage en version vidéo 📼

1 Visionner le reportage sans le son.

Identifier :

– la situation : une jeune femme parle d'un lieu, montre, commente ;

– les choses qu'on voit : champ, village, chapelle, vitraux, etc. ;

– les éléments qui peuvent suggérer une histoire : les scènes représentées sur les vitraux.

▷ *Fiche, ex. 1 :* **a.** *dans (ou près d') un village.*
b. *l'histoire d'un personnage religieux.*
c. *une jeune femme (guide ?) raconte. On voit des lieux (chapelle, porte, etc.), des images (sur les vitraux).*
d. *dans l'Antiquité.*
e. *(faire arrêt sur image) vitrail du jugement, vitrail montrant le bourreau, statue de saint Élophe avec sa tête sous le bras.*

• Faire des hypothèses sur l'histoire racontée.

2 Visionner le reportage avec le son.

• Procéder par fragments. Remettre dans l'ordre les moments de l'histoire et expliquer les mots nouveaux.

▷ *Fiche, ex. 2 :* b. – d. – c. – f. – a. – e. – g.

▷ *Fiche, ex. 3 : ... se passe en* **362**... *Julien l'Apostat* **succède** *à... Constantin était* **chrétien**... *Il fait rouvrir les* **temples**... *à adorer les* **idoles** *et à organiser des fêtes* **païennes**... *Le* **paganisme** *se développe.*

Les débuts du christianisme en France

Le développement de la religion chrétienne en Gaule romaine date du IIᵉ siècle. À cette époque, les Gallo-Romains ont conservé les dieux celtes et adopté les dieux romains. La conversion au christianisme passe par des périodes où les chrétiens sont persécutés et d'autres où le paganisme (culte de plusieurs dieux) est interdit et réprimé.

Aujourd'hui encore, chaque église ou chapelle de France est dédiée à un saint ou à une sainte qui témoigne de la foi exemplaire d'un homme ou d'une femme et dont l'histoire est en partie légendaire.

Certains saints sont des martyrs. Ils ont été tués à cause de leur adhésion au christianisme. C'est le cas de saint Élophe. C'est aussi celui de sainte Blandine, en 177 à Lyon. Capturée, elle est jetée aux lions dans un cirque, mais un miracle s'accomplit et les lions se couchent à ses pieds. Elle finira tuée par un taureau furieux.

D'autres saints sont à l'origine d'actes valeureux et spectaculaires. En 451, la ville de Paris est menacée par les Huns conduits par Attila. Une jeune femme, Geneviève, invite les Parisiens à prier sur une colline qui domine la ville. Grâce à ces prières, les Huns se détourneront de Paris et sainte Geneviève deviendra la protectrice de la ville.

▷ *Fiche, ex. 4 :* **b.** *... C'était une* **profanation.**
c. *On l'a* **capturé...**
d. *... à la* **décapitation.**
e. *Le bourreau... son lieu de* **sépulture.**
f. *On lui a* **tranché** *la tête.*
g. *... Élophe a* **gravi** *une colline.*

▷ *Fiche, ex. 5 :* **a.** *cocher les trois propositions.*
b. *cocher les deux premières propositions.*

■ Récit d'une légende

Peut se faire oralement (avec préparation) ou par écrit en travail personnel.

■ Prononciation et mécanismes

Exercice 35.

Différenciation entre [y], [u], [i], [ɥ i].
Prononciation des finales des participes passés.

Son [y] et [ɥ i]. Finales des participes passés. Répétez.

1. *Philosophie*
J'ai tout lu/... J'ai tout vu/... J'ai tout su/... J'ai tout entendu/... J'ai tout eu/... Et je suis un peu déçu(e)/...

2. *Accident*
Elle a souri/... Elle l'a séduit/... Il l'a dit/... Elle a traduit/... Ils sont sortis/... Il a conduit/... Ils se sont détruits/...

Exercice 36.

Différenciation [ʃ] et [ʒ].

Son [ʃ] et [ʒ]. Répétez.
Écoutez cher étranger.
Écoutez gens des champs.
Je chante la légende
Du chasseur voyageur
Chez nous en Gévaudan.
Il châtia la bête étrange
Qui se cachait dans les rochers
Du jardin de la chapelle.

Unité 4
Pages 54-55 | **Leçon 4**

Présenter les circonstances d'un événement

■ Objectifs

Communication
• S'informer, donner des informations sur les circonstances d'une action (qui, quoi, pourquoi, quand, combien de temps).

Grammaire
• Interrogation : révision des formes vue au niveau I.
• Expression du moment et de la durée (révision).

Vocabulaire
• la gendarmerie – un gendarme – une compétence – un suspect
• honnête
• constater – soupçonner – renvoyer (une personne qui travaille) – casser

Civilisation
• Police et gendarmerie.

■ Lecture de l'article (p. 54)

• L'histoire « La plaisanterie ». Sur le chantier de fouilles archéologiques de Chavigny dirigé par le professeur Victor de Marley, on découvre une tablette couverte d'inscriptions mystérieuses qui fait penser à celles qui ont été trouvées à Glozel en 1924. À l'Institut d'archéologie, on doute de l'authenticité de cette découverte.
• Les étudiants lisent silencieusement l'article. Poser des questions afin de reconstituer l'événement et ses circonstances.
Que s'est-il passé le 18 septembre ? Rappel de la découverte archéologique (4(2)) – Quelle information apporte cet article ? Qui est Victor de Marley ?

■ Découverte du dialogue

1 Observer l'image et imaginer le dialogue.
Identifier les personnes qui sont sur l'image.
Imaginer ce qui s'est passé après la découverte du vol.
Imaginer les questions posées par la gendarme (Comment avez-vous découvert le vol ? Cette tablette avait-elle de la valeur ? Etc.).

2 Écoute de l'enregistrement.

• Au fur et à mesure de l'écoute noter tout ce qu'on apprend sur Tony Richard.

Expliquer :

– *soupçonner* : penser à quelqu'un comme coupable ;

– *compétence/incompétence* : Tony ne connaît pas l'archéologie. Il ne sait pas fouiller. Il est incompétent. Karim et Roxane sont compétents ;

– *honnête – l'honnêteté/malhonnête – la malhonnêteté* : Pierre (15 ans) a pris de l'argent dans le portefeuille de ses parents. Il a accusé sa jeune sœur. Il est malhonnête.

• *Tony Richard : étudiant en archéologie – incompétent – peut-être malhonnête (pièces archéologiques trouvées dans sa chambre) – a été renvoyé au bout de quinze jours – revient de temps en temps pour revoir des copains.*

3 Examen des phrases du rapport de gendarmerie

(question 2 de « Découvrez... »).

a. V – b. (c'est surtout l'assistante qui a des soupçons) – c. V – d. F – e. F (il a été renvoyé) – f. V – g. F (il ne dit rien pour le défendre) – h. (c'est possible, mais rien ne le prouve).

4 Recherche des mots qui servent à poser des questions. Classement de ces mots. Compléter avec les expressions du tableau.

■ Création de la fin de l'histoire

• **Faire la liste des suspects possibles.** Chercher leurs motivations (leurs mobiles) :

→ Tony Richard (se venger d'avoir été renvoyé)

→ un copain de Tony (venger son ami)

→ Victor de Marley (il a voulu s'approprier la découverte)

→ son assistante (jalousie, vengeance contre un patron tyrannique)

→ Karim et Roxane (de Marley ne les a même pas cités dans les interviews avec la presse)

→ un professeur de l'Institut (p. 50) (jaloux des succès de de Marley).

Bref, tout le monde peut être suspect sauf le gendarme.

• **Les étudiants se mettent par deux :** un(e) gendarme et un suspect. Ils préparent et jouent l'interrogatoire du suspect.

Donner pour consigne d'utiliser le plus possible d'expressions du tableau de la p. 55.

« Qu'avez-vous fait dans la nuit du 24 septembre ? Avec qui étiez-vous ? Etc. »

• **En commun, choisir un coupable et imaginer la fin de l'histoire.**

Ex. : C'est de Marley qui a trompé tout le monde et a masqué son vol. De Marley s'avère être un trafiquant d'objets d'art qui approvisionne certaines grosses fortunes de la planète. Il s'enfuit à l'étranger. Mais la tablette elle-même n'était qu'un faux fabriqué par Tony Richard pour se venger d'avoir été renvoyé.

■ Jeux de rôles

Les deux scénarios peuvent donner lieu à des scènes assez développées ayant la forme d'un interrogatoire dans lequel les expressions du tableau seront employées.

• Vérifier la compréhension de la situation.

• ***Exemple** : Début du « rendez-vous mystérieux »*

Lui : *Où étais-tu cet après-midi ?*

Elle : *Ben, au travail.*

Lui : *Tu mens. Je t'ai vue sur les Champs-Élysées. Avec qui tu étais ?*

Elle : *De quoi tu te mêles ?*

Lui : *J'ai le droit de savoir, non ? Qu'est-ce que tu faisais ? Et il y avait quoi dans cette enveloppe ?*

• ***Exemple** : Début de « Qui a écrit sur la porte ? »*

La directrice : *Qui a vu l'inscription ?*

Un employé : *Le gardien.*

La directrice : *À quelle heure ?*

L'employé : *À six heures ce matin.*

La directrice : *Qui est parti le dernier hier soir ?*

Un employé : *Quand je suis parti, il ne restait que M. Salabert.*

■ Prononciation et mécanismes 🎧

Exercice 37.

Intonation de la forme interrogative. L'accent montant porte sur le mot interrogatif.

Intonation de la question. Répétez.

Interrogatoire :

• Qui êtes-vous ?

• Et lui, c'est qui ?

• À qui parlez-vous ?

• Vous parliez de qui ?

• Est-ce que vous travaillez ?

• Pour qui travaillez-vous ?

• Vous travaillez avec qui ?

• Est-ce que vous connaissez Delcourt ?

• Depuis quand le connaissez-vous ?

Exercice 38.

Pratique de la forme interrogative.

Vous ne comprenez pas très bien ce qu'elle dit. Posez des questions.

• Sandrine est sortie.

– Qui est sorti ?

• Sandrine. Elle est allée à la plage.

– Où est-elle allée ?

• À la plage. Elle a parlé à Arthur.

– À qui a-t-elle parlé ?

• À Arthur. Ils ont parlé de Dylan.

– De qui ont-ils parlé ?

• De Dylan. On ne l'a pas vu depuis le 14 juillet.

– Depuis quand ne l'a-t-on pas vu ?

• Depuis le 14 juillet. Il est parti avec Floriane.

– Avec qui est-il parti ?

■ Objectifs

Communication
- Rapporter des informations statistiques.
- Commenter ces informations.

Grammaire
- Les adjectifs et les pronoms indéfinis.

Comportements
- La vie privée des gens.
- Attitudes face au mensonge.
- Sujets tabous.

Vocabulaire
- un commerçant – un revenu – un compte (en banque) – le fisc (le service des impôts)
- une mentalité – un conjoint – un patient – un résultat – un poste
- privé/public
- préserver - évoluer – mentir

■ Découverte des documents de la p. 56

1 Identification du document.

Première page d'une enquête trouvée dans un magazine, rubrique société.

Couverture de *L'Événement du jeudi*. Quel est le problème posé ? La presse ne doit pas dire tout ce qu'elle sait.

Commentaire de la légende de la photo des obsèques de François Mitterrand.

N.B. Le président François Mitterrand a eu une double vie familiale avec son épouse légitime, Danielle, dont il a eu deux fils, et avec Anne Pingeot qui lui a donné une fille, Mazarine. Mazarine voyait régulièrement son père, était invitée à l'Élysée, participait à des voyages officiels. Pendant 14 ans (deux septennats), la presse a été au courant de ces faits qui auraient pu faire la une d'un journal à scandale ou tout simplement gêner le président en période d'élection. Mais ils n'ont été divulgués qu'à la mort de F. Mitterrand.

2 Lecture de l'introduction.

- À chaque phrase :
- – vérifier la compréhension,
- – noter l'adjectif ou le pronom indéfini,
- – commenter, comparer avec les réalités du pays de l'étudiant.
- Expliquer :
- – *préserver* : garder – protéger ;
- – *jardin secret* : métaphore qui désigne ce qui est personnel et qu'on ne veut pas montrer ;
- – *mentalité* : façon de penser ;
- – *le pain quotidien* : les sujets « people » qui font vivre les journalistes.

Le sens des indéfinis

- Les adjectifs et les pronoms indéfinis sont en fait pour la plupart des mots de quantités qui indiquent une partie ou le tout.

On distinguera donc :

(1) **les quantitatifs qui peuvent être assimilés à des pourcentages** :
  tout → 100 %
  la plupart → 90 %
  quelques → 10 %
  aucun → 0 %

(2) **Ceux qui ont un sens distributif** :
  chaque/chacun/chacun d'eux
  certains (qui a aussi un sens quantitatif)

- **Le pronom peut être renforcé** surtout lorsqu'il est complément :

(1) « **d'entre + pronom personnel** » avec les quantitatifs :
  plusieurs d'entre nous – beaucoup d'entre eux

(2) **chacun(e)** peut être renforcé de deux manières :
  chacun d'eux
  chacune d'entre nous

- Dégager les principales idées

(1) En France le respect de la vie privée est un principe généralement admis.
(2) Mais ce principe commence à être transgressé :
– par les magazines qui parlent de la vie des stars ;
– par le fait que les gens veulent que la presse s'intéresse à eux ;

– par le fait que la vie privée devient un centre d'intérêt majeur dans les romans, les magazines, à la radio et à la télévision.

3 Commentaire du sondage sur le mensonge.

• Activité collective. Pour chaque question du sondage :
– vérifier la compréhension,
– observer et formuler les résultats (Mensonge d'un commerçant à ses clients → La plupart des Français pensent que c'est grave).
• Commenter l'ordre de priorité. Qu'est-ce qui vous paraît le plus grave ?
• Chaque type de mensonge peut ensuite donner lieu à un bref débat entre deux étudiants, l'un argumente l'accusation, l'autre se fait l'avocat du diable.
Exemple : Ce commerçant a menti. Il a vendu du poisson surgelé pour du poisson frais.
– Est-ce que le poisson est dangereux ?
– Non, puisqu'il était surgelé.
– Alors, ce n'est pas très grave.
– Etc.

■ La partie « Exercez-vous »

• Étudier le tableau de grammaire pour voir l'ensemble du système des indéfinis.

➙ Exercez-vous ① *(Deux possibilités)*

(1) Aucun ne demanderait s'il a une maladie grave.
Assez peu demanderaient combien il gagne.
Quelques-uns d'entre eux lui demanderaient s'il est infidèle.
Beaucoup d'entre eux lui demanderaient s'il est riche.
La moitié d'entre eux demanderait s'il a eu des aventures avant son mariage.
La plupart d'entre eux lui demanderaient son âge.
Tous lui demanderaient ce que font ses parents.

(2) Réponses au sondage :

As-tu une maladie grave ?	*Tous*
Combien gagnes-tu ?	*La plupart*
Etc.	

➙ Exercez-vous ②

Nous en invitons beaucoup.
Je les ai toutes préparées.
J'en ai reçu certaines.
J'en ai vu plusieurs.
Je n'en ai choisi aucune.

■ Prononciation et mécanismes

Exercice 39.

Construction pour l'expression de la qualité : pronom personnel + pronom indéfini.

On interroge Marie sur ses goûts en matière de cinéma. Répondez pour elle.

• Tu regardes les films policiers à la télé ?... Tous ?
– Je les regarde tous.
• Tu regardes les films d'horreur ?... Aucun ?
– Je n'en regarde aucun.
• Tu as des DVD ?... Plusieurs ?
– J'en ai plusieurs.
• Tu aimes les films de Besson ?... La plupart ?
– J'aime la plupart d'entre eux.
• Tu écoutes des musiques de film ?... Certaines ?
– J'en écoute certaines.
• Tu as vu des films de Truffaut ?... Pas un ?
– Je n'en ai pas vu un.

Exercice 40.

Construction du pronom indéfini en position de sujet du verbe.

On interroge Pierre sur ses amis. Répondez pour lui.

• Tes amis sont artistes ?... Tous ?
– Tous sont artistes.
• Il y en a qui sont photographes ?... Quelques-uns ?
– Quelques-uns sont photographes.
• Ils travaillent à Paris ?... La plupart ?
– La plupart travaillent à Paris.
• Il y en a qui habitent en dehors de Paris ?... Beaucoup ?
– Beaucoup habitent en dehors de Paris.
• Il y en a qui vivent en Bretagne ?... Aucun ?
– Aucun ne vit en Bretagne.

■ Objectifs

Communication
• Comprendre un fait divers relaté brièvement dans la presse.
• Raconter un fait divers.

Culture
• Les romans et les films inspirés de faits divers.

Vocabulaire
• *Vocabulaire des faits divers* (voir tableau, p. 59).

■ Mise en route du projet

Dans cette leçon, les étudiants auront pour objectif la réalisation d'un projet de scénario de film ou de sujet de roman d'après un fait divers (environ 20 lignes).

Ils pourront travailler seul ou par deux, mais la rédaction proprement dite sera individuelle.

La leçon suivra les étapes suivantes :

(1) Sensibilisation au projet à partir de la lecture du document « Les faits divers, points de départ de beaucoup de romans ».

(2) Travail sur quelques faits divers présentés sous forme de nouvelles brèves. Choix du fait divers qui servira de point de départ au projet.

(3) Écoute d'un document sonore qui propose des façons d'enrichir un fait divers pour en faire un scénario.

(4) Création et rédaction du projet de scénario.

1 Lecture du document « Les faits divers, points de départ de beaucoup de romans ».

• Observation de l'image. Mise en commun des connaissances sur le roman d'Alexandre Dumas *Le Comte de Monte-Cristo*.

Si certains étudiants ont lu le roman ou vu un film tourné d'après le roman, faire comparer la réalité et la fiction.

N.B. Le document est une image publicitaire pour une soupe de viande de marque Liebig. Avant les années 70, la plupart des produits alimentaires contenaient une image que les enfants collectionnaient. Comme les timbres poste, ces images étaient conçues par séries encyclopédiques et donnaient aux enfants une certaine connaissance du monde.

Le Comte de Monte-Cristo

Dans le roman d'Alexandre Dumas, le héros s'appelle Edmond Dantès et il est marin. Il a été emprisonné pour de fausses raisons politiques le jour de son mariage, dénoncé par son rival en amour et par son rival en affaires.

Dans sa prison du château d'If, il rencontre un vieil abbé italien qui lui indique avant de mourir l'emplacement d'un trésor dans l'île de Monte-Cristo.

Edmond Dantès réussit à s'évader en prenant la place du cadavre de l'abbé qu'on jette à la mer. Il récupérera le trésor et, devenu riche, se fera appeler Comte de Monte-Cristo. Il revient à Paris sans qu'on le reconnaisse et se consacre entièrement à sa vengeance.

• Si les étudiants ne connaissent pas le roman, s'appuyer sur un livre ou un film qui permet le même travail de comparaison.

2 Rechercher des films ou des romans ayant des faits divers pour point de départ.

3 Proposer le projet aux étudiants.

■ Découverte des faits divers

Lire chaque fait divers en complétant la grille de la question 1 de « Découvrez les faits divers ».

Type d'événement	Lieu	Causes et auteurs	Conséquences	Autres acteurs
(1) Hold-up	Caisse d'épargne de Domont, Val-d'Oise (région parisienne)	Deux malfaiteurs à moto	60 000 F volés	Hold-up précédent à Cergy-Pontoise (3 morts)
(2) Découverte archéologique	Mer Noire (120 m de fond)	Pêcheurs bulgares (en remontant leurs filets)	Découverte du plus vieux bateau du monde (peut-être le bateau de Noé ; 6 000 à 7 000 ans)	Un historien
(3) Accident de chasse	En Moselle, en forêt	Un collègue du chasseur	Un chasseur de 25 ans tué	Les autres collègues témoins
(4) Destruction de maïs transgénique	Société travaillant sur les OGM (dans trois villages de la Drôme)	Mystérieuse organisation « les limes à grains »	Destruction de 2 500 m² de maïs	
(5) Séisme (expérience scientifique)	Les cours des écoles de Grande-Bretagne	Un million d'élèves sautent à pieds joints	Séisme	
(6) Retrouvailles	Une rue en Angleterre	Le passager d'un chauffeur de taxi	Le chauffeur reconnaît son fils perdu de vue depuis 34 ans	
(7) Arrestation	Catalogne	Sept faussaires en tableau	3 000 tableaux retrouvés	La police
(8) Incendie	La coopérative Alsace-Lait à Hoerdt (Bas-Rhin)	Inconnus	Une centaine d'employés au chômage technique	

■ Découverte du tableau de vocabulaire (p. 59)

1 Activité d'inventaire lexical. Pour chaque événement, rechercher les mots qui permettent de parler des acteurs, des actions et des conséquences.

• **Accident de voiture** → le chauffeur, l'automobiliste, les passagers, le piéton, la police, le gendarme – heurter, entrer en collision avec, déraper, se renverser – un mort – un blessé.

• **Un naufrage** → un bateau, le capitaine, les passagers, l'équipage – couler, s'enfoncer – se noyer – un noyé.

• **Un crash aérien** → un avion, le commandant de bord, les hôtesses, les passagers – s'écraser, exploser.

• Etc.

2 Les étudiants choisissent le sujet de leur projet.

Ils peuvent opter pour l'un des faits divers de la p. 59 (à l'exception du dernier qui va être développé dans un document oral) ou pour un autre fait divers.

■ Écoute du développement d'un fait divers 🎧

Voir transcription, p. 171.

• Présenter la situation. Un metteur en scène et son assistante imaginent quelle fiction on pourrait créer à partir du fait divers de l'incendie de la coopérative laitière (p. 59, dernière nouvelle brève).

• Reprendre les éléments étudiés dans la grille d'analyse et les compléter au fur et à mesure de l'écoute.

Ex. : La coopérative Alsace-Lait → créée par un homme à forte personnalité.

Deux fils : (1) Jérôme : le préféré, a les idées du père, va hériter ;

(2) Pierre : le délaissé, amoureux de Camille qui l'aime.

Quand elle apprend que Jérôme va hériter de tout, Camille se tourne vers lui.

Etc.

• Reconstituer la chronologie de la fiction.

■ Développement et rédaction du projet

• Les étudiants suivent l'exemple du metteur en scène et de son assistante pour développer le fait divers qu'ils ont choisi et le transformer en scénario. Même s'ils ont décidé de faire un travail individuel, ils peuvent faire une recherche d'idées avec leur voisin(e).

• La présentation des projets se fait à l'oral et à l'écrit. Les projets peuvent être réunis dans un recueil. Une autre classe peut lire ce recueil et désigner le meilleur projet.

Corrigé du bilan 4

1 Trois moutons **ont été tués** dans la nuit d'hier.
Nous **sommes souvent réveillés** par des bruits étranges.
J'**ai été surpris** d'entendre des loups.
Les bergers **seront indemnisés**.
Les moutons **n'ont pas été attaqués** par des loups mais par des chiens.

2 ... des promeneurs ont **trouvé** une pierre cou-verte... Ils l'ont **apportée**...
... ces spécialistes n'ont pas **compris**... La pierre a été **envoyée**... pour être **étudiée**... Elle a pu être **déchiffrée**.

3 Tous ont lu un magazine.
La plupart ont lu tous les jours un quotidien.
Tous ont acheté un livre.
Beaucoup ont lu un roman et parmi eux **la moitié** a lu un roman policier.

Quelques-uns ont acheté le dernier prix Goncourt, mais **très peu** l'ont lu.
Aucun (pas un) n'a lu un livre de poésie.

4 – Qu'est-ce qui se passe ?
– Je ne sais pas. Il est possible que ce soit des enfants qui jouent.
– Ça m'étonnerait. J'ai plutôt l'impression qu'il y a eu un accident.
– Etc. (Utiliser les expressions de la p. 51.)

5 Ça fait combien de temps que tu fais du cinéma ?
Quand as-tu signé ton contrat ?
Avec qui tu joues ?
De quoi parle le film ?
Pourquoi ne nous as-tu jamais rien dit ?

6 Voir transcription, p. 171.

Document	Type de fait divers	Circonstances	Victimes éventuelles
1	naufrage d'un bateau de pêche	bateau de pêche parti depuis trois jours et qui n'est pas rentré au port	deux marins
2	cambriolage d'une maison	pendant les vacances – les voleurs ont tout emporté dans un camion	
3	accident (collision entre deux voitures)	dans la nuit – sur la route de Nice – le chauffeur d'une 306 Peugeot a perdu le contrôle de sa voiture	le chauffeur de la 306 est à l'hôpital – c'est grave

Unité 5

Vivre ses passions

Présentation de l'unité

L'unité 5 est essentiellement consacrée à la subjectivité.

On y apprend à exprimer ses sentiments (5(4)), à parler de ses intérêts, de ses loisirs, de ses passions (5(2)). Pour faire face aux situations de choix et de prises de décision, on acquiert des moyens linguistiques plus élaborés que ceux qui ont été vus au niveau I : pronoms démonstratifs et interrogatifs (5(1)), construction avec double pronom (5(3)). On apprend aussi à raconter les étapes d'une réalisation personnelle, d'une entreprise, d'une aventure (5(2) et 5(5)). Ces savoir-faire seront mis en pratique avec les thèmes de l'art (5(1)), de la poésie et des jeux avec les mots (5(6)), de l'aventure et des passions quotidiennes (5(2)), ainsi que de la mode vestimentaire (5(5)).

Commentaire collectif de la page d'ouverture de l'unité (p. 61)

→ **Pour chacun des deux tableaux,** demander aux étudiants de noter tous ces mots qui leur viennent à l'esprit (2 minutes).

Deux ou trois étudiants énumèrent les mots qu'ils ont trouvés. Classer ces mots :

1. **les mots concrets** : paysage, campagne, etc. ;
2. **les sentiments** : plaisir, douceur ;
3. **les idées** : agressivité, liberté, équilibre.

Magritte, **La Clé des champs (1936).** *René Magritte (1898-1967) est un peintre surréaliste belge. Sa peinture de forme très classique juxtapose des objets quotidiens afin de créer des images étranges identiques à celles des rêves. Le titre du tableau est souvent une clé qui permet d'accéder aux significations de l'œuvre. C'est le cas de cette « clé des champs ».*
En français, « prendre la clé des champs » signifie « s'évader ». La fenêtre dont la vitre est brisée peut être interprétée :
– comme une invitation à la liberté ;
– comme un passage de l'intérieur vers l'extérieur où se trouve la vrai vie (la naissance) ;
– comme une mise en cause du tableau qui est une fausse fenêtre sur la réalité ;
– comme un désir de retrouver la nature ;
– etc.

Monet, **Le Bassin aux nymphéas (1899).** *Claude Monet (1840-1926) est un peintre impressionniste qui cherche à saisir la vérité et la beauté de l'instant. Dans sa propriété de Giverny en région parisienne, il peint souvent son bassin de nymphéas (nénuphars). Mis à part le pont qui rappelle la réalité, tout n'est ici que touches colorées qui se fondent les unes dans les autres et annoncent l'art abstrait.*

→ **Les étudiants commentent le titre de l'unité.** Que signifie pour vous vivre ses passions ? Diverses sortes de passions : passe-temps, amour, collections, etc.

■ Objectifs

Communication
• Choisir un objet. Faire choisir. Demander des précisions. Commenter un choix.

Grammaire
• Les pronoms interrogatifs (*lequel, laquelle*, etc.)
• Les pronoms démonstratifs :
– employés comme sujet ou complément (*celui-ci*) ;
– suivis d'une proposition relative (*je prends celle qui est à gauche*).

Vocabulaire
• un marchand – un marché
• génial – abstrait
• représenter

Prononciation
• Opposition [s]/[z].

■ Découverte du document

• L'histoire « Le tableau ». Élise et Franck sont dans une galerie d'art. Élise a un coup de foudre pour un tableau abstrait (un Claire Mazelier). Franck n'aime pas trop ce type de peinture mais ne s'oppose pas au choix d'Élise.

1 Observer l'image et imaginer le dialogue.
Identifier la situation et les personnages.
Les élèves se mettent par deux et réfléchissent pendant 5 minutes à un dialogue possible.
Écouter quelques productions.

2 Écouter la scène deux fois. Les étudiants tentent de la reconstituer de mémoire.
Au fur et à mesure, introduire les pronoms interrogatifs et les démonstratifs.

3 Récit de la scène (voir consigne 3). À l'oral.
Figure-toi qu'hier, j'étais dans le 6e (arrondissement) avec Franck et on est entrés dans une galerie. Et là je vois un tableau abstrait avec des couleurs superbes. Ce tableau, je le vois dans le salon au-dessus du canapé et je me dis : « Ce serait génial ». Franck n'était pas trop d'accord mais la fille de la galerie a dit que l'artiste était célèbre, que c'était une artiste qui montait. Alors, il n'a pas osé critiquer...

■ Commentaire du tableau de grammaire et partie « Exercez-vous »

• Commentaire du tableau.
À présenter dans de mini-dialogues (achats de vêtements, de chaussures, d'affiches, de livres, etc.).

Distinguer :
→ *celui-ci, celui-là* (on montre nécessairement l'objet) ;
→ *celui qui est sur la table – celui que Pierre aime bien* ;
→ *celui de Marie* (possession) ;
→ *ce qui/ce que* : à travailler avec l'exercice 3.

→ Exercez-vous ①
*Choisissons **celle-ci** ! Décorons-le avec **celles-ci** ! Mettons **ceux-ci** ! Peignons-la avec **celle-ci** !*

→ Exercez-vous ②
*... un de tes copains – **Lequel** ?*
*... une pièce de théâtre – **Laquelle** ?*
*... un restaurant... – **Lequel** ?*
*... de qualités – **Lesquelles** ?*
*... deux gros défauts – **Lesquels** ?*

→ Exercez-vous ③
*... Mais si, c'est **celui qui** se passe en Corse... Il y a l'actrice Karine Viard, **celle qui** joue dans La Nouvelle Ève. **Ce qui** m'étonne...*
*... et ses copains, **ceux qui** travaillent dans l'immobilier.*
*... Regarde **ce que** tu as envie de voir. Moi, **ce que** je veux, c'est aller dormir.*

■ Jeu de rôles

• Les étudiants se mettent par trois : celui (celle) qui va avoir le coup de foudre, son ami(e), le vendeur/la vendeuse.

• Ils choisissent l'objet du coup de foudre et le lieu :
– galerie d'art (on peut choisir les tableaux de la p. 61) ;

– brocante ou marché aux puces (statue, vase, tapis, livre, etc.) ;
– antiquaire (meuble ancien) ;
– magasin de vêtements ;
– etc.

• Fixer le canevas au tableau.
A a un coup de foudre pour un objet et l'annonce à B.
B n'est pas d'accord. Discussion sur la valeur de l'objet.
C (vendeur) intervient. Promotion de l'objet. Demande de renseignements.
B hésite. Discussion entre B et C.
A s'enthousiasme. On écarte le vendeur. Discussion entre A et B.
A et B annoncent la décision qu'ils ont prise.
N.B. Introduire quelques formules utiles :
– pour tenir le vendeur à distance : nous regardons… ;
– pour se désengager : nous allons réfléchir – nous hésitons.

• Les étudiants préparent et jouent les scènes.

■ Prononciation et mécanismes

Exercice 41.
Opposition [s]/[z]. [z] est sonore. On sent les cordes vocales qui vibrent si on met la main sur la pomme d'Adam. [s] est un sifflement.

Distinguez [s] et [z]. Répétez. Retrouvez le sens des mots.
• Un poisson/… un poison/…
• Un cousin/… un coussin/…
• Un dessert/… un désert/…
• Ils sont chauds/… ils ont chaud
• Ils s'aiment/… ils aiment
• Six cents/… six ans/…

Exercice 42.
Production de pronoms interrogatifs.

Pierre et Marie se préparent pour aller à une soirée. Proposez un choix comme Pierre.
• Tu mets quelle cravate ?
– Laquelle tu préfères ? Celle-ci ?
• Tu portes quel costume ?
– Lequel tu préfères ? Celui-ci ?
• Quels bijoux je vais mettre ?
– Lesquels tu préfères ? Ceux-ci ?
• Et quelle robe ?
– Laquelle tu préfères ? Celle-ci ?

Exercice 43.
Construction « pronom démonstratif + pronom relatif » dans les phrases présentatives.

Deux amis visitent une galerie d'art. Le premier fait des commentaires. Le second approuve ou s'étonne.
• Le tableau a été peint par Picasso.
– C'est celui qui a été peint par Picasso.
• Mais je préfère celui-ci.
– C'est celui que tu préfères.
• Cette sculpture a été vendue un million d'euros.
– C'est celle qui a été vendue un million d'euros !
• Ces dessins représentent une actrice célèbre.
– Ce sont ceux qui représentent une actrice célèbre.
• J'aime beaucoup les peintures qui sont sur ce mur.
– Ce sont celles que tu aimes.
• J'ai acheté celle-ci.
– C'est celle que tu as achetée !

Unité 5	
Pages 64-65	**Leçon 2**

Parler d'une passion, d'une aventure

■ Objectifs

Communication
• Exprimer ses goûts et ses préférences en matière d'activités de loisirs et de détente, d'intérêts et de passions.
• Raconter une tentative (essai, échec, réussite).

Culture et civilisation
• Les passionnés d'aventures ou d'activités quotidiennes (bricolage, jardinage, etc.).

Vocabulaire
• *Thème des passions et des aventures*
• *Thème de l'essai, de l'échec ou de la réussite* (voir tableau, p. 65)
• le goût – un raid – la jungle – une peine – une souffrance – une tribu
• extrême – capable – indescriptible
• affronter

■ Découverte du document

1 Identifier le document à partir du titre et de la photo.

• Citer quelques « aventuriers des temps modernes célèbres ».

– *Laurence de la Ferrière* (voir photo, p. 65) ;

– *Jean-Louis Étienne* (trajets au pôle Nord, expérience de survie en solitaire) ;

– *Gérard d'Aboville* : traversée de l'Atlantique à la rame ;

– *Nicolas Hulot* : tentative de traversée de l'Atlantique avec un ballon dirigeable fonctionnant à l'énergie solaire et avec des pédales. Nicolas Hulot est par ailleurs l'animateur de l'émission de télévision « Ushuaïa » consacrée à l'aventure.

• Citer des sports ou des activités extrêmes (extrême : où l'homme va jusqu'au bout de ses possibilités) :

– l'escalade,

– la randonnée en haute montagne (ascension du Kilimandjaro),

– descente de rapides en canoë,

– traversée de zones désertiques : Sahara, Atlantique, etc.

• Faire appel à l'expérience directe ou indirecte des étudiants.

2 Lecture de l'article.

Pour chacun des quatre témoignages, compléter le tableau :

	Scène évoquée	Sentiments éprouvés	Explication de la passion
1	l'arrivée	la fierté, la satisfaction	tester ses capacités – se dépasser
2	le lever et le départ tous les matins	sympathie, gentillesse	expérience de la solidarité – absence de différences professionnelles
3	les moments difficiles – les obstacles rencontrés	désir – plaisir de rencontrer les éléments bruts	expérience de la lutte, de la résistance
4	accueil par des populations locales dans la jungle	plaisir – curiosité – bien-être	expérience de la générosité

■ La partie « Exercez-vous »

• Découverte de la partie gauche du tableau sous forme de conversation guidée (à partir des activités pratiquées par les étudiants).
Attention aux constructions : *Vous faites du sport ? Je fais du tennis – Je pratique le tennis – Je pratique un sport collectif, le football.*

→ Exercez-vous ①

Transformation des verbes en expressions nominales ou formulations différentes.

*Le jardinage, c'est **mon moment de détente**. Je me détends en jardinant.*

*Les mots croisés, c'est **mon amusement**.*

*La cuisine, c'est **son plaisir**. Elle prend plaisir à cuisiner.*

*Le bricolage est un de **nos intérêts**.*

*Jouer aux cartes, c'est **sa distraction préférée**. Elle se distrait en jouant aux cartes.*

• Découverte de la partie droite du tableau (« Essayer – réussir – échouer »).
En prenant des exemples dans les activités ou la vie scolaire des étudiants. Expliquer les nuances de sens :

– *tenter de* : suppose un défi. « Je vais tenter de sauter 1,70 m » ;

– *tâcher de* : faire l'effort qu'il faut pour. « Je vais tâcher d'être à l'heure » (mais je ne suis généralement jamais à l'heure, il y a des embouteillages, etc.) ;

– *rater* : ne pas atteindre son but. Rater le train, une balle qu'on vous envoie, une cible, quelqu'un à qui on a donné rendez-vous, le début du spectacle, un plat (pour un cuisinier), un examen.

Rater est toujours construit avec un complément.

→ Exercez-vous ②

*... Elle a **raté** son train.*

*... le sportif **essaie (tente)** de sauter 2,30 m... Malheureusement, il **échoue**.*

*... il va **tenter** un troisième essai.*

*... Elle **n'arrivera** jamais à faire des études...*

■ Activité d'écoute

Voir transcription, p. 172.

• **Activité individuelle.** Les étudiants ont pour tâche de compléter le tableau qu'ils auront reproduit sur une feuille.

Faire une écoute complète. Puis deux autres écoutes en s'arrêtant à chaque tiers.

• Mise en commun. Écoute phrase par phrase et explication des mots non compris. Normalement tous les mots sont connus sauf « relevé », mais on connaît le verbe « relever », ainsi que « proverbe » et « tornade ».

Activité	Passion pour la météo (possède une petite station, fait des relevés, suit sur Internet l'évolution du temps).
Origine de la passion	Son arrière-grand-père qui lui a appris des proverbes, à observer le temps, à écouter la nature.
Temps consacré à la passion	Relevés à faire matin et soir – Une heure quotidienne sur Internet – Vacances aux États-Unis pour observer des tornades.
Coût	Pas cher. Sauf vacances aux États-Unis.
Raisons de la passion	Contact avec la nature.

■ Expression orale

Les deux questions peuvent se combiner. Chaque étudiant présente sa passion même s'il la pratique peu, ce qu'il considère comme sa plus belle réussite (ou son plus grand échec).

Nouveaux loisirs, nouvelles activités.

La réduction de la durée du travail et le temps plus court que l'on consacre aux tâches domestiques ont dégagé du temps pour les loisirs. Ce temps est utilisé pour prendre des vacances sur des périodes plus réduites mais plus fréquentes que par le passé. Il est aussi utilisé pour des activités de loisirs pratiquées après la journée de travail ou pendant les week-ends.

• Beaucoup d'enfants pratiquent dès l'âge de 5 ans une ou plusieurs activités extra-scolaires sportives (football, danse, judo) ou d'éveil artistique. Un adulte qui veut entrer en conversation avec un enfant lui dira aussi bien : « Qu'est-ce que tu fais comme activité ? » que : « Ça marche à l'école ? ».

• Les jeunes qui sont nés avec la société des loisirs recherchent souvent de nouvelles activités qui leur permettent de prendre des risques (raids, sauts à l'élastique, etc.). Les organisateurs de loisirs, qui ont bien perçu cette motivation, proposent des programmes d'aventures apparemment risquées mais en réalité sans danger.

• Il semble que pour les tranches d'âge en activité les loisirs actifs soient considérés comme un droit et comme un devoir (de même qu'il existe un droit et un devoir de travail).

• Enfin les retraités ont aussi aujourd'hui une vie remplie d'activités diverses. Quand ils ne sont pas obligés de s'occuper de leurs petits-enfants, ils prennent leur revanche sur une vie professionnelle trop longue et trop chargée.

Unité 5
Pages 66-67 — Leçon 3

Exprimer la surprise

■ Objectifs

Grammaire
• Construction avec deux pronoms compléments antéposés.

Communication
• Exprimer la surprise.

Vocabulaire
• la crémaillère (pendre la crémaillère) – la gourmandise – la vanille – un feu d'artifice
• pendre – se retourner – se fâcher
• *Expression de la surprise* (voir tableau, p. 67)

■ Découverte du dialogue

• L'histoire « Le tableau ». Élise et Franck pendent la crémaillère[1] dans leur nouvelle maison. Le tableau qu'ils ont acheté dans la scène de la p. 62 est en bonne vue dans le salon. Deux invités, Claire et Loïc, se moquent gentiment des goûts d'Élise. Celle-ci aime sans doute l'originalité car elle a organisé une soirée pleine de surprises.

1. Dans les anciennes cheminées, la crémaillère était une tige de fer avec des crans qui permettait de régler la hauteur des marmites et des chaudrons. C'était la dernière pièce qu'on mettait dans une maison neuve ou une maison dans laquelle on s'installait. À cette occasion, on organisait une petite fête. La tradition de la fête et l'expression sont restées bien qu'il n'y ait plus de crémaillères (ni bien souvent de cheminées).

1 Lecture du carton d'invitation.

Reconnaître les personnages. À qui s'adresse ce message ? À quelle occasion ?
Faire trouver le sens de « pendre la crémaillère ».

2 Observation de l'image.

On reconnaît Élise et Franck dans le fond. Qui sont les autres personnes ? De quoi parlent-elles ? Rappel de la scène de la p. 62. On reconnaît le tableau au mur. Imaginer ce que disent les personnages.

3 Écoute du dialogue.

• Élise n'entend pas le début du dialogue car elle passe de groupe en groupe avec son plateau. De même, lorsque Claire et Loïc se mettent à parler du feu d'artifice, Claire est déjà partie.

• Faire plusieurs écoutes. La première est consacrée à la compréhension générale. Les autres à ce qui est demandé à la question 2.
(1) Expression de la surprise (question2) :
Ça alors ! Je ne m'attendais pas à ça !
Non ! Élise me surprendra toujours.
(2) Plaisanteries (question 2) :
Comparaison du tableau à une coupe tahitienne à cause des couleurs qui rappellent la vanille, le chocolat et le citron vert.
Élise qui a entendu la comparaison rétorque : « Je vois que l'art moderne vous laisse de glace », c'est-à-dire vous laisse indifférent. Mais c'est un jeu de mots et une allusion à la glace « coupe tahitienne ».

4 Relevé et observation des constructions avec deux pronoms (question 3).

Travailler sur les phrases écrites au tableau. Retrouver les mots remplacés par les deux pronoms.
Ils te l'ont montré (le tableau – toi) ;
Frank m'en a parlé (moi – le tableau).
Il te l'ont dit (toi – qu'il y avait un feu d'artifice).

N.B. On peut faire ici la partie « Exercez-vous » avant l'activité de production d'une suite du dialogue.

5 Production d'une suite au dialogue (questions 4 et 5).

• Recherche collective d'idées. Continuer la liste des surprises possibles :
– chant choral,
– déguisement,
– jeux de société,
– etc.

• Par trois (pour interpréter les rôles de Loïc, Élise et Claire), les étudiants préparent et jouent librement la scène du livre et ses prolongements possibles :
– surprise face à d'autres objets, meubles, ustensiles rencontrés dans la maison ;
– surprise face aux animations prévues par Élise.
Utiliser le tableau « Exprimer la surprise » comme réservoir d'expressions. Jouer physiquement la scène avec déplacements et gestuelle des personnages.

■ La partie « Exercez-vous »

• Observer les différentes constructions (voir tableau, p. 67, et encadré ci-dessous).

→ Exercez-vous ①
Oui, elle me les présente.
Non, elle ne me le dit pas.
Oui, elle me les demande.
Non, je ne les lui donne pas.
Oui, elle m'en envoie.

→ Exercez-vous ②
Oui, elle m'en a parlé.
Non, elle ne me l'a pas montrée.
Oui, elle m'en a demandé.
Oui, je le lui ai prêté.
Non, elle ne me l'a pas dit.

Les constructions avec deux pronoms

Pour aborder dans de bonnes conditions ce point de grammaire difficile, trois conseils :
a. Bien comprendre le système. Il y a trois constructions de base qui vont se compliquer quand elles seront à la forme négative, au passé composé, etc.
On remarquera que les pronoms des premières et deuxièmes personnes sont toujours en première position, qu'ils soient objets directs ou indirects.

b. Automatiser les constructions. Cette automatisation ne peut être assurée que par des répétitions fréquentes. Mais lors de ces répétitions, le sens ne doit jamais être perdu de vue.

c. La complexité doit être introduite progressivement. Construction au présent à la forme négative, puis au passé composé, etc.

■ Expression orale

• Écrire au tableau la liste suivante.
– fêter un anniversaire
– célébrer un mariage
– fêter un succès, une occasion particulière
– déclarer son amour
– demander un emploi
– rencontrer une personne inaccessible (personnalité, star, etc.)

• En petits groupes les étudiants choisissent un événement et recherchent des idées pour rendre ces événements les plus originaux possible.

Quelques exemples authentiques pris dans l'actualité des années 90.

Pour déclarer son amour à la femme qu'il aimait, un homme a commandé une campagne publicitaire. Un matin, tous les panneaux publicitaires de la ville se sont couverts d'une affiche avec la phrase « Catherine, je t'aime ».

Un autre s'est entendu avec le projectionniste d'un cinéma. Il est apparu sur l'écran au milieu des séquences publicitaires pour déclarer sa flamme à sa bien-aimée qui était dans la salle.

Enfin le candidat à un poste dans une agence de marketing est arrivé en parachute à son entretien d'embauche.

• Mise en commun et échange d'idées.

■ Prononciation et mécanismes

Exercice 44.

Prononciation et rythme des phrases avec deux pronoms. Répétez.
• Pierre te le conseille/… Marie te l'a dit/…
Nous vous l'avons annoncé/… Vous nous l'avez répété/…
• Claire le lui demande/… Agnès le lui donne/…
Les autres le lui ont pris/… Elle le leur a demandé/…
• Elle m'en demande/… Je lui en achète/…
Ils nous en ont apporté/… Nous leur en avons préparé/…

Exercice 45.
Construction avec deux pronoms au présent, à la forme affirmative.

Dylan a 18 ans. Ses parents sont généreux. Répondez pour lui.
• Dylan, tes parents te prêtent leur voiture ?

– Oui, ils me la prêtent.
• Ils te donnent de l'argent ?
– Oui, ils m'en donnent.
• Ils te laissent leur appartement ?
– Oui, ils me le laissent.
• Ils te paient tes études ?
– Oui, ils me les paient.
• Ils te font des cadeaux ?
– Oui, ils m'en font.

Exercice 46.
Construction avec deux pronoms au présent, à la forme négative.

Au contraire, les parents de Lise ne sont pas généreux. Répondez pour elle.
• Lise, tes parents te laissent leur appartement ?
– Non, ils ne me le laissent pas.
• Ils te prêtent leur voiture ?
– Non, ils ne me la prêtent pas.
• Ils te donnent de l'argent ?
– Non, ils ne m'en donnent pas.
• Ils te paient tes études ?
– Non, ils ne me les paient pas.
• Ils te font des cadeaux ?
– Non, ils ne m'en font pas.

Exercices 47.
Construction avec deux pronoms au passé composé.

Une nouvelle employée a été engagée à la Compagnie des assurances européenne. La directrice interroge son assistant. Répondez pour lui.
• Vous avez montré son bureau à Mademoiselle Bourgier ?
– Oui, je le lui ai montré.
• Quelqu'un lui a expliqué le règlement ?
– Oui, on le lui a expliqué.
• On lui a donné la clé du bureau ?
– Oui, on la lui a donnée.
• Vous lui avez demandé d'être à la réunion de ce soir ?
– Oui, je le lui ai demandé.
• Vous avez dit à ses collègues qu'elle était arrivée ?
– Oui, je le leur ai dit.

■ Objectifs

Communication
• Rédiger une lettre familière et amicale pour donner de ses nouvelles à quelqu'un et demander des nouvelles de quelqu'un.
• Exprimer des sentiments à propos des informations que l'on donne.

Grammaire
• Emploi du subjonctif après la plupart des verbes qui expriment un sentiment.

Culture
• Forme de la lettre familière.

Vocabulaire
• *Vocabulaire des sentiments* (voir tableau, p. 69)
• une rupture – la sincérité – la fierté – un souci – une parenthèse
• s'entendre – toucher (sens de émouvoir) – éprouver – ressentir
• malgré

Prononciation
• Intonation des phrases exprimant certains sentiments.

■ Découverte des lettres

Le document de la p. 68 présente deux débuts de lettres (une lettre et un message électronique) que s'échangent deux amies qui ne se sont pas vues depuis quelque temps. Elles sont jeunes. L'une vit en Australie où elle s'est probablement mariée. L'autre est en France et elle vient de rompre avec son compagnon...

Chacune des phrases de ces lettres nous donne une information sur ces femmes, leur vie, leur caractère, leurs désirs, etc.

La procédure de découverte des lettres pourra donc être celle du dévoilement progressif.

1 Découverte des lettres selon la procédure du dévoilement progressif.

a. Identification des documents

Il s'agit d'une lettre qu'Agnès envoie d'Australie à Laure et d'un message électronique (mél, courriel, e-mail ou mail) que Laure envoie de Paris à Agnès. Tracer un tableau de deux colonnes (voir livre).

b. Dévoilement progressif

Activité collective. Les étudiants cachent les lettres avec une feuille de papier et dévoilent progressivement chaque phrase.

À chaque phrase **on note les informations** qu'on a pu recueillir sur les deux femmes :
– avec certitude,
– à l'état de suppositions (les faire suivre d'un « ? » qu'on effacera si l'information est confirmée).

Exemple : début de la première lettre (première phrase). Laure et Agnès sont amies ou parentes (Ma chère... tutoiement).
Agnès habite à Sydney (?).
Laure devait rendre visite à Agnès le mois suivant.
Agnès ne vit pas seule (nous).

À chaque phrase on ajoute et on efface certaines choses sur le tableau selon que les informations sont confirmées ou infirmées.

Agnès	*Laure*
Amie ou parente de Laure.	*Amie ou parente d'Agnès.*
Habite à Sydney (Australie).	*Devait rendre visite à Agnès le mois suivant.*
Vit avec Bud (Australien ?). Ils ont deux enfants.	*Agnès et Laure ne se sont pas vues depuis plusieurs années.*
Connaît Laure depuis longtemps. Ce sont deux amies intimes.	*Devait accompagner Agnès et sa famille en Tasmanie.*
Vont faire en famille un voyage en Tasmanie.	*Vient de rompre avec Xavier, garçon sympathique. Le couple semblait*
A abandonné sans regret sa vie professionnelle pour s'occuper de sa famille.	*s'entendre.*
Bud fait la politique. Il a été élu à un mandat important. Agnès n'est pas ambitieuse. Elle est sincère. Elle a quitté la France et a abandonné son activité de médecin pour vivre avec Bud.	*Fait de la recherche.*
	A une fille, Amélie, qu'elle a eu de Xavier. Amélie vit mal la rupture de ses parents.
	Pourtant cette rupture se fait sans problème. Xavier a déjà une petite amie et Laure est en train de tomber amoureuse.

2 Relevé des sentiments exprimés.

• Pour chaque sentiment donner des exemples.
« Qu'est-ce qui vous a déçu(e) récemment ? Est-ce que vos amis vous ont déçu(e) ? »
• Compléter avec le vocabulaire du tableau. Classer les sentiments :

– face à une réalité agréable,

– face à une réalité désagréable.

• Faire remarquer l'emploi du subjonctif après un verbe exprimant un sentiment (sauf *espérer*) quand ce sentiment porte sur un autre sujet grammatical.

Nom du sentiment	Ce que dit celui qui éprouve le sentiment	Provoquer le sentiment
la déception	*je suis déçu(e) – tu me déçois*	*décevoir quelqu'un*
la joie	*je suis joyeux(se) – ça me rend joyeux – je me fais une grande joie à l'idée de...*	*rendre joyeux*
le regret	*je regrette – tant pis*	*faire regretter*
l'espoir	*j'espère*	*faire espérer*
la tristesse	*je suis triste – ça m'attriste*	*rendre triste*
la sympathie	*j'ai de la sympathie pour...*	*il m'est sympathique*
le bonheur	*je suis heureux (heureuse)*	*ça me rend heureux*
la honte	*j'ai honte*	*il me fait honte*
le plaisir	*ça me fait plaisir*	*faire plaisir à...*
l'émotion	*je suis ému(e) – je suis touché(e) – ça me touche*	*émouvoir quelqu'un – toucher quelqu'un*
l'admiration	*je l'admire*	*c'est admirable*
la fierté	*je suis fier (fière)*	*ça me rend fier*
les soucis	*j'ai des soucis*	*ça me donne des soucis*
l'ennui	*je m'ennuie*	*ça m'ennuie*
la jalousie	*être jaloux(se) – ressentir de la jalousie*	*rendre jaloux*
l'amour	*être amoureux (amoureuse)*	*faire tomber amoureux*

■ La partie « Exercez-vous »

b. Je suis déçue qu'il ne trouve pas de travail.
c. Je suis désespérée que nous ne puissions pas l'aider.
d. J'ai honte de ne pas lui avoir téléphoné (même sujet).
e. Je souhaite que nous passions le voir.
f. J'espère qu'il sera chez lui.

■ Jeu de rôles

a. Coup de téléphone
Pour préparer le jeu, chacun (invité(e) et maîtresse de maison) fait la liste de ce qui a été agréable au cours de la soirée.
L'invité :
→ j'ai rencontré Laure (+) – on a beaucoup ri (+)...
→ je suis arrivé en retard (–) – j'avais mal à la tête (–)...
La maîtresse de maison :
→ tout le monde est venu (+)...
→ la langouste était trop cuite (–)...

b. Échanges de mails (jeu de rôles écrit)
A écrit à B pour lui annoncer des nouvelles agréables (il a gagné une compétition sportive, il a eu une promotion, etc.) et des nouvelles désagréables (sa petite amie l'a quitté, il ne trouve pas à se loger, etc.).
B lui répond en exprimant ses sentiments à propos de ces nouvelles et lui donne des siennes.

■ Prononciation et mécanismes

Exercice 48.
Construction de phrases avec verbe de sentiment + proposition complétive.

C'est le jour du mariage de Lucie. Son père lui pose des questions. Répondez pour elle.
• Il fait beau. Tu es contente ?
– Je suis contente qu'il fasse beau.
• Nous sommes à l'heure. Ta mère est satisfaite ?
– Elle est satisfaite que nous soyons à l'heure.
• Ton fiancé est content. Tu es heureuse ?
– Je suis heureuse qu'il soit content.

• Dolorès, l'amie de ton fiancé est là. Tu n'es pas fâchée ?
– Je ne suis pas fâchée qu'elle soit là.
• Les cousins de Lyon peuvent venir. Tu es contente ?
– Je suis contente qu'ils puissent venir.

Exercice 49.
Production du nom à partir de l'adjectif.

Dites le sentiment qu'ils éprouvent.
• Il est triste/... Il éprouve de la tristesse.
• Elle est jalouse/... Elle éprouve de la jalousie.
• Il est satisfait/... Il éprouve de la satisfaction.
• Elle est déçue/... Elle éprouve de la déception.
• Il a honte/... Il éprouve de la honte.
• Elle est heureuse/... Elle éprouve du bonheur.

Exercice 50.
Intonation de quelques sentiments.

Exprimez les sentiments par l'intonation.
1. **La déception.** Isabelle a donné rendez-vous à Patrick. Mais elle n'est pas venue.
Patrick : Je suis déçu/... Je ne m'attendais pas à ça/... Moi qui pensais qu'elle viendrait.

2. **La honte.** Patrick a présenté un projet dans son entreprise. Il a été très mauvais.
Patrick : La honte de ma vie/... J'ai honte d'avoir été aussi nul/... Il n'y a pas de quoi être fier.

3. **La satisfaction.** Isabelle a obtenu le poste qu'elle voulait.
Isabelle : Ça va/... Je suis satisfaite/... J'ai eu ce que je voulais.

4. **Le plaisir.** Isabelle a fait une promenade avec un ami.
Isabelle : Quel plaisir d'être dans la nature/... Ça m'a fait vraiment plaisir/... C'était vraiment agréable.

Unité 5
Pages 70-71 — Leçon 5

Créer

■ Objectifs

Communication
• Raconter les étapes d'une création (idées, réalisation, etc.) ;
• Parler de la mode vestimentaire.

Culture et civilisation
• L'histoire du jean.
• La mode et la création vestimentaire.

Vocabulaire
• *Vocabulaire de la création* (voir tableau, p. 71)
• une ruée – un prospecteur – un matin – une carrière – un bûcheron – une crise
• ocre (couleur) – indigo
• tailler – s'associer

Cette leçon comporte deux parties indépendantes :
(1) p. 70 : un texte sur l'histoire du pantalon jean. Ce texte est typique car il est construit sur le schéma réutilisable de l'histoire d'une création ;
(2) p. 71 : un reportage chez une créatrice de vêtements (une styliste), Delphine Murat. Ce reportage fera l'objet de deux exploitations possibles : en version audio ou en version vidéo.

■ Découverte du texte « Le jean »
• Cette découverte peut se faire de plusieurs manières.

(1) Lecture collective avec explication des mots difficiles. Au fur et à mesure, les étudiants complètent le tableau de la question 1.
(2) Le texte est donné aux étudiants découpé en fragments qu'il s'agit de remettre dans l'ordre.
Couper à : → à l'érosion par l'eau → des tentes... → ... perfectionnent leur pantalon... → marin génois du XVIe siècle... → pour le week-end... → fin.
(3) Les étudiants étudient le texte en travail individuel. En classe, on procède à une reconstitution collective.

1 Étapes de l'histoire du jean.

Le lieu	L'époque	Les événements
Californie	1848 (époque de la ruée vers l'or)	Un prospecteur d'or cherche un pantalon très résistant.
Nîmes	XIXᵉ siècle	C'est là qu'on achète les toiles de tentes qui servent aux prospecteurs.
Californie	1848	Oscar Levi-Strauss taille son premier pantalon dans de la toile de bâche.
États-Unis	1873	Levi-Strauss s'associe avec un tailleur du Nevada. Ils perfectionnent leur pantalon.
Nîmes Gênes États-Unis	années 1920	La toile Denim (de Nîmes) devient bleue (d'où « blue »). Elle est aussi utilisée par les marins de Gênes (d'où « jean »).
États-Unis	années 1930	Crise économique. Le jean qui était réservé aux cow-boys et aux ouvriers est adopté par la bourgeoisie qui ne passe plus ses vacances en Europe mais dans les ranchs de l'Ouest.
Europe Monde	1945 La Libération	Tout ce qui vient des États-Unis est à la mode. Le jean devient l'emblème d'un mode de vie libre et contestataire.

2 Question 2.

a. V – **b.** F (c'est la toile qui vient de France) – **c.** V – **d.** V – **e.** F (il était ocre jusqu'en 1920) – **f.** (possible, le pantalon fait par Levi-Strauss ressemblait à celui des marins génois du XVIᵉ siècle) – **g.** V.

■ Récit d'une création

• Réemploi du vocabulaire du tableau.

Exemple : La maison de rêve. Pierre a eu l'idée de cette architecture en visitant les villages troglodytes de Cappadoce en Turquie. Il a conçu sa maison à demi-enterrée dans une colline avec d'immenses fenêtres et des balcons courant sur les pentes. Il a fait une maquette puis un architecte a réalisé les plans, etc.

• Ce réemploi du vocabulaire peut aussi se faire à travers le récit d'une création ou d'une invention réelle.

■ Travail sur le reportage en version audio 🎧

1 Lecture de la présentation du reportage.

2 Écoute de la première partie de l'enregistrement.

• Quelle est la question posée à D. Murat ? (Quelles sont les tendances de la mode ?)

• De quelle époque parle-t-elle ? Quelles sont les différences ?

Aujourd'hui : on ne peut pas parler de tendances – on est tolérant – il y a des familles de mode – on peut porter des vêtements à l'ancienne mode ou de formes nouvelles – tout est justifiable – le vêtement est un objet d'affection – c'est l'expression de ce qu'on est – on est attaché à un vêtement (on le garde).

Avant (années cinquante à soixante-dix) : il y avait une mode, un air du temps – le vêtement était un objet d'enjolivement, un objet de protection (pour être comme tout le monde, pour ne pas être critiqué).

• Cocher les mots qui correspondent aux tendances de la mode (question 3). Tous les mots peuvent être cochés puisque, d'après Delphine Murat, tout est justifiable dans la mode d'aujourd'hui.

Expliquer :

– coexister : exister ensemble ;

– se juxtaposer : exister en même temps ;

– tolérance, tolérer : accepter toutes les idées, les façons d'être, etc. ;

– vintage : qui appartient au passé ;

– enjolivement : ce qu'on fait pour que la chose soit plus belle ;

– affection : opposer à « amour ». Avoir de l'affection pour un ami, un animal, un objet.

3 Écoute de la deuxième partie de l'enregistrement.

Noter les étapes du parcours professionnel de Delphine Murat.

• Études académiques.

• Cours Berçot (deux ans). Probablement une école de stylisme.

Stages dans des maisons (de haute couture) renommées.

• Lisbonne : projet d'architecture intérieure avec création d'objets uniques (des objets créés spécialement pour l'acheteur).

• Créer son entreprise. En 2002, elle présente sa quatrième collection.

Expliquer :

– s'adonner (à une passion) : se consacrer entièrement à cette passion ;

– renommé : qui a un nom prestigieux ;

– entamer : commencer.

■ Travail sur le reportage en version vidéo 📼

1 Regarder le reportage sans le son.

• Identifier Delphine Murat et le sujet du reportage. Qui est-ce ? Que fait-elle ? Est-elle connue ?

• Caractériser la collection. Donner son opinion sur les robes qui sont montrées. Peut-on les porter ? À quelle occasion ?

▷ *Fiche, ex. 1 : Delphine Murat, styliste, connue car elle présente une collection importante et le public est nombreux.*

▷ *Fiche, ex. 2 : court – tissu fin – léger – coloré – asymétrique.*

▷ *Fiche, ex. 3 : à lire pour préparer l'écoute.*

2 Regarder (avec le son) le premier tiers du reportage. Jusqu'à « c'est une étude soit historique soit technique du vêtement ».

• Quelle est la caractéristique des robes de majorettes ?

• Qu'est-ce qui inspire D. Murat dans ses créations ?

▷ *Fiche, ex. 4 : a. les récentes collections de Delphine Murat.*
b. (cocher les trois propositions).
c. (la seule proposition fausse est « en regardant la nature »).

3 Regarder avec le son le deuxième tiers du reportage.

Jusqu'à « le vêtement est de plus en plus une expression de ce qu'ils sont ».

Même exploitation que dans la version audio (voir paragraphe 2 de la version audio).

▷ *Fiche, ex. 5 : les propositions qui ne correspondent pas aux opinions de Delphine Murat sont : b. – f.*

4 Regarder avec le son la dernière partie du reportage.

Exploitation et correction de la fiche, ex. 6 : voir version audio, paragraphe 3.

Unité 5	
Pages 72-73	**Leçon 6**

Découvrir les mots

■ Objectifs

Culture et civilisation
• Lire un article de dictionnaire de la langue française.
• Connaître quelques auteurs qui ont joué avec les mots.
• Apprendre à étudier et à mémoriser les différents emplois d'un mot.

Vocabulaire
• *Vocabulaire propre à l'étude d'un mot* (étymologie, emploi, etc.)
• une arme – une tribu – un piège – un plâtre (médical) – une sonnette – un trou – un ticket – une agonie – une cerise – un rond-point
• dédicacer – appuyer – plaindre – juger

Au cours de cette leçon, la classe réalisera son dictionnaire original. Chaque étudiant choisira un mot (voir plus bas les conseils pour le choix de ce mot) et rédigea trois textes à partir de ce mots :

(1) l'énumération des souvenirs que lui évoque ce mot,

(2) les idées reçue propres à ce mot,

(3) un poème à structure fixe (voir les deux exemples) à partir des différents sens du mot, de ses différents emplois, des autres mots qu'il peut évoquer, etc.

Chaque petit texte ne dépassera pas 6 à 8 lignes. Sa rédaction sera précédée de l'étude d'un exemple.

L'étudiant présentera son travail sur une ou deux pages qui pourront être illustrées de dessins, de photos découpées, etc.

Les différents travaux pourront être réunis dans un recueil : « Le dictionnaire original de la classe... »

■ Lancement du projet

1 Étude de l'article « Arbre » du dictionnaire *Le Petit Robert*.

– prononciation : *noter le « e » final non prononcé* ;
– étymologie : *latine* ;

– mot de la même famille : *arbuste* ;

– emplois particuliers : *arbre à palabres, arbre à caoutchouc, arbre de la liberté, arbre de Noël, arbre de vie* ;

– emplois figurés : *arbre (= axe), arbre généalogique, classement* ;

– expressions ou proverbes. *Il ne faut pas juger l'arbre par l'écorce (Il ne faut pas juger quelqu'un selon son apparence) – Couper l'arbre pour avoir le fruit (voir l'article) – C'est au fruit qu'on connaît l'arbre (voir l'article). Les arbres cachent la forêt (les détails nous empêchent de voir l'ensemble)* ;

– citation littéraire : *« Maître Corbeau... »,* première phrase d'une fable de La Fontaine.

2 Commentaire de l'œuvre de Ben.

Quelques formules demandent une explication :

– *les mots de la tribu* : les expressions propres à une communauté, à un groupe ;

– *entre deux mots* : jeu de mots qui suggère le proverbe « Entre deux maux il faut choisir le moindre » ;

– *le mot de la fin* : dans un débat, celui qui parle en dernier a « le mot de la fin ».

3 Choix du mot sur lequel chaque étudiant va travailler.

Ce mot ne doit pas être trop spécialisé ; il doit avoir plusieurs emplois et susciter des souvenirs. Par exemple : l'âge – le jour – la nuit – la maison – l'école – le mariage – etc.

■ Évocation de souvenirs

1 Lire l'extrait de « Je me souviens » de Georges Perec.

Quels sont les mots qui ont déclenché les deux souvenirs ? (fracture du bras – autobus)

N.B. Les autobus parisiens des années 50 possédaient une partie ouverte (sans côtés) par laquelle on montait. Jusqu'à la fin des années 60, un agent du métro (le poinçonneur) faisait une marque en forme de trou au ticket qu'on lui présentait en entrant dans le métro.

2 Rédiger quelques souvenirs évoqués par le mot choisi.

■ Recherche des idées reçues

1 Lire l'extrait du dictionnaire d'A. Schifres.

Commenter et compléter les idées reçues propres à chaque mot.

Ex. : pour l'école on pourrait ajouter : « Elle est le principal pilier de la société ».

2 Noter les idées reçues associées au mot choisi.

■ Création d'un petit poème

1 Lecture du poème de Jacques Charpentreau.
Observer la construction : accumulation et répétition de la dernière phrase.

2 Lecture du poème « Tant de temps ».
• *Le temps qui passe* → *on vieillit.*
Le temps qui ne passe pas → *on s'ennuie.*
Le temps qu'on tue → *cf. l'expression « tuer le temps ».*
On joue aux cartes, on lit le journal pour tuer le temps (faire passer le temps plus vite).
Le temps de compter jusqu'à dix → *expression qui signifie « rapidement »...*
Le temps des cerises → *allusion à une chanson qui évoque le printemps.*

• Remarquer la construction : nom + proposition relative.

3 Créer un poème (5 ou 6 vers) à partir du mot qu'on a choisi.

(suite de l'encadré)

La Disparition est un roman dans lequel la lettre « e » n'est jamais utilisée.

• **Jacques Charpentreau**, comme Jacques Prévert, fait naître la poésie du quotidien.

• **Philippe Soupault** (1897-1990) participe au mouvement surréaliste. Grand voyageur, il s'intéresse à tous les domaines artistiques.
Dans « Tant de temps », il décline avec fantaisie les différentes idées associées au mot « temps ».

• **Alain Schifres** est journaliste. Dans *Les Hexagones*, puis *Le Nouveau Dictionnaire des idées reçues*, il reprend l'entreprise de Flaubert qui voulait compiler à propos de chaque mot toutes les idées, associations culturelles, clichés, connaissances partagées que l'on stocke dans sa mémoire sans les remettre jamais en question.

Corrigé du bilan 5

1 – Je voudrais choisir un collier.
– Lequel vous plairait ?
– Celui-ci.
– Le vert ?
– Non, celui qui est à côté. Il est en argent ?
– Non, c'est de l'or blanc avec des aigues-marines. C'est un très beau collier. Qu'est-ce que vous en pensez ?
– Et... il fait combien ?
– ...

2 Tu sais **ce qui** lui ferait plaisir ?
Celle qu'il met avec sa chemise bleue est horrible !
Celles qui sont dans cette boutique.
J'adore **celui que** porte oncle Pierre.
Offre **ce que** tu voudras...

3 a. ... elle me les envoie par la poste.
... elle me les donne par Internet.
... je lui en parle au téléphone.
... je les lui apporte moi-même.
... je les lui fais sur place.

b. Non, il ne me l'a pas encore donné.
Oui, je le lui ai demandé.
Il me la donnera demain.
Oui, je les lui ai expédiés.
Oui, elle m'en a parlé.
Non, elle ne me l'a pas encore apporté.

4 Je suis contente d'avoir trouvé un logement agréable.

Mais je suis un peu jalouse de certains de mes collègues qui sont beaucoup mieux logés.
Je suis surprise que le travail soit aussi monotone et très déçue qu'il ne soit pas intéressant.
Je suis mécontente d'avoir un bureau sans fenêtre (Je suis fâchée que mon bureau n'ait pas de fenêtre).
Mais quelle joie d'avoir retrouvé d'anciens amis dans cette ville !
Je suis heureuse qu'il soient toujours là.

5 Une nouvelle comédie musicale va être créée...
C'est Nicolas Legrand qui a composé la musique...
Le metteur en scène a imaginé (conçu, créé)...
Les techniciens ont fabriqué des décors...
La société Comédie'Art a dessiné (conçu, créé)...

6 Avant l'écoute, écrire au tableau et expliquer : le Mont-Blanc – le « Nid d'Aigle » – le refuge du « Goûter » – « le couloir de la mort ».
a. Les étapes normales de l'ascension :
(1) premier jour jusqu'à 2 300 m (le Nid d'Aigle) en téléphérique – début de l'ascension jusqu'à 3 800 m (le refuge du Goûter) ;
(2) deuxième jour : départ à 3 h du matin – arrivée à 7 h au sommet.

b. Les problèmes
(1) première fois, premier jour, en fin d'après-midi, passage du couloir de la mort, elle reçoit une pierre sur le nez et doit redescendre ;
(2) deuxième jour, deuxième jour, à 3 h du matin, temps épouvantable – impossible de continuer.

Unité 6

Comprendre le monde

Présentation de l'unité

L'unité 6 est consacrée à l'explication des phénomènes, des comportements, des décisions. On apprendra donc à exprimer la cause (6(1)), la conséquence (6(2)), le but (6(6)) et à construire un raisonnement (6(4)).

Mais l'explication suppose souvent une description. On apprendra donc à décrire une organisation et à expliquer un fonctionnement (6(5)).

On mettra ces compétences en pratique dans le domaine de l'entreprise (6(1) et (3)), de la technologie (6(2)), des comportements des automobilistes (6(4)), des parcs de loisirs éducatifs (6(6)).

Explication de la page d'ouverture de l'unité, p. 75

(1) **Lecture commentée de la BD**. Carabal s'amuse des difficultés qu'éprouvent les parents face à certaines questions de leurs enfants. Ces derniers veulent toujours en savoir plus.

• Expliquer : *ma puce* : terme d'affection (mon lapin).

• Comment feriez-vous comprendre à un enfant la notion d'infini ?

• Quelles peuvent être les remarques de l'enfant (mais à la fin, il y a un mur... on tombe... etc.).

(2) **Lecture des objectifs**. Donner des exemples.

Ex. : exprimer la cause → Il pleut aujourd'hui. Quel en est la cause ?

■ Objectifs

Communication
- Donner une explication en exprimant la cause.
- Justifier une décision ou un comportement.

Grammaire
- Expression de la cause.

Culture et civilisation
- L'entreprise (petites et moyennes entreprises).
- Succès et échecs commerciaux.

Vocabulaire
- une difficulté – un séjour – la concurrence –
un licenciement – un styliste – la cause – l'origine
- situer – supposer – délocaliser – remplacer – sauver
- franchement

■ Découverte du dialogue 🎧

- L'histoire « L'entreprise en difficulté ». Jacques Grandval, directeur d'une fabrique de lunettes dans le Jura, est sceptique sur l'avenir de son entreprise. Il est difficile de résister à la concurrence étrangère. Son fils Nicolas est non seulement d'accord avec lui mais il envisage lui-même de quitter l'entreprise familiale. Mais sa fille, Sabine, reste confiante. Il faut tout simplement s'adapter aux nouveaux besoins du public.

1 Compréhension de la situation.

Lire l'introduction et observer les images. Formuler les différentes informations recueillies :
– sur l'entreprise Optiris,
– sur la famille Grandval,
– sur la situation.

2 Écoute du document.

•Utiliser la technique du dévoilement progressif.
Écouter la première phrase de M. Grandval. À qui s'adresse-t-il ? Imaginer la réponse.
Écouter la réponse de Sabine et imaginer la réaction de M. Grandval.
Etc.
- Au fur et à mesure de l'écoute noter les expressions de cause. Classer ces expressions.
- Expliquer :
– *une offre/une demande d'emploi* ;
– *franchement* : sans mentir, sans hésiter, directement ;
– *délocaliser* : déplacer un secteur de l'entreprise pour diminuer les coûts.

3 Résumer l'histoire. D'après le titre, imaginer ce qui va se passer.

« Sabine va remplacer Nicolas... »

4 Formuler les causes différemment. Introduire ainsi toutes les expressions du tableau de grammaire.

Ex. La vraie cause, c'est que papa refuse de délocaliser.
→ Les difficultés s'expliquent par (sont dues au – sont causées par) le refus de délocaliser.
→ On a des difficultés parce que papa refuse de délocaliser.
→ Puisque papa refuse de délocaliser, on ne peut rien faire.
On délocalise la fabrication dans un pays où la main-d'œuvre est moins chère.
licenciement – licencier : mettre fin au contrat de travail d'un employé.

■ Étude du tableau de grammaire et partie « Exercez-vous »

- Lecture du tableau.

↳ Exercez-vous ①
... *à cause d'*un gestionnaire incompétent.
... *en raison de* la mauvaise qualité des produits.
... *grâce à* l'aide des banques.
... *grâce à* la nouvelle direction.

↳ Exercez-vous ②
Puisque tu vas travailler...
Non, *parce que (car)* je veux être indépendante.
Comme le locataire est parti...
car (parce que) je ne serai pas seule.
... *puisque* nous allons travailler ensemble.

■ Expression orale (« Réfléchissez – Discutez »)

• Rechercher :
– des échecs commerciaux (*Ex.* : en France, certains parcs de loisirs) ;
– des succès commerciaux (*Ex.* : le téléphone portable, le film *Titanic*).
• Analyser les causes de ces échecs ou de ces succès.

■ Prononciation et mécanismes

Exercice 51.
Construction de « puisque ».

Dans une soirée. Pierre fait toujours comme Marie. Parlez pour lui.

M. : Je vais au bar.
P. : Puisque tu y vas, j'y vais.
M. : Je prends un Perrier.
P. : Puisque tu prends un Perrier, j'en prends un aussi.
M. : Je ne mange pas.
P. : Puisque tu ne manges pas, je ne mange pas non plus.
M. : Je m'en vais.
P. : Puisque tu t'en vas, je m'en vais aussi.
M. : Je prends le métro.
P. : Puisque tu prends le métro, je le prends aussi.

Exercice 52.
Construction de « grâce à ».

Isabelle a de bons conseillers. Confirmez comme dans l'exemple.
• Hugo a aidé Isabelle à décorer son appartement.
– Grâce à Hugo, elle a décoré son appartement.
• Marco a fait découvrir l'Italie à Isabelle.
– Grâce à Marco, elle a découvert l'Italie.
• John a appris l'anglais à Isabelle.
– Grâce à John, elle a appris l'anglais.
• Thomas lui a appris à utiliser un ordinateur.
– Grâce à Thomas, elle sait utiliser un ordinateur.
• Antoine lui a fait lire les romans de Modiano.
– Grâce à Antoine, elle a lu les romans de Modiano.,

L'expression de la cause

• La cause est un point de vue de la relation de cause à effet. L'expression de la cause est donc liée à celle de la conséquence qui sera étudiée dans la leçon suivante. (Le verbe « causer » n'introduit pas une cause mais une conséquence.)
• L'expression de la cause peut être plus ou moins grammaticalisée. Dans « Je ne sors pas. Il pleut », la relation de cause est comprise bien qu'elle ne soit exprimée par aucune marque.
• La distribution que nous proposons dans le tableau de la p. 77 est provisoire et ne donne qu'une partie du système. On a voulu donner les moyens d'introduire :
– une cause exprimée par un nom,
– une cause exprimée par un groupe verbal.
Mais des verbes comme « être dû à » et des noms comme « la cause » peuvent aussi introduire des groupes verbaux.

> *La crise économique est due au fait que le pétrole est trop cher.*
> *La cause de la crise économique, c'est que le pétrole est trop cher.*

Ces constructions seront introduites au niveau III.
• Différences de sens et d'emploi.
1. *Car* et *parce que* sont substituables mais *car* ne peut pas répondre à la question « *Pourquoi ?* ».
2. *Comme* introduit une cause en début de phrase. La relation de cause à effet n'est pas connue mais évidente.

> *Comme je me marie, je vais chercher un autre appartement.*

3. *Puisque* présente la cause comme évidente et insiste sur le caractère obligatoire de la relation de cause à effet.

> « *– Tu va encore déménager ?*
> *– Ben oui, puisque je me marie.* »

Exprimer des conséquences

■ Objectifs

Communication
• Présenter les conséquences d'un phénomène.

Grammaire
• Expression de la conséquence.

Culture et civilisation
• Progrès et innovations : transports, réseaux d'informations, robotique.

Prononciation
• Distinction [k]/[g].

Vocabulaire
• *Vocabulaire de la technologie et de l'innovation*
• un réseau – la génétique – la robotique – le stockage – un champ – la durée
• prévisible – virtuel – puissant – géant
• *Vocabulaire exprimant la conséquence* (voir tableau, p. 79)

■ Réflexion sur le futur en petits groupes

1 Lecture rapide du document de la p. 78.
Identification du document (début d'article de magazine), du sujet (les conséquences des innovations), les rubriques (transport, etc.).

2 Constitution des groupes. Chaque groupe étudie une rubrique.
• Compréhension (utilisation du dictionnaire bilingue).
Explications possibles :
– *nomade* : qui change sans arrêt de lieu de résidence ;
– *réseau* : dessin, le réseau Internet, le réseau routier, le réseau téléphonique ;
– *condition de travail* : tout ce qui caractérise le travail (horaires, gestes, etc.) ;
– *augmentation/diminution* : d'après un exemple (salaire).
• Relevé des mots qui expriment la conséquence. Mise en commun de ces mots. Compléter avec la lecture du tableau.

3 Chaque groupe imagine les conséquences des innovations de la rubrique qu'il a choisie (dans différents domaines).
Exemple : les nouvelles facilités de transport
→ *travail* : on peut habiter loin de son lieu de travail ;
→ *éducation* : on peut choisir une école éloignée de son domicile. Les écoles vont donc devenir plus spécialisées (écoles bilingues, écoles de sport, etc.) ;

→ *la famille* : souplesse selon les goûts. On pourra toujours vivre rassemblés mais s'évader dès qu'on le souhaite ;
→ *la vie à la maison* : on recevra beaucoup de visites car les gens voyageront davantage ;
→ *etc.*

4 Présentation à la classe et discussion.

■ La partie « Exercez-vous »
• Lecture commentée du tableau (voir encadré).

→ Exercez-vous ①
Il y a des bouchons... **C'est pourquoi** *il faut prendre...*
Les gens travaillent moins **de sorte qu'**ils voyagent plus.
... Elle a **donc** *trouvé facilement du travail.*
Une autoroute... **En conséquence,** *celle-ci n'est plus isolée.*

→ Exercez-vous ②
Il faut donc prendre une route départementale **car (parce que)** *il y a des bouchons...*
Comme *les gens travaillent moins, ils voyagent plus.*
Comme *Marie parle trois langues étrangères, elle a trouvé facilement du travail.*
Cette région n'est plus isolée **puisqu'**une autoroute la traverse.

→ Exercez-vous ③
Moi, j'ai un portable. Il me **permet** *de recevoir... ça peut* **entraîner** *de grosses dépenses... les portables peuvent* **provoquer (causer, entraîner)** *des maladies... ils peuvent* **causer (créer)** *des problèmes...*

■ Jeu des enchaînements de conséquence

La première phrase doit avoir un caractère très général (Il faisait beau ce jour-là – Paul a rencontré Jane – Marie est sortie de chez elle pour se rendre au collège où elle enseigne le français – etc.).

Chaque étudiant ajoute une conséquence à la phrase que l'étudiant précédent a écrite. Il peut alors cacher le reste de l'histoire et ne laisser visible que la phrase qu'il vient d'écrire. Dans ce cas, les étudiants auront plus de liberté mais le résultat final pourra être assez surréaliste.

■ Prononciation et mécanismes

Exercice 53.

Construction de « donc ». Exercice de transformation.

Histoire d'une promenade. Confirmez comme dans l'exemple.

• C'était dimanche de sorte que nous sommes allés faire une promenade en montagne.
– C'était dimanche. Nous sommes donc allés faire une promenade en montagne.
• Marie était fatiguée de sorte que nous nous sommes arrêtés.
– Marie était fatiguée. Nous nous sommes donc arrêtés.
• Le vent s'est levé de sorte que nous avons eu froid.
– Le vent s'est levé. Nous avons donc eu froid.
• Nous n'avions pas de vêtements chauds de sorte que nous sommes rentrés.
– Nous n'avions pas de vêtements chauds. Nous sommes donc rentrés.
• Il y avait du brouillard de sorte que nous nous sommes perdus.
– Il y avait du brouillard. Nous nous sommes donc perdus.

Exercice 54.

Emploi des verbes exprimant la conséquence.

Transformez les phrases comme dans l'exemple en utilisant le verbe indiqué.

• Pierre a fait des plaisanteries. Le directeur s'est mis en colère. [provoquer]
→ Les plaisanteries de Pierre ont provoqué la colère du directeur.

L'expression de la conséquence

• La présentation des conséquences d'un fait se fait très souvent par un verbe. Voir le tableau.

• *En conséquence* et *c'est pourquoi* commencent une phrase qui exprime la conséquence d'un fait. *De sorte que* relie la cause et la conséquence dans une phrase.
Donc peut avoir différentes places :
*Il pleut. **Donc,** je ne sortirai pas.*
*Il pleut. Je ne sortirai **donc** pas.*
*Il a plu. Je ne suis **donc** pas sorti.*

• Le directeur s'est mis en colère. Pierre a démissionné. [entraîner]
→ La colère du directeur a entraîné la démission de Pierre.
• Pierre a démissionné. Patrick a pris sa place. [permettre]
→ La démission de Pierre a permis à Patrick de prendre sa place.
• Pierre a démissionné. Il a trouvé un nouvel emploi. [permettre]
→ La démission de Pierre lui a permis de trouver un nouvel emploi.
• Pierre a un nouvel emploi. Il a beaucoup de problèmes. [causer]
→ Le nouvel emploi de Pierre lui cause des problèmes.

Exercice 55.

Distinction [k] (consonne sourde) et [g] (consonne sonore).

Distinguez [k] et [g]. Répétez.

À la gare de Cannes/...
Un jour de carnaval/...
Un garçon de Karnak/...
Qui tient un bouquet de muguet/...
Discute des goûts et des couleurs/...
Avec une camarade de classe/...
Elle prend le train pour Caen/...
Il prend le car pour Gand/...
Et le temps s'écoule goutte à goutte/...

Exprimer la crainte – Rassurer

■ Objectifs

Communication
• Exprimer différents sentiments de crainte selon les situations.
• Rassurer – encourager – féliciter.
• Caractériser un comportement audacieux ou peureux.

Vocabulaire
• *Vocabulaire de la peur et du courage* (voir tableau, p. 81)
• un rhumatisme – un syndicat

Culture
• Les superstitions.

■ Découverte des documents

• L'histoire « L'entreprise en difficulté ». Par une lettre (ou une carte postale), nous apprenons que Sabine dirige l'entreprise Optiris avec son père. Nous assistons ensuite à une conversation entre Sabine et son ami Luigi, le styliste. Elle lui fait part de ses craintes de voir son père céder à l'offre d'achat d'Optiris par un concurrent, « Visio ». Luigi la rassure : les perspectives de vente sont excellentes.

1 Lecture de la lettre (ou carte postale).

Qui écrit ? → une personne âgée (elle soigne ses rhumatismes à Luchon, station thermale des Pyrénées – elle rappelle que Jacques Grandval a été audacieux), probablement une tante.
Qu'apprend-on ?
Quel est l'objet de la lettre ? → féliciter et encourager Sabine. (Noter les formules utilisées.)

2 Écoute et compréhension du dialogue.

Au cours de l'écoute :
• relever et expliquer le vocabulaire :
→ de l'expression de la peur : *ça ne va pas – je suis inquiète – j'ai peur que... – je n'ose pas* ;
→ de l'encouragement : *Ne t'en fais pas – rassurer – il n'y a rien à craindre* ;
• expliquer :
– *distributeur* : intermédiaire entre la fabrication et les points de vente ;
– *ligne* : vocabulaire de la mode et du marketing (série de produits) ;
– *syndicat* : association de défense des intérêts professionnels.

3 Mise en scène du dialogue (voir question 2).

Travailler avec le dialogue écrit. Pour chaque réplique, compléter le tableau :

Ce que dit le personnage	Ce qu'il fait	Sentiments, gestes, attitudes
....	....	....
Pas du tout	Il se lève de son bureau et s'avance vers Sabine.	Il est heureux, il sourit.
Luigi, je suis inquiète.	Elle s'accroche à ses bras.	Elle a l'air soucieux.
Tu as tort...	Il la prend dans ses bras. Puis, il va chercher les notes qu'il a prises. Il les montre à Sabine.	Il est convaincant.
Le problème...	Elle jette un coup d'œil distrait aux notes puis rend le papier.	....
....	....	

■ Jeux de rôles

1 Lecture et commentaire du tableau.

• Lorsque le sentiment de peur porte sur une proposition, le verbe de cette proposition se met au subjonctif (à condition que les sujets soient différents). L'usage (qui n'est pas suivi très régulièrement aujourd'hui) veut que le verbe soit alors précédé d'un « ne » sans valeur négative, dit « ne explétif ».
Les étudiants ne sont pas obligés d'employer ce « ne » mais lorsqu'ils le rencontrent dans un texte, ils ne doivent pas lui donner un sens négatif.

• Rechercher des situations où l'on peut dire :
Je n'ose pas – Je suis angoissé(e) – Il a le trac – Je suis sûr(e) de moi – Ne vous faites pas de souci – Etc.

N.B. Les sens de « assurer » :
(1) je vous assure que je viendrai (je vous promets, ce que je dis est vrai) ;
(2) j'ai assuré ma voiture à l'UAP ;
(3) il assure : (emploi familier) il est capable, il ne déçoit pas.

2 Préparer et jouer une des trois scènes.

• Les étudiants se mettent par deux et les couples sse répartissent les trois scènes.

On peut aussi procéder selon un tirage au sort. En plus des scènes données dans le livre, proposer :
→ Un couple dort pour la première fois dans une maison prêtée par des amis absents. Dans la nuit, ils entendent des bruits étranges.
→ Deux candidates à un concours, quelques minutes avant les épreuves orales.
→ Il a toujours peur dans l'avion. Ce jour-là, l'avion traverse un terrible orage.

• On peut proposer le canevas suivant :
– *A exprime sa peur.*
– *B demande les raisons.*
– *A exprime ses raisons.*
– *B montre qu'elles ne justifient pas les craintes et rassure.*
– *A avoue qu'il n'est pas courageux et donne des exemples.*
– *B continue à encourager et à rassurer.*

■ Lecture écoute, discussions sur les superstitions

1 Lecture des témoignages de Dorothée et de Dina. Compléter le tableau.

2 Écoute des témoignages. Compléter le tableau :

Porte-bonheur	Porte-malheur
• Porte-bonheur personnels (petits scarabées rapportés d'Égypte) . . . . 🎧 • Le chiffre 13 – Le vendredi 13 • Porte-bonheur personnels : un stylo avec lequel on a passé tous les examens – le chiffre 8	• Ouvrir un parapluie dans une maison • Voir un chat noir • Passer sous une échelle • Renverser du sel sur la table • Avoir le feu rouge juste au moment de passer . . . . 🎧 • Être 13 à table • Être à table le dos tourné à la fenêtre • Qu'on vous serre la main gauche – tendre la main gauche

3 Chacun donne son opinion sur les croyances et les superstitions.

■ Prononciation et mécanismes 🎧

Exercice 56.

Construction de « avoir peur de + infinitif » et « avoir peur que + subjonctif ».

Pauline et ses amis partent en vacances en bateau. Elle hésite à prendre Antoine. Donnez votre avis dans l'exemple.

• Est-ce qu'Antoine sera gentil avec nous ?
– J'ai peur qu'il ne soit pas gentil.

Croyances et superstitions en France

Selon Gérard Mermet (*Francoscopie*, Larousse, 1999), il y aurait en France 50 000 astrologues ou voyants, soit deux fois plus que de prêtres. Pourtant, l'engouement pour l'irrationnel qui était apparu dans les années 1980 semble s'estomper et peu d'entreprises utilisent l'astrologie ou la numérologie pour recruter leur personnel.

(suite de l'encadré page suivante)

• Est-ce qu'Antoine fera son travail sur le bateau ?
– J'ai peur qu'il ne fasse pas son travail.
• Est-ce que je ne m'ennuierai pas avec lui ?
– J'ai peur de m'ennuyer avec lui.
• Est-ce qu'il ne voudra pas faire escale tous les deux jours ?
– J'ai peur qu'il veuille faire escale tous les deux jours.
• Est-ce que je ne vais pas me disputer avec lui ?
– J'ai peur de me disputer avec lui.

Exercice 57.
Opposition [R] et [l].

Prononcez le [R]. Répétez.
• Différenciez [R] et [l] à la fin des mots.
Un bar/un bal/…
Un bord/un bol/…
Une paire/une pelle/…
Le sort/le sol/…

• Différenciez [R] et [l] au début des mots.
Un rat/un la/…
Il rit/il lit/…
Une roue/un loup/…
Une rue/il a lu/…

• Prononcez [R] avant une consonne.
Une barque/… une marque/… une porte/… une sortie/…
Un cirque/… une Turque/… une perle/… il perce/…

(suite de l'encadré)

Les superstitions les plus vivaces sont celles qui correspondent à des expressions linguistiques.
On dit « Je touche du bois » ou « Je croise les doigts » – et on le fait – pour conjurer le mauvais sort et porter bonheur. De même on dit « merde » à quelqu'un qui va passer un examen ou se rend à un entretien d'embauche.

La médaille de saint Christophe est toujours le porte-bonheur des automobilistes.

Le trèfle à quatre feuilles, le fer à cheval, la patte de lapin et le brin de bruyère (voir photo) sont aussi des porte-bonheur. Quand au chiffre 13, il porte bonheur aux uns (mais il ne faut jamais être 13 à table) et il est un mauvais signe pour les autres.

Il y a aussi des choses à ne pas faire quand on est superstitieux : passer sous une échelle, briser un miroir, poser le pain à l'envers, renverser le sel, ouvrir un parapluie dans une maison, mais bien peu de gens observent ces interdits.

Unité 6
Pages 82-83 | Leçon 4

Faire une démonstration

■ Objectifs

Communication
• Faire une démonstration argumentée.
• Justifier une idée en mettant en opposition des arguments pour et des arguments contre.

Grammaire
• Enchaînement des idées par succession et accumulation (*D'abord*, *ensuite*…).
• Enchaînement par parallélisme : *d'une part… d'autre part…*
• Enchaînement par opposition (voir tableau).

Vocabulaire
• l'état (d'un lieu) – un facteur (une cause) – une expérience – une condition – un intérêt – un automobiliste
• principal – multiple – responsable
• accuser – embarrasser

Prononciation
• Les sons [ɔ R] et [œ R].

Comportements
• La conduite automobile (comportements et représentations).

■ Découverte du document

1 Lecture du titre et hypothèses sur le contenu de l'article.
Recherche collective ou en petits groupes. Noter et

classer les idées au tableau :
– les routes (largeur – qualité – état – etc.) ;
– l'automobiliste (comportement) ;
– la réglementation.

2 Lecture de l'article et confrontation avec les hypothèses.

Cocher et compléter la liste faite au tableau.

Expliquer :

– *l'opinion* : les médias, les sondages ;

– *accuser* : la porte de la maison de Pierre a été taguée. Pierre accuse Paul (Paul serait le responsable) ;

– *facteur* : cause ;

– *embarrassant – embarrasser* : qui pose des problèmes, qui gêne ;

– *les services publics* : ici, les services qui s'occupent de l'état des routes (entretien, réparation, etc.).

3 Observer la construction de l'article.

Il y a 30 ans : on accusait l'état des routes.

Aujourd'hui : on accuse les automobilistes.

Or : les accidents sont dûs à de multiples facteurs → énumération.

Conséquences de l'accusation des automobilistes : elle cache les vraies raisons de leur comportement ainsi que certaines vérités.

Pourtant les routes et les voitures sont responsables.

■ La partie « Exercez-vous »

• Lire et commenter les constructions du tableau.

→ Exercez-vous ①

a. Je suis pour… **D'abord (D'une part)** *il y a des pubs très amusantes.* **Ensuite (D'autre part)** *la publicité fait vivre la télé.* **Par ailleurs (Enfin)** *si certains films…*

b. Je suis pour… **En revanche (Par contre)** *je suis contre quand…*

c. Les publicités me dérangent. **Pourtant (Cependant)** *elles font vivre la télé.*

D'un côté *les publicités me dérangent.* **D'un autre côté…**

d. **D'une part,** *les publicités sont gênantes.* **D'autre part,** *elles sont nulles.*

→ Exercez-vous ②

a. J'adore la campagne. **Or,** *j'ai un collègue… Je vais* **donc** *me faire inviter.*

b. Marie a une grosse voiture. **Or,** *elle a un petit salaire. Je me demande* **donc** *comment…*

c. Nicolas veut toujours m'inviter. **Or,** *il déteste danser. Je n'aime* **donc** *pas trop sortir avec lui.*

En revanche, *son copain Bruno adore danser. Je préfère* **donc** *sortir avec Bruno.*

■ Discussion en petits groupes

Suivre les instructions données dans le livre. Chaque point doit faire l'objet d'une argumentation pour et contre.

Exemple : **le type de déplacement.** *Les accidents dépendent souvent du type de déplacement que l'on fait. Lorsque l'automobiliste connaît bien le trajet, on peut supposer qu'il y a moins de rique.* **Cependant,** *dans ces situations, l'automobiliste est souvent moins attentif. Lorsqu'il connaît mal la route* **en revanche,** *il est plus prudent…*

■ Prononciation et mécanismes

Exercice 58.

Expression de l'opposition (Pourtant).

Pierre ne se laisse pas décourager. Réagissez comme lui.

• Tu es fatigué. Tu vas au cinéma ?

– Je suis fatigué. Pourtant, j'irai au cinéma.

• Il fait mauvais temps. Nous faisons une promenade ?

– Il fait mauvais temps. Pourtant nous ferons une promenade.

• Le programme de la télé n'est pas intéressant. Tu la regardes ?

– Le programme de la télé n'est pas intéressant. Pourtant je la regarderai.

• Nos amis ne viennent pas dîner. Nous faisons un bon repas ?

– Nos amis ne viennent pas dîner. Pourtant, nous ferons un bon repas.

Exercice 59.

Expression de l'opposition (« En revanche »).

Aujourd'hui, rien ne s'est passé comme hier. Continuez comme dans l'exemple.

• Hier, j'ai reçu du courrier.

– En revanche, aujourd'hui, je n'en ai pas reçu.

• Hier, Marie m'a appelée.

– En revanche, aujourd'hui, elle ne m'a pas appelée.

• Hier, je suis allée au cinéma.

– En revanche, aujourd'hui, je n'y suis pas allée.

• Hier, j'ai téléphoné à François.

– En revanche, aujourd'hui, je ne lui ai pas téléphoné.

• Hier, j'ai vu mes amies.

– En revanche, aujourd'hui, je ne les ai pas vues.

Exercice 60.

Opposition [ɔ ʀ] et [œ ʀ].

Répétez.

Nestor était chômeur/…

Dans le Vercors, pas d'employeurs/…

Alors quel malheur !/…

Sans peur et sans passeport/…

Il partit pour le Portugal/…

Là, il devint garde du corps/…

D'un toréador au grand cœur/…

Qui le jour de sa mort/…

Lui légua son coffre-fort/…

Décrire une organisation, un fonctionnement

■ Objectifs

Communication
• Décrire l'organisation d'un lieu fonctionnel (bibliothèque, école, musée, etc.)
• Dire comment fonctionne un appareil ou un mécanisme.

Culture et civilisation
• La Cité des sciences et de l'industrie de Paris.

Vocabulaire
• *Vocabulaire de l'organisation et de la fonction* (voir tableau, p. 85)
• la science – l'industrie – la technique – un logiciel
• interactif
• inaugurer – expérimenter

Cette double page propose un travail sur un reportage à la Cité des enfants qui est un des espaces de la Cité des sciences et de l'industrie de Paris. Nous suggérons d'avoir d'abord une vue d'ensemble de la Cité des sciences et de l'industrie avec le document de la p. 84. On abordera ensuite le reportage soit en version audio, soit en version vidéo.

■ Découverte de la Cité des sciences et de l'industrie (document, p. 84)

1 Coup d'œil sur l'ensemble des documents des p. 84 et 85. Identification des documents.

2 Lecture individuelle de l'extrait du *Guide vert* (p. 84).

Questions de compréhension.

Qu'est-ce qu'on trouve à la Cité des sciences et de l'industrie ?
C'est pour qui ? Ça peut intéresser qui ?
Quels sont les différents espaces ?

3 Faire l'exercice proposé dans « Découvrez... ».

Cet exercice est à faire collectivement. Il permet d'introduire le vocabulaire de l'organisation et de la fonction.

a. Le rôle de la Cité... est de faire découvrir (connaissance), connaître (savoir) et aimer (émerveillement) les sciences et les techniques.
b. Cette Cité se compose de plusieurs espaces : Explora, la Cité des enfants, la Techno Cité, etc.
c. La Géode fait partie de la Cité des sciences et de l'industrie. Elle permet de voir des films sur un écran hémisphérique.

d. Explora comprend des expositions, des spectacles interactifs, des maquettes, des espaces où l'on peut manipuler.
e. La médiathèque contient 300 000 documents écrits et informatiques.
f. Les activités... servent à observer, jouer, expérimenter.
g. La Techno Cité a pour fonction de montrer comment on conçoit un logiciel ou comment on met au point un prototype.

4 Recherche de lieux qui ont les mêmes fonctions et qui sont connus de l'étudiant.

• Où est-ce qu'on peut voir des films sur un très grand écran ?
Connaissez-vous un lieu de découverte scientifique pour les enfants ?
• Réutiliser le vocabulaire de l'organisation et de la fonction.

■ Travail sur le reportage en version audio 🎧

1 Observer les photos du reportage (p. 84 et 85) et faire une première écoute.

Les étudiants essaient de retrouver la chronologie des lieux du reportage :
(1) l'entrée (n'est pas illustrée mais la photo haut p. 84 représente la Géode)
(2) l'espace Météo (Météo-Cité). Pas illustré
(3) le journal télévisé (n'est pas illustré)
(4) le tournage d'un film (photo haut, p. 85)
(5) les langues du monde (photo bas, p. 85)
(6) la fontaine renversante (photo bas, p. 84)

2 Faire l'exercice « Apprenez quelques mots techniques » (p. 85).

un chariot (d) – un flotteur (g) – un galet (f) – une manivelle (c) – une pompe (a) – des rails (b) – un tuyau (e).

3 Écouter le reportage par fragments. Pour chaque activité :

• Écouter l'extrait du reportage. Quel en est le thème ?
• Lire l'extrait du *Guide pour la Cité des enfants* qui lui est consacré.
• Expliquer le vocabulaire technique (celui qui n'a pas été vu dans l'ex. précédent).
• Les étudiants expliquent la fonction et le déroulement de chaque activité (reformulation plus simple que dans le guide ou le reportage).
• Les étudiants essaient d'imaginer ce qu'on voit, ce qui se passe.

Ex. : « 14 h 30. Samedi. Parents et enfants prennent d'assaut la Cité… »
→ Ils ont fait la queue. Ils sont nombreux. Ils entrent et se précipitent vers les activités…

■ Travail sur le reportage en version vidéo 📼

1 Regarder le reportage sans le son.

• Retrouver certains lieux qui ont été découverts grâce à l'article du *Guide vert* : la Géode, la Cité des enfants.
• Recherche en commun des espaces de la Cité des enfants présentés dans le reportage ou faire l'ex. 1 de la fiche.

▷ *Fiche, ex. 1* : *de haut en bas : 4 – 5 – 8 – 1 – 3 – 6 – 7 – 2.*

• Noter au tableau les 4 principales activités. Que fait-on au cours de ces activités ? À quoi servent-elles ?

▷ *Fiche, ex. 2* :
a. Météo-Cité : (1) – (3) – (5) – (8)
b. Chariot travelling : (3) – (6)

c. Langues du monde : (4)
d. La fontaine renversante : (2) – (7)

2 Regarder le reportage avec le son.

• Retrouver les espaces du reportage dans le livre.
• Lire l'extrait du *Guide pour la Cité des enfants*.
• Faire l'exercice « Apprenez quelques mots techniques » dans le livre.

Voir corrigé, paragraphe 2 de l'exploitation audio.

▷ *Fiche, ex. 3* :
a (4) – b (6) – c (5) – d (1) – e (3) – f (2).

3 Faire un visionnage fragmenté pour chacun des quatre espaces.

Que font les enfants ? Quelle est la fonction du jeu ? Qu'est-ce qu'il explique ?

▷ *Fiche, ex. 4* :
a. … *préparer et présenter un bulletin météo.*
b. … *comprendre comment on tourne un film, comprendre que la caméra est souvent mobile.*
c. … *comprendre que les langues sont différentes selon les pays.*
d. … *les enfants remplissent d'eau une boule.*

4 Visionner avec le son les commentaires des adultes à la fin du reportage. Faire la liste des raisons pour lesquelles ils apprécient la Cité des enfants.

▷ *Fiche, ex. 5* :
a. (1) mettre en contact – (2) visualiser – (3) tout est ludique – (4) il y a de l'interactivité.
b. Espace de savoir : les enfants apprennent comment fonctionnent les outils qu'ils utilisent tous les jours.
Les activités sont adaptées à l'âge – Tout est instructif.
Espace d'émerveillement : C'est original – C'est ludique – Tout est organisé sous forme de jeu – On visualise des fonctionnements qu'on ne comprenait pas.

■ Objectifs

Communication
- Justifier un projet par une argumentation construite.
- Exprimer le but.

Civilisation
- Expression du but.
- Emploi du subjonctif après *pour que*.

Grammaire
- Les journées d'action d'initiative publique ou associative.

Vocabulaire
- le tabac – un danger – une ressource – l'énergie – un déchet – une occasion – le patrimoine – un périmètre – une berge – un répertoire – une animation – un tournoi
- obscur – intensif – toxique – muet – médiéval
- épuiser – sensibiliser – dénoncer – lancer – croître – classer – projeter – rivaliser – restaurer assister – tondre
- ailleurs – hors de

Les journées d'action sont, dans le monde, de plus en plus fréquentes. Elles ont pour but de sensibiliser le public à un problème général (journée de la femme, journée de l'enfant), ou à un problème de santé (journée sans tabac). Elles peuvent aussi avoir une fonction civique (journée sans voitures) ou culturelle (fête de la musique, du cinéma ; journées des plantes, du patrimoine, etc.).

Cette leçon sera organisée autour d'un projet de journée d'action que les étudiants imagineront et concevront seuls ou en petits groupes.

On suivra les étapes suivantes :

(1) Étude d'un article relatant l'existence d'une journée « sans achat » dans certains pays.

(2) Recherche d'autres exemples de journées d'action. Discussion. Choix du sujet de projet.

(3) Étude des moyens linguistiques qui permettent d'exprimer le but.

Réalisation d'un plan pour la rédaction du projet :

    (a) justification de la journée,

    (b) organisation et programme de la journée.

(4) Rédaction des projets.

(5) Présentation des projets.

■ Découverte de l'article « Journée sans achat »

1 Lecture du titre et de l'introduction.

Faire la liste des journées d'action qui sont énumérées. Trouver leur fonction. Existent-elles dans le pays de l'étudiant ?

2 Lecture individuelle de l'article.

- Compléter la fiche (question 1).

Les journées d'action en France

En France, le succès que rencontrent les différentes journées dépend beaucoup de leur nature.

(1) **Les journées « positives » d'éveil à la culture ou à la nature** ont de plus en plus de succès. La fête du cinéma, celle de la musique, les journées de l'environnement, les journées du patrimoine (où l'on peut pénétrer dans des lieux prestigieux mais d'ordinaire fermés au public), les journées des plantes, etc., toutes ces journées ont un caractère festif et convivial.

(2) **Les journées d'appel à la générosité** où l'on met l'accent sur une maladie ou sur un problème particulier en recueillant des fonds parviennent à mobiliser les gens. Par exemple, les différentes manifestations organisées dans chaque commune de France pour lutter contre la myopathie (Téléthon).

(3) **Les journées « répressives »** sans tabac ou sans voitures n'ont malheureusement pas l'effet escompté. Certaines villes ont récemment décidé de ne plus organiser de journée sans voitures tant qu'elles ne disposent pas de moyens de transports en commun suffisants.

Nom : *Journée sans achat.*
Objectifs :
– *dénoncer une société de consommation sans contrôle.*
– *sensibiliser le public aux conséquences écologiques de cette consommation sans contrôle.*
– *réfléchir à l'idée de « toujours plus » et à ses conséquences.*

Slogan : *« Faites un geste pour la Terre : arrêter d'acheter ».*
Dates : *24 ou 25 novembre selon les pays (on choisit un jour où les gens achètent beaucoup).*
Problèmes : *(Voir objectifs) la société de consommation épuise, pollue et dénature la planète.*

• **Expliquer** :
– *dénoncer* : critiquer ;
– *sensibiliser* : apprendre, faire savoir, éveiller ;
– *Thanksgiving* : fête nationale et religieuse aux États-Unis (4e jeudi de novembre) ;
– *impliquer* : signifier ;
– *épuisement – épuiser* : utiliser, consommer quelque chose jusqu'à ce qu'il n'y en ait plus ;
– *émission* : ici, production.

• **Commentaire.** Cette journée est-elle justifiée ? Sera-t-elle efficace ?

■ Choix du sujet de projet

1 **Rechercher en commun différentes journées d'action.** Pour cela :
– Quels sont les problèmes sur lesquels il faudrait attirer l'attention du public ? (la journée de la propreté, celle de la politesse, celle de l'humour, etc.)
– Quels sont les domaines qui pourraient être popularisés ? (la journée de la photographie, la journée des sports, etc.)
– Quels sont les besoins qui devraient être satisfaits ? (la journée pour les banlieues, celle des petits villages, etc.)

2 Les étudiants choisissent de travailler seuls ou par groupes de 3 ou 4.
Puis **ils choisissent le thème de leur journée d'action.**

■ Travail sur l'expression du but

• **Présenter le tableau de grammaire.** Introduire chaque expression en présentant les journées d'action.

« Le but de la journée sans achat est de… »
« On organise une journée du patrimoine pour faire découvrir des lieux historiques qui ne sont pas touristiques… pour que les gens connaissent les richesses de leur région. »
• **Faire remarquer** « pour que » + subjonctif.
• **Exercice** (« Apprenez à exprimer le but »).
La semaine du goût a pour but de sensibiliser…
On l'organise pour que les enfants apprennent le nom de certains aliments et pour qu'ils connaissent leur goût.
Cette semaine est consacrée à la découverte de nouveaux plats.
On sensibilise les gens afin qu'ils sachent manger de façon équilibrée.

■ Préparation et rédaction du projet

1 **Justification de la journée d'action.**
Voir les instructions dans le livre.

2 **Lecture du texte « Journée du patrimoine ».**
Faire la liste des animations proposées à Paris.
– projection de films muets accompagnés au piano (Palais-Royal) ;
– pièce de théâtre avec spectacle équestre (château de Villemont) ;
– tournois (château de Bannegon).
– tonte de pelouse (château de Méréville).

3 **Recherche d'animations pour le projet.**

4 **Rédaction du projet.**
Possibilité d'intégrer des projets d'affiches ou de slogans, des dessins ou des photos.
Le texte lui-même devra comporter trois parties :
a. Présentation du problème, de ses causes et de ses conséquences (réemploi des expressions des p. 77 et 79).
b. Présentation des buts de la journée d'action (expressions de la p. 87).
c. Présentation de quelques animations.

Corrigé du bilan 6

1 **Parce que** je vais aller travailler au Japon.
Grâce à Michel Durand.
Puisque tu apprends le japonais tu dois comprendre.
… et **comme** j'étais malade…

2 La construction de l'autoroute **permettra** de développer le tourisme dans la région et **par conséquent** de créer des emplois. L'autoroute **aura** aussi **pour conséquence** des communications plus rapides entre la France et l'Italie.
Mais cette construction **provoquera** une augmentation de la pollution et **entraînera** une dégradation du paysage. Les animaux sauvages seront **donc** menacés.

3 a. – Je commence à être inquiet, ça fait une heure qu'il est parti.

– Ne t'en fais pas. On peut tenir deux heures avec les bouteilles.

– C'est à cause des requins que j'angoisse.

b. – J'ai le trac !

– À ta place, je ne me ferais pas de soucis. Tu as toujours eu des bonnes notes.

– C'est affreux, j'ai l'impression d'avoir tout oublié.

– Rassure-toi ! Ça va revenir.

c. – On ne devrait pas rester ici. Je ne suis vraiment pas rassurée.

– De quoi tu as peur ? Il n'y a personne.

– Et si quelqu'un nous attaquait ?

– N'aie aucune crainte. Tout le monde dort à cette heure.

d. – Pourquoi ne vas-tu pas le voir ?

– Je n'ose pas.

– Sois un peu courageux !

4

niveau médian
2ᵉ moitié du XIXᵉ siècle

rez-de-chaussée (côtés)
1ʳᵉ moitié du XIXᵉ siècle

rez-de-chaussée (allée centrale)
(grandes sculptures)

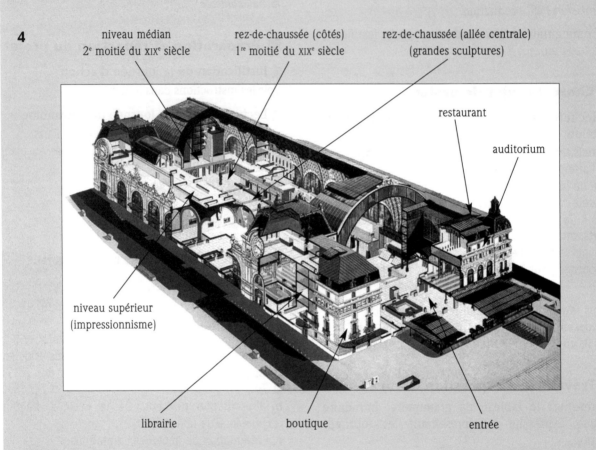

restaurant

auditorium

niveau supérieur
(impressionnisme)

librairie

boutique

entrée

5 Nous avons tous de gros problèmes, **d'abord** (d'une part) parce que nos produits... **ensuite** (d'autre part) parce que les fabricants...
Pourtant, il y a une solution...

Or, c'est parce que nous sommes isolés...
Donc (**En conséquence**), il faut que nous nous regroupions.

Unité 7
Gérer le quotidien

Présentation de l'unité

L'unité 7 prépare les étudiants à faire face à des situations relatives à leurs droits et à leurs devoirs :
– dire qu'un objet vous appartient, le réclamer (7(1)) ;
– négocier un prix, contester une facture (7(2)) ;
– exprimer les nuances de l'obligation et de l'interdiction (7(3)) ;
– faire une réclamation écrite dans une situation où on a été lésé (7(4)).
Les thèmes abordés seront ceux qui se rapportent au droit, à l'argent et à la vie professionnelle (7(6)).
On enrichira les moyens linguistiques de l'étudiant avec les pronoms possessifs (7(1)), les pronoms relatifs composés (7(5)), les façons d'exprimer l'obligation et l'interdiction (7(3)) et l'expression des opinions.

Exploitation de la page d'ouverture de l'unité (p. 89)

(1) Identifier les différents documents. Dans quelles situations se trouve-t-on en présence de ces documents ? (voir encadré dans la leçon 7(2)).
Exemple : **le bulletin de paye**. À la fin du mois quand on est payé par son employeur.

(2) Que faut-il savoir faire pour gérer le quotidien ?
Répertorier les situations quotidiennes dans lesquelles les étudiants ne se sentiraient pas à l'aise.

N.B. D'autres situations quotidiennes seront abordées dans l'unité 12.

■ Objectifs

Communication
• Exprimer la possession, l'appartenance.

Grammaire
• Les adjectifs possessifs (révision).
• Les pronoms possessifs.

Culture et civilisation
• Les fêtes techno (ou raves) entre jeunes.
• Propriété publique – Propriété privée.

Vocabulaire
• le fric (familier pour « l'argent ») – la moitié – le matériel – la propriété
• propre (valeur de possessif)
• appartenir – posséder – équilibrer – indiquer – admirer

Prononciation
• Le [j] dans la prononciation des pronoms possessifs.

■ Découverte du document

• L'histoire « La fête techno ». La nuit sur un parking, à la sortie d'une petite ville, des jeunes se retrouvent et s'apprêtent à se rendre à une fête techno.

1 Préparation à l'écoute.

• Introduire les pronoms possessifs en situation de classe avec les objets appartenant aux étudiants.
Noter au tableau les possessifs qu'on entendra dans le dialogue.
• Introduire aussi « fric » = argent.

2 Lecture de l'introduction, observation de l'image et écoute du document.

• Identifier sur l'image les personnages qui parlent.
• Identifier les autres éléments de la situation (Qui sont les personnages ? Où sont-ils ? Que font-ils ?).

3 Réécouter les quatre premières répliques.

• Expliquer :
– *hyper top* : super, très belle (vocabulaire branché) ;
– *Deug* : déjà vu en (1(1)) ; voir les examens et diplômes en (8(5)) ;
– *équilibrer* : gestuelle ou dessin.
• Les étudiants rejouent cette première partie dans des situations parallèles :
– elle rencontre une amie qui porte un splendide bijou ;
– des amis vous invitent dans une superbe résidence d'été.

4 Réécouter la fin.

Expliquer :
– « *Clos-Gaillard* » : nom de la propriété du docteur Péruzet ;

– *appartenir – posséder* : à partir des possessifs (c'est à lui – ça lui appartient – il possède ces livres) ;
– *indiquer* : montrer ;
– *de toute façon* : traduire cette expression ou donner des exemples (Il pleut : il faudra rester à la maison. De toute façon nous avons du travail.) ;
– *fête techno* : soirée où on danse sur de la musique techno. Ces fêtes ont un caractère improvisé et se déroulent en dehors des circuits institutionnels. Les organisateurs choisissent un lieu éloigné d'une agglomération (champ, bord de rivière, plage, usine désaffectée, ferme abandonnée) et, sans autorisation, invitent des milliers de personnes (les systèmes de communication sont très rapides et efficaces).

• Vérifier la compréhension par des questions.
Où vont les jeunes ? Quel est le problème d'après Noémie ?
Qui organise la fête ? Pourquoi ont-ils choisi Clos-Gaillard ?

5 Résumer l'histoire (question 1). Voir ci-dessus avant la préparation à l'écoute.

6 Relever et classer les mots qui expriment l'appartenance.

Adjectifs possessifs : *mes parents – ma réussite.*
Pronoms possessifs : *la tienne (voiture) – les miens, les tiens (parents) – la nôtre (voiture).*
Complément de nom : *la voiture de Noémie.*
Verbes : *appartenir – posséder.*
Compléter avec la lecture du tableau de la p. 91.

■ La partie « Exercez-vous »

• Lecture du tableau.

Présenter l'ensemble des pronoms en situation de classe.

Observer l'emploi de « propre » pour renforcer la possession ainsi que l'expression « s'occuper de ses affaires » (Occupe-toi de tes affaires).

→ Exercez-vous

*... l'écharpe. C'est **la sienne**.*
*... les magazines. Ce sont **les nôtres**.*
*... le CD. C'est **le tien**.*
*... les affaires. Ce sont **les miennes**.*
*... les clés. Ce sont **les vôtres** ?*
*... les disques. Ce sont **les leurs**.*
*... le portable. C'est **le mien**.*

■ Jeu de rôles

• Les étudiants se mettent par deux, si possible une fille avec un garçon.

• Présenter la situation. Suite à un déménagement dans un appartement plus petit, il faut se débarrasser d'une partie des meubles et des objets.

• Rechercher en commun une liste d'objets en passant en revue les pièces de la maison.

le salon → une table basse – 2 tapis – 2 lampes – etc.

• Faire la liste des façons de se débarrasser d'un objet :

– le jeter,
– le revendre,
– l'offrir,
– le donner à une organisation humanitaire,
– le déposer dans le grenier d'un ami,
– etc.

• Les étudiants préparent et jouent la scène.

■ Débat sur la propriété privée/publique

• Introduire l'opposition propriété privée (privatisation)/propriété publique (nationalisation) – privatiser/nationaliser.

• Faire en commun la liste de ce qui appartient au domaine public et de ce qui est privé. Discuter des avantages et des inconvénients de ces situations.

■ Prononciation et mécanismes

Exercice 61.

Distinction [ɛ̃]/[j ɛ̃] pour la prononciation des pronoms possessifs.

Secteur public/secteur privé

Le débat sur la nationalisation ou la privatisation des entreprises qui a animé la vie politique du dernier quart du xxᵉ siècle est aujourd'hui dépassé. Presque plus personne dans les partis de gauche ne souhaite renationaliser l'usine Renault ou la banque le Crédit Lyonnais.

Mais les Français restent très attachés au secteur public pour tout ce qui touche leur vie quotidienne. Si la Poste et la SNCF étaient privatisées, personne ne souhaiterait voir des bureaux de poste ruraux ou des lignes de chemin de fer déficitaires disparaître au nom de la rentabilité. Les Français sont habitués à un service public en général efficace en matière d'éducation, de transport, d'infrastructures routières, de communication, de culture (musées et théâtres) et de protection de l'environnement (parcs naturels).

Quand ils critiquent les fonctionnaires (20 % de la population active), c'est moins pour des raisons économiques que lorsqu'ils manquent à leur mission de garants du service public (grèves, actes irresponsables, gaspillage).

Distinguez [ɛ̃] et [j ɛ̃].
La main/... le mien/...
Le teint/... le tien/...
Le sein/... le sien/...
Un bain, c'est bien/...
Tu viens goûter ce vin ?/...

Exercice 62.
Pratique des pronoms possessifs.

Les jeunes gens font du camping. Leurs affaires se sont mélangées. Répondez oui ou non selon l'indication.
• C'est ton sac ? Oui ?
– Oui, c'est le mien.
• Ce sont les chaussures de Louis ? Non ?
– Non, ce ne sont pas les siennes.
• C'est la lampe de Noémie ? Oui ?
– Oui, c'est la sienne.
• Ce sont nos cartes ? Non ?
– Non, ce ne sont pas les nôtres.
• C'est la chemise de Louis ? Oui ?
– Oui, c'est la sienne.
• Ce sont tes chaussettes ? Non ?
– Non, ce ne sont pas les miennes.

Gérer son argent

■ Objectifs

Communication
• Comprendre des informations où il est question d'argent.
• Parler d'un budget.
• Négocier un prix.
• Réclamer pour cause d'erreur sur une facture.

Civilisation
• Le budget des Français.
• Un grand distributeur : la Fnac.

Vocabulaire
• une recette – une dépense – un salaire – une allocation – une bourse – une retraite – une indemnité – un prélèvement – une taxe – un impôt – une facture – une note – une remise – une réduction
• adhérer – bénéficier – profiter

Prononciation
• Opposition [t]/[d].

■ Découverte du vocabulaire du budget (document « Répartition des dépenses »)

1 Lecture du document « Répartition des dépenses ».

Analyse des rubriques. Citer des produits alimentaires, des boissons, etc.
• Exercice 1
Produits alimentaires... f
Habillement... h
Logement... i – j

Meubles... g
Services médicaux... c
Transports... b
Loisirs... a – d – e

• Remarques et comparaisons.

Quelles dépenses vous paraissent prioritaires ? secondaires ?

Dans quel domaine feriez-vous des économies ?

2 Vocabulaire des recettes et des dépenses (exercice 3).

Recettes	Dépenses
(2) ce qu'on gagne tous les mois par son travail. Pour les ouvriers on dit aussi « la paye ».	(1) taxe payée par tout foyer pour son logement.
(3) somme d'argent versée aux familles qui ont des revenus bas.	(6) somme donnée à la compagnie d'assurances.
(4) somme d'argent versée aux étudiants dont les familles ont de faibles revenus.	(7) somme prélevée (déduite du salaire) pour l'assurance maladie et la retraite.
(5) somme d'argent versée aux personnes qui cessent de travailler à 60 ans.	(8) somme payée à une caisse d'assurance ou de retraite complémentaire.
(9) somme ajoutée au salaire pour compenser des frais de déplacement.	
(10) somme versée aux personnes qui ont des faibles revenus.	

■ Découverte du document Fnac

La Fnac (Fédération nationale d'achat) distribue livres, disques, appareils photo, vidéos, téléviseurs, radios et matériel informatique.

a. (le document permet de voir l'essentiel).

b. Oui, car on reçoit le magazine des promotions, on bénéficie de prix réduits.
c. 6 % sur la hi-fi, la photo, la micro-informatique, la TV/vidéo, etc.
10 % sur les disques, CD, etc., mais rien sur les livres.
d. C'est possible car la Fnac propose des tarifs réduits sur plus de 17 000 spectacles.

■ Écoute et jeux de rôles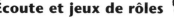

On pourra :
(1) écouter la scène de réclamation puis la transposer dans le jeu de rôles ;
(2) écouter la scène de négociation puis la transposer dans le second jeu de rôles.

1 Scène de réclamation.

• Écouter la scène (voir transcription, p. 173, scène 1).
Noter le lieu, les personnages. Imaginer leurs gestes.
Quel est l'objet de la contestation ? (les apéritifs, le vin).
La servante est-elle malhonnête ou s'est-elle trompée d'addition ?
• Jouer la scène de la contestation de la note d'hôtel.
On a ajouté une nuit, un petit déjeuner, des consommations du mini-bar, etc.

2 Scène de négociation.

• Écouter la scène (scène 2, p. 173).
Les arguments du vendeur : pneus neufs, peinture refaite (mais il accepte de discuter).
Les arguments de l'acheteur : 80 000 km.
Noter les formules : « je vous en donne... », « c'est mon dernier mot ».
• Jouer la scène de négociation du téléviseur.
N.B. En France, on peut toujours négocier (marchander) un produit d'occasion.
On peut également tenter de négocier quand le prix d'un objet neuf dépasse 1 000 € (ou qu'on fait plusieurs achats dans le même magasin pour une somme équivalente).

■ Discussion sur l'article de *L'Express*

1 Lecture de l'article.

• Expliquer :
– *rumeur* : information non vérifiée qui circule de bouche à oreille et se trouve souvent exagérée ;
– *puce* : micro-processeur électronique ;
– *canette* : petite bouteille de Coca Cola (de bière, etc.). Se dit aussi pour la boîte métallique contenant la boisson.

• Quel était le projet de Coca Cola ? Faire varier le prix selon la soif du client. Plus il fait chaud, plus on a soif, plus c'est cher.

2 Commentaires.

On peut remarquer que l'indexation des prix sur les besoins existe déjà. Les voyages touristiques sont moins chers en dehors des périodes de vacances. On pourrait donc imaginer que les prix des restaurants baissent en dehors des heures de repas, que les livres les plus lus soient plus chers que les traités scientifiques qui intéressent très peu de lecteurs (c'est en

Le budget des Français

• Dans le document présenté p. 92, les dépenses de santé ne représentent que la part non remboursée par la Sécurité sociale. Pour avoir les dépenses réelles de santé, il faudrait rajouter environ 10 %.
• Sur la feuille de paye figure le **salaire (ou traitement) brut**. C'est le chiffre qu'un employeur communique au salarié qu'il embauche. Cette somme va subir plusieurs prélèvements (dits prélèvements sociaux) :
– la **contribution sociale généralisée** (CSG) (10 %) ;
– les **cotisations pour la retraite** (environ 8 %) ;
– des contributions complémentaires pour la Sécurité sociale (2 à 3 %) ;
– dans certains cas, des **cotisations** facultatives pour **assurances et retraite complémentaires**.
Le salaire finalement versé par l'employeur est le salaire net.
• Les **allocations (familiales, logement)** et les bourses d'étudiant sont fonction du salaire net que touche le foyer fiscal (toutes les personnes de la famille qui déclarent leur revenu sous un même nom).
• Les Français paient différents impôts :
– **l'impôt sur les revenus** du foyer fiscal. Cet impôt est calculé en fonction des salaires nets et du nombre de personnes à charge (en général les enfants). Environ la moitié des salariés paient très peu d'impôts ou pas du tout ;
– la **taxe d'habitation** payée par tous les foyers fiscaux. Elle est aussi indexée sur les revenus ;
– les **taxes foncières** payées par ceux qui sont propriétaires ;
– **l'impôt sur la fortune** payé par ceux dont le patrimoine (capital en argent et en immeubles) dépasse 720 000 €.

général le contraire) et que les pâtisseries soient hors de prix pour ceux qui ont de l'embonpoint.

■ Prononciation et mécanismes

Exercice 63.

Construction des pronoms avec le vocabulaire de la leçon.

Pierre et Marie font leurs comptes. Marie est d'accord. Répondez pour elle.

P. : La semaine dernière, j'ai bien prêté 500 € à Philippe ?

M. : Oui, tu lui as prêté 500 €.

P. : Le mois dernier, tu as emprunté 200 € à Philippe, hein ?

M. : Oui, je lui ai emprunté 200 €.

P. : Hier, Philippe m'a remboursé 300 €. Oui ?

M. : Oui, il t'a remboursé 300 €.

P. : Donc il ne nous doit plus rien ?

M. : Non, il ne nous doit plus rien.

P. : C'est toi qui me dois 200 €.

M. : C'est moi qui te dois 200 €.

Exercice 64.

Opposition entre la sourde [t] et la sonore [d].

Distinguez [t] et [d].

C'est tout/...   C'est doux/...

Tes amis/...   Des amis/...

Tu viens/...   Du pain/...

Le travail/...   Le drapeau/...

C'est trop/...   C'est drôle/...

La côte/...   Le code/...

Unité 7		**Dire le droit**
Pages 94-95	**Leçon 3**	

■ Objectifs

Communication
- Exprimer l'interdiction et ses nuances.
- Demander l'autorisation.
- Autoriser. Exprimer les nuances de l'autorisation.

Grammaire
- Emploi des constructions active, passive et impersonnelle pour réaliser les actes de paroles ci-dessus.

Vocabulaire
- *Vocabulaire des règles et du droit* (voir tableau, p. 95)
- le bizutage (plaisanterie d'étudiant)
- s'installer – cultiver – nettoyer – promettre – faire (« Qu'est-ce que ça peut vous faire ? »)

Culture
- Attitudes face à la règle.

■ Découverte du document

- L'histoire « La fête techno ». Il est une heure du matin, la fête techno vient de commencer sur les terres de Clos-Gaillard. Le propriétaire, qui a probablement été averti par quelqu'un, arrive furieux.

1 Lecture de l'introduction et observation de l'image.

N.B. À partir des éléments de la situation, les étudiants peuvent se mettre par deux et imaginer le dialogue entre les personnages.

Il est possible d'anticiper la découverte du tableau de grammaire pour leur donner les éléments linguistiques nécessaires.

On écoute ensuite les productions des étudiants. Puis on procède au travail d'écoute du document.

Nous suivons ci-dessous la procédure proposée dans le livre.

- Repérage des éléments de la situation.

2 Écoute et compréhension du document.

- Repérer les formes de l'interdiction et de l'obligation.

Il est interdit de... On n'a pas le droit... Être obligé de... Je veux bien tolérer...

- Expliquer :

– *s'installer* : mettre le matériel de musique, les boissons, faire venir les gens ;

– *cultiver* : des pommes de terre, etc. Les champs de M. Péruzet ne sont pas cultivés ;

– *nettoyer* : après la fête techno, tout sera sale. Par terre, il y aura des canettes et des bouteilles, etc. Il faudra nettoyer.

3 Création de plusieurs versions du dialogue et d'une fin de l'histoire.

- Présenter brièvement le vocabulaire du tableau « Règles et droits ».

Noter en particulier la gradation qui va :

– de l'interdiction à la permission,

– de l'obligation à la liberté.

- On peut imaginer plusieurs personnalités à M. Péruzet :

→ *méchant qui interdit, ne tolère rien, appelle la police*

→ *gentil qui tolère, conseille et finit par participer*

→ *négociateur qui demande une participation financière*

→ *totalement affolé par ce qui se passe (il n'a jamais entendu parler de fête techno)*

→ *etc.*

- De même pour la fin de l'histoire :

– *arrivée de la police et expulsion*

– arrivée de la police mais négociation
– participation de tout le village
– destruction du matériel par quelques « gros bras »
du village
– etc.

■ La partie « Exercez-vous »

• Présenter les constructions du tableau.
a. Je vous interdis de faire du skate – Le skate est interdit dans ce parc – Il est interdit de faire du skate ici.
b. Je te déconseille de le faire – Traverser le Sahara en été est fortement déconseillé – Il est déconseillé de traverser...
c. Je vous autorise à ne pas participer au cours – Vous êtes autorisé à ne pas participer au cours (construction impersonnelle impossible).
d. Je vous permets de pique-niquer – Il est permis de pique-niquer – Les pique-niques sont permis ici.

■ Écoute et jeux de rôles

Lire la démarche dans le livre. Chaque jeu de rôles est préparé par l'écoute d'une scène. Normalement le jeu de rôles est à improviser tout de suite après la scène qui lui sert de modèle ou après un temps très bref de préparation.
Voir transcription des scènes, p. 173.

1 Scène A (prépare la situation 2).
• Écoute de la scène.
Quel est le problème ? (la présence du chien)
Quelle est la réaction de la directrice ? (rappeler l'interdiction)
Comment M. Robert plaide-t-il sa cause ? (Personne ne peut le garder. Il sera sage.)
• Jeu de rôles.
Vous demandez à l'agent de police de tolérer que vous stationniez cinq minutes, juste le temps d'aller faire une course, d'aller faire de la monnaie, etc.

2 Scène B (prépare la situation 3).
• Écoute de la scène.
Nuancer : *obligatoire – à option* (on choisit entre plusieurs options) – *facultatif* (on est libre de le prendre ou pas ; ici, le cours à option est facultatif) – *conseillé*.
• Jeu de rôles.
Vous demandez si la compétition finale est obligatoire, si les activités du dimanche sont des options, etc.

3 Scène C (prépare la situation 1).
• Écoute de la scène.
Visualiser la scène (les 3 personnages). Quel est le problème ? (au bureau de poste, une femme qui n'a pas pris de numéro d'appel essaie de passer avant tout le monde).
• Jeu de rôles.
« J'étais là avant vous ! De quel droit faites-vous cela ! Allez à la queue comme tout le monde ! »

■ Réflexions sur les obligations et les interdictions

À faire en commun ou en petits groupes.
(1) Ce qui est autorisé et qui devrait être interdit : les chiens dans les jardins publics, les skates sur les places publiques, etc.
(2) Ce qui est interdit et devrait être toléré : le stationnement devant la banque, la baignade en été dans les bassins des jardins publics, etc.
(3) Ce qui est facultatif et devrait être obligatoire : les langues étrangères à l'école primaire, etc.
(4) Ce qui devrait être permis : l'entrée dans les musées de 8 h à minuit, etc.

N.B. Le bizutage est une série d'épreuves en forme de plaisanteries ou de brimades que les anciens d'une école font subir aux nouveaux étudiants (les bizuts). Cette pratique a été récemment interdite mais elle continue à être pratiquée sous diverses formes.

■ Prononciation et mécanismes

Exercice 65.
Pratique de la construction impersonnelle.

La responsable municipale parle du règlement des jardins publics. Le gardien approuve.
• On ne doit pas faire de vélo. C'est interdit.
– Il est interdit de faire du vélo.
• On peut s'asseoir dans l'herbe. C'est permis.
– Il est permis de s'asseoir dans l'herbe.
• On ne doit pas courir sur les pelouses. Ce n'est pas permis.
– Il n'est pas permis de courir sur les pelouses.
• On doit surveiller ses enfants. C'est conseillé.
– Il est conseillé de surveiller ses enfants.
• On ne doit pas donner à manger aux poissons. C'est déconseillé.
– Il est déconseillé de donner à manger aux poissons.

Exercice 66.
Construction de deux pronoms avec les verbes de la leçon.

Un vendeur de voitures pose des questions à son directeur. Répondez « oui ».
• Est-ce qu'il est permis de faire 10 % de réduction ?
– Oui, je vous le permets.
• Est-ce qu'il est interdit de faire plus de 10 % de réduction ?
– Oui, je vous l'interdis.
• Est-ce qu'il est conseillé de faire essayer la voiture au client ?
– Oui, je vous le conseille.
• Est-ce que vous m'autorisez à offrir la climatisation ?
– Oui, je vous y autorise.
• Est-ce que vous me permettez d'arriver un peu en retard demain ?
– Oui, je vous le permets.
• Est-ce que vous me dispensez de l'opération promotionnelle de dimanche ?
– Oui, je vous en dispense.

■ Objectifs

Communication
• Rédiger une lettre pour :
– faire une réclamation,
– donner des directives et des instructions,
– demander réparation (après avoir été lésé),
– demander une autorisation.

Culture
• Usages en matière de lettres de réclamation, de demande d'autorisation, etc.

Vocabulaire
• un abonnement – un abonné – un candidat – un regret – un concours – un recrutement – une convocation – une épreuve – un remboursement – un navigateur
• prier – se munir (de) – solliciter – collaborer
• actuellement

■ Découverte des lettres

1 Les étudiants se partagent les quatre lettres.
La découverte se fait individuellement ou par deux.
Chaque étudiant complète le tableau à partir de sa lettre.

2 Mise au point collective.
*(1) **Lettre haut, p. 96***
→ Qui écrit ? *Nathalie Badaroux de Paris, abonnée au magazine* Découvertes.
→ À qui ? *Au service abonnement du magazine* Découvertes.
→ But de la lettre ? *Réclamer le cadeau que tout abonné doit recevoir et qu'elle n'a pas reçu (un stylo).*
→ Avant ? *Elle s'est abonnée le 3 janvier. Le 25 février, elle n'a rien reçu.*
→ Après ? *Elle doit recevoir le stylo.*

*(2) **Lettre de convocation (p. 96 bas gauche)***
→ Qui écrit ? *Les organisateurs du concours de recrutement des guides des musées et monuments historiques.*
→ À qui ? *Aux candidats au concours.*
→ But de la lettre ? *Convoquer les candidats ; annoncer la date, l'heure, le lieu, les pièces à fournir et deux points du règlement.*
→ Avant ? *Les candidats se sont inscrits.*
→ Après ? *Ils se rendront aux lieux et aux dates indiqués.*

*(3) **Lettre p. 96, bas droite***
→ Qui écrit ? *Un voyageur qui fait Paris-Perpignan en train, le 3 mai.*
→ À qui ? *À la SNCF.*
→ But de la lettre ? *Réclamer le remboursement de son billet car son train a eu plus de trois heures de retard.*
→ Avant ? *Il a téléphoné pour savoir s'il avait droit à un dédommagement.*
→ Après ? *Il sera remboursé.*

*(4) **Lettre, p. 97***
→ Qui écrit ? *La conseillère historique pour la société* Films-Production. *Elle prépare un film sur le navigateur Robert Surcouf.*
→ À qui ? *La conservatrice de la bibliothèque du musée de la Marine.*
→ But de la lettre ? *Demander l'autorisation de consulter les ouvrages consacrés aux navigateurs des XVIIIe et XIXe siècles.*
→ Avant ? *Elle s'est rendue compte qu'elle manquait de documentation.*
→ Après ? *Elle attendra la réponse.*
N.B. Robert Surcouf, célèbre navigateur et corsaire né à Saint-Malo. Il s'est illustré dans le long conflit qui a opposé l'Angleterre et la France pour la domination des mers du monde (notamment au XVIIIe siècle).

3 Repérage et classement des formules.
(Voir aussi l'encadré de la leçon 2(4)).
*(1) **Demander quelque chose**. Je vous remercie de bien vouloir m'envoyer…*

*(2) **Donner des directives**. Utilisation de la forme passive : « Les candidats sont priés… ne seront pas autorisés… Ils devront être munis… » et de la forme impersonnelle : « Il est rappelé que… »*

*(3) **Demander une autorisation**. « Je vous serais très reconnaissante s'il m'était possible de… »*

*(4) **Remercier**. Je vous remercie par avance (de bien vouloir…).*

*(5) **Saluer**.*
Veuillez agréer…
Madame… } *… l'expression de mes salutations distinguées*

Je vous prie d'agréer…
Monsieur… } *… l'expression de mes sentiments les meilleurs*

■ Rédaction d'une lettre

(1) Madame, Monsieur,
Le 24 février, je vous ai commandé par Internet l'Encyclopédie des oiseaux au prix de 100 € et j'ai réglé le montant de la commande par carte bancaire.
Je viens de recevoir les Œuvres complètes de Balzac que je n'ai bien sûr jamais commandées.
Je vous prie de me faire parvenir ma commande le plus rapidement possible et de me donner des instructions pour le renvoi des Œuvres de Balzac.
Je vous en remercie par avance et vous prie d'agréer, Madame, Monsieur, l'expression de mes salutations distinguées.

(2) Madame,
Étudiante à l'université..., je fais actuellement un travail de recherche en maîtrise sur l'époque révolutionnaire dans le canton de la Vaunage.
Monsieur le professeur... m'a appris que la bibliothèque de votre château contenait des documents d'une très grande valeur historique pour cette époque.
Je vous serais très reconnaissante s'il vous était possible de m'autoriser à les consulter.
...

Unité 7

Pages 98-99 | **Leçon 5**

Présenter un objet

■ Objectifs

Communication
• Présenter, caractériser en utilisant les propositions relatives.

Grammaire
• Les pronoms relatifs composés
→ *auquel, à laquelle*, etc.
→ préposition + *lequel, laquelle*, etc.
• Le pronom relatif *dont*.

Culture et civilisation
• *Le Petit Prince*, roman de Saint-Exupéry.
• Connaissances propres aux objets trouvés dans le sarcophage (voir l'article).

Vocabulaire
• l'aviation – une planète – une génération – un pionnier – un témoignage – un sarcophage – un héritier – un poster – un dossard – un marathon – une poupée
• tricolore
• placer

Cette leçon est en forme de projet mais elle comporte un point de grammaire important : les constructions relatives avec « dont » et les pronoms relatifs composés. Le projet ne doit donc pas masquer cet objectif. C'est pourquoi nous suggérons de ne lancer le projet qu'après l'étude des documents et les exercices.

■ Lecture de l'article « À n'ouvrir que le 25 novembre 2100 »

1 Retrouver les principaux éléments de l'information.

Le lieu : Saint-Just (village de l'Hérault).

La date : 25 novembre.

L'information : Des objets représentatifs de notre époque placés dans un sarcophage. Ce sarcophage est scellé et enterré avec interdiction de l'ouvrir avant le 25 novembre 2100.

2 Chercher les raisons de cette action.

Laisser une trace de notre époque. Rendre service aux historiens du futur.

3 Faire la liste des objets placés dans le sarcophage.

Expliquer :
– *sarcophage* : le sarcophage du pharaon d'Égypte ;

– *témoignage* : de témoin ; trace (objet, écrit, parole) d'un événement ;

– *héritier* : mon père possède une maison. Quand il mourra, j'hériterai…

– *poster* : affiche (allusion à la victoire de l'équipe de France de football en 1998) ;

– *marathon* de New York : célèbre course à pied. Y participer est le rêve de tous ceux qui courent ;

– *écharpe tricolore* : attribut du maire d'une commune. Il porte cette écharpe bleu, blanc, rouge à l'occasion des cérémonies.

<u>4</u> Relever et analyser les pronoms relatifs.

• Rappel de la fonction du pronom relatif : réunir deux informations (deux phrases).

• Retrouver les deux phrases qui ont été réunies. Observer la construction.

(1) … un sarcophage dans lequel… → Dans ce sarcophage, ils avaient placé… (remplace un complément introduit par « dans »).

(2) … une loi selon laquelle → Selon cette loi, le sarcophage… (remplace un complément introduit par « selon »).

(3) … des objets auxquels on attache une importance → On attache une importance particulière à ces objets (complément introduit par « à »).

■ Lecture de la lettre

• Qui écrit ? À qui ? Pourquoi ?

Un des habitants de Saint-Just a placé dans le sarcophage le livre *Le Petit Prince* et il a joint cette lettre explicative.

• Analyser les phrases et dégager la fonction des pronoms relatifs.

(1) Voici un livre.
*Je suis très attaché **à ce livre**.*
*J'ai passé des heures à rêver **avec ce livre**.*
*→ Voici un livre **auquel**… et **avec lequel**…*
*(2) Nous avons besoin **d'amitié**.*
*→ **Ce dont** nous avons le plus besoin : c'est d'amitié.*
(3) C'est un livre.
*Trois générations d'enfants ont lu **ce livre**.*
*L'auteur **de ce livre** était…*
*→ C'est un livre **que**… et **dont** l'auteur…*

■ Commentaire du tableau de grammaire et partie « Exercez-vous »

• Bien distinguer « dont » complément de verbe et « dont » complément de nom.

→ Exercez-vous ①

*Nous avons emmené des copains **dont** la voiture était en panne.*
*Il y avait un excellent DJ **dont** j'ai oublié le nom.*
*Louis est un garçon sympathique **dont** Noémie est amoureuse.*
*J'ai rencontré Clara **dont** le père est avocat.*

Le Petit Prince

Récit d'Antoine de Saint-Exupéry (1943).

L'auteur, perdu en plein Sahara à la suite d'une panne de moteur de son avion, voit apparaître un étrange petit garçon qui vient d'une autre planète et lui raconte ses pérégrinations.

Amoureux d'une rose qu'il a quittée parce qu'elle était trop possessive et trop fière, le Petit Prince a erré de planète en planète jusqu'à ce qu'il arrive sur la Terre et rencontre un renard qui lui apprend que le secret du bonheur, c'est l'amitié.

Le Petit prince, après avoir consolé Saint-Exupéry qui s'était attaché à lui, rejoindra sa planète et sa rose.

Le charme de ce petit récit tient à sa poésie et au mystère qu'il dégage.

→ Exercez-vous ②

*Voici les skis **avec lesquels** j'ai gagné…*
*… tu peux voir la piste **sur laquelle** je m'entraînais…*
*Ça, c'est la coupe **à laquelle** j'ai rêvé…*
*Voici le dictionnaire **dont** je me servais…*
*Dans ce dossier il y a un projet **auquel** je me suis beaucoup intéressée.*
*… des jeux de société **avec lesquels** j'ai beaucoup joué.*

■ Lancement et réalisation du projet

<u>1</u> Proposer aux étudiants d'imiter les habitants de Saint-Just.

Le projet n'ira pas jusqu'à déposer des objets dans un sarcophage. On se contentera de rédiger les notices de présentation des objets choisis par la classe et considérés comme représentatifs de notre époque. Ces notices pourront être illustrées de photos et de dessins et réunies dans un recueil.

<u>2</u> Faire en commun une liste d'objets témoins de notre époque.

<u>3</u> Chaque étudiant choisit un objet et rédige la notice (une dizaine de lignes à l'exemple de la notice accompagnant le livre du *Petit Prince*).

<u>4</u> Lecture des notices et réalisation éventuelle du recueil.

■ Prononciation et mécanismes
Exercice 67.

Construction de la proposition relative introduite par « dont ».

Un professeur de littérature montre sa bibliothèque à une collègue. Étonnez-vous comme elle.

• Je t'ai parlé d'un roman policier. Le voici.
– C'est le roman policier dont tu m'as parlé.
• Tu as besoin d'un dictionnaire de grec. Le voici.
– C'est le dictionnaire de grec dont j'ai besoin.
• Regarde ces documents. Voltaire s'en est servi.
– Ce sont les documents dont Voltaire s'est servi.
• Tu vois cette collection. Je m'en suis occupé.
– C'est la collection dont tu t'es occupé.
• J'ai écrit l'introduction d'une édition de Shakespeare. La voici.
– C'est l'édition de Shakespeare dont tu as écrit l'introduction.
• Je connais l'auteur de ce recueil de poésies.
– C'est un recueil de poésies dont tu connais l'auteur.

Exercice 68.
Construction de la proposition relative introduite par « préposition + lequel, etc. ».

Une passionnée d'aventures montre sa maison à une amie.

• Regarde ce phare de voiture. Avec cette voiture, j'ai fait le rallye Paris-Dakar.
– C'est la voiture avec laquelle tu as fait le rallye Paris-Dakar.
• Regarde cette maison sur la photo. J'ai passé mon enfance dans cette maison.
– C'est la maison dans laquelle tu as passé ton enfance.
• Cette maison, J'y suis très attachée.
– C'est une maison à laquelle tu es très attachée.
• Regarde ce masque africain. Avec ce masque, les Africains faisaient leurs cérémonies.
– C'est un masque avec lequel les Africains faisaient leurs cérémonies.
• Je m'intéresse beaucoup aux traditions africaines.
– Ce sont des traditions auxquelles tu t'intéresses beaucoup.

Unité 7
Pages 100-101 | Leçon 6

Parler de la vie professionnelle

■ Objectifs

Communication
• Parler des conditions de travail.
• Présenter son travail.
• Présenter son parcours professionnel.

Grammaire
• Le subjonctif dans l'expression :
– des opinions,
– du doute,
– de l'impossibilité.

Culture
• Comportements et mentalités dans le travail.

Vocabulaire
• l'autorité – l'autodiscipline – un chef d'entreprise – une pratique – une échelle (mesure) – un mode (une façon) – un inconvénient/un avantage
• autonome – mixte – productif – classique
• supprimer – rattraper – coïncider

Cette leçon comporte deux parties indépendantes :
(1) un article de presse qui fera l'objet d'une activité de compréhension écrite ;

(2) un reportage en version audio ou vidéo qui donnera lieu à un travail de compréhension orale.
L'enseignant peut commencer par la partie de son choix.

■ Découverte de l'article

1 Lecture du titre et de l'introduction.
Quel est le sujet de l'article ? Quelle information va-t-il développer ?
→ À la différence de ce qui se passe aux États-Unis, le travail loin du bureau fait peur en France. Pourquoi ?

2 Question 2.

a. Non, pas à grande échelle (dans des proportions importantes).

b. Il y a un consensus pour maintenir l'organisation traditionnelle de travail. Le travail loin du bureau fait peur à tout le monde.

c. Ambiguë. Ils veulent que leurs collaborateurs soient autonomes et responsables mais en même temps qu'ils ne prennent pas de décisions et qu'ils puissent être contrôlés.

d. On est entièrement responsable – Risque de s'éparpiller et de ne pas être efficace.

Le travail sans bureau s'accompagne souvent d'une diminution des protections sociales.

e. Autonomie – Liberté – Possibilité d'être très rapide et de gagner du temps.

3 Question 3.

– la nouveauté : *peur, réticence ;*

– les relations patrons/collaborateurs : *hiérarchisées, relations d'autorité et de soumission.*

– l'autorité : *il semble qu'elle soit nécessaire.*

– l'autodiscipline : *difficile à réaliser pour tout le monde.*

– la protection sociale : *elle est liée à la présence du salarié dans l'entreprise et pas au travail fourni.*

■ La partie « Exercez-vous »

• Lecture du tableau : observation de l'emploi du subjonctif après une opinion à la forme négative, un doute, l'idée de possibilité, d'impossibilité et d'improbabilité.

→ Exercez-vous

Exercice à faire collectivement et oralement. Chaque affirmation peut donner lieu à un débat.

Contrainte à imposer : commencer les phrases par une expression du tableau.

Ex. : *Il est possible que les métiers manuels aient de l'avenir mais peu de jeunes s'engagent actuellement dans cette voie. Je ne suis pas sûre que ce soient des métiers à conseiller. Les salaires resteront bas à cause de la main-d'œuvre fournie par l'immigration.*

■ Travail sur le reportage en version audio 🎧

Voir transcription, p. 173.

Lire l'introduction au reportage. Faire une écoute complète avant de travailler chacune des deux parties.

1 Écoute de la première partie.

Réponses aux questions :

(1) ... depuis une quinzaine d'année.

(2) ... oui, j'ai beaucoup chanté et j'ai beaucoup sculpté et travaillé la terre mais actuellement céramiste est ma principale activité.

(3) Je n'ai aucune formation artistique, aucune formation technique. Je suis entièrement autodidacte.

(4) Les éléments de la nature : les fruits, les légumes, les rivages, les bords des ruisseaux, le ciel.

• Expliquer :

– *céramiste* (à l'aide de la photo) ;

– *prendre le pas sur...* : devenir une priorité ;

– *autodidacte* : qui se forme seul, sans passer par une école.

2 Écoute de la deuxième partie.

• Faire écouter pour noter les éléments qui sont énumérés.

• Expliquer :

– *inspiration* : les idées de création ;

– *rivage* : le bord de la mer ;

– *empreinte* : trace qu'on laisse quand on marche dans le sable ou dans la boue ;

– *brindille* : petite branche.

■ Travail sur le reportage en version vidéo 📼

On fera un travail d'écoute précis pour les deux premiers paragraphes du reportage (jusqu'à « On est parti vers le ciel, récemment »).

Pour la suite, on se contentera d'une compréhension générale ou on travaillera sur la transcription.

1 Regarder le reportage sans le son.

Répondre oralement ou par écrit aux questions posées dans la fiche.

▷ *Fiche, ex. 1 :*

a. dans l'atelier d'une céramiste.

b. la céramiste qui présente son travail.

c. une artiste.

d. beaucoup de nuances de gris, de bleus, de rouges et orange, du vert, du rose, etc.

f. rondes (soleil, lune), étoiles, taches (planètes), nuages.

2 Regarder avec le son la première partie du reportage (jusqu'à « pour ce qui concerne la céramique »).

Voir exploitation de la version audio, paragraphe 1.

3 Regarder avec le son la deuxième partie du reportage (jusqu'à « On est parti vers le ciel »).

Voir exploitation de la version audio, paragraphe 2.

(Les questions de l'ex. 2 de la fiche sont les mêmes que celles du livre.)

4 Regarder la fin du reportage.

▷ *Fiche, ex. 3 :*

a. 2 – b. 5 – c. 7 – d. 1 – e. 9 – f. 3 – g. 10 – h. 4 – i. 8 – j. 6.

▷ *Fiche, ex. 4 :*

Toutes les cases peuvent être cochées :

☒ *correspondent aux formes et aux couleurs de l'univers*

→ *j'utilise les images qui sont transmises par les télescopes...*

☒ *contiennent une idée, un message → par la couleur, ce que l'objet transmet, on peut dégager des choses – il faut que les objets soient habités.*

☒ *permettent de s'évader du quotidien → faire des objets poétiques, différents des objets industriels.*

☒ *permettent de guérir... → faire des objets thérapeutiques.*

☒ *possèdent une force mystérieuse → des objets chargés en énergie.*

■ Prononciation et mécanismes

Exercice 69.
Expression des opinions.

Des employés discutent des conditions de travail dans leur entreprise. Vous êtes d'accord.

• Est-ce que le travail est pénible ? Je ne le pense pas.
– Moi non plus. Je ne pense pas que le travail soit pénible.
• Est-ce qu'il est monotone ? Je le crois.
– Moi aussi. Je crois qu'il est monotone.
• Est-ce qu'il faut faire une grève ? Je ne le crois pas.
– Moi non plus. Je ne crois pas qu'il faille faire une grève.
• Est-ce qu'il faudrait changer souvent d'activité ? Je le pense.
– Moi aussi. Je pense qu'il faudrait changer plus souvent d'activité.

• Est-ce que nous devons avoir plus de pauses. Je ne trouve pas.
– Moi non plus. Je ne trouve pas que nous devrions avoir plus de pauses.

Exercice 70.
Emploi des pronoms relatifs composés.

Marie a un nouvel emploi dans le secteur de l'environnement... Répondez « oui » pour elle.

• Vous avez beaucoup de satisfactions avec ce nouvel emploi ?
– Oui, c'est un emploi avec lequel j'ai beaucoup de satisfactions.
• Il faut le baccalauréat pour cet emploi ?
– Oui, c'est un emploi pour lequel il faut le baccalauréat.
• Grâce à ce travail vous rencontrez beaucoup de monde ?
– Oui, c'est un emploi grâce auquel je rencontre beaucoup de monde.
• Dans ce secteur d'activité, il y a beaucoup de possibilités ?
– Oui, c'est un secteur d'activité dans lequel il y a beaucoup de possibilités.
• Le gouvernement s'intéresse à ce secteur d'activité ?
– Oui, c'est un secteur d'activité auquel le gouvernement s'intéresse.

Corrigé du bilan 7

1 ... Et **les tiens** ?
... **La mienne** aussi.
Les siens étaient excellents.
Les nôtres sont très gentils.
Les leurs viennent souvent...

2 Maria m'a montré un tableau **auquel** elle travaille...
Elle m'a prêté un livre **dont** j'ai besoin...
Elle m'a présenté un copain **dont** la sœur s'intéresse...
Elle a fait un tableau **dans lequel** on voit...
À Berlin, il y aura bientôt une exposition **à laquelle** Maria participera.

3 a. Il doit ouvrir un compte.
b. ... elle a négocié le prix (elle a marchandé).
c. Ils demandent une remise (une réduction).
d. Il va retirer de l'argent (des espèces) à la banque (à la billetterie automatique).
e. Ils ont dû faire un emprunt (emprunter de l'argent).

4 a. *Elle* : Je suis désolée mais la fumée me dérange !
Lui : On a quand même le droit de fumer une petite cigarette après le repas.

Elle : Il y a l'espace fumeur pour ça. Vous n'avez qu'à respecter l'espace non fumeur.
b. *Le médecin* : Vous ne pouvez pas vous permettre plus de deux plats par repas.
Le malade : Je n'ai pas droit à un petit dessert de temps en temps ?
Le médecin : Je veux bien tolérer un dessert deux fois par semaine.

5 Voir transcription, p. 174.
Madame, Monsieur,
J'ai le regret de vous faire savoir que vous m'avez envoyé un appareil photo Lentex 2100 qui ne correspond pas exactement à ma commande du...
D'une part, cet appareil est noir alors que j'en ai commandé un bleu.
D'autre part, je n'ai pas trouvé l'étui que vous deviez m'envoyer en cadeau.
Enfin, vous avez débité mon compte de 520 € alors que le prix de l'appareil, envoi compris, est de 500 €.
Je vous retourne donc l'appareil que je viens de recevoir et je vous prie par ailleurs de créditer mon compte n°... de 20 €.
En vous remerciant par avance, je vous prie d'agréer, Madame, Monsieur, l'expression de mes salutations distinguées.

Unité 8

Apprendre

Présentation de l'unité

Dans cette unité, on apprendra à caractériser une action (8(1)), à faire une chronologie en exprimant des relations d'antériorité et de postériorité (8(2)), à rapporter les paroles de quelqu'un (8(4)).

On abordera les thèmes de la recherche scientifique (8(1), 8(2) et 8(3)), de l'histoire, de l'éducation et on réfléchira à l'apprentissage du vocabulaire.

Observation collective de la p. 103

(1) Qui est Yves Coppens ? En quoi consiste le travail d'un paléontologue ?
Qu'est-ce qu'il essaie de retrouver ?
N.B. Lucy est un squelette de femme presque complet trouvé en 1974 par une équipe internationale de chercheurs (dont Yves Coppens) en Éthiopie. Le squelette datait de 3 millions d'années. Le nom de Lucy lui a été donné d'après une chanson des Beatles.

(2) Un cours magistral dans un amphithéâtre de la Sorbonne à Paris.
Aimeriez-vous étudier à la Sorbonne ? Les cours magistraux sont-ils efficaces ? Pour quelles matières ?
Quelles étaient (sont) les matières que vous aimiez (aimez) ? Lesquelles étaient faciles/difficiles pour vous ? Ont-elles été utiles/inutiles ?

<table>
<tr>
<td>

Unité 8

Pages 104-105	Leçon 1

</td>
<td>

Indiquer les circonstances d'une action

</td>
</tr>
</table>

■ Objectifs

Grammaire
- Formation du participe présent.
- Emploi du gérondif (forme « en + participe présent »).
- Emploi de la proposition participe présent :
→ caractérisant un nom,
→ caractérisant un verbe.

Vocabulaire
- la génétique – un végétal – une expérience – un frigo (réfrigérateur) – un chef de service – un esclave – un ours
- publier – succéder

Prononciation
- Prononciation du participe présent et du gérondif.

■ Découverte du document

- **L'histoire « La promotion ».** Adrien Demange travaille au Centre de recherche en génétique des végétaux où il est l'assistant du professeur Meynadier. Il vise un poste de chef de service et pour cela travaille beaucoup, la plupart du temps pour le bénéfice de Meynadier. Émilie Demange exhorte son mari à ne pas se faire exploiter.

1 Lecture de l'introduction, observation de l'image et écoute complète du dialogue.

Où, à quel moment se passe la scène ?
Pourquoi Adrien est-il en retard ? Qu'apprend-on sur lui ?

2 Écoute progressive. Compléter la grille du livre au fur et à mesure.

- Expliquer :
– *une expérience* : un scientifique fait des expériences ;
– *un chef de service* : le professeur Meynadier dirige plusieurs services. Chaque service a pour responsable un chef de service et des assistants ;
– *publier* : un chercheur publie les résultats de ses recherches dans des revues scientifiques ;
– *esclave* : dans l'Antiquité, les esclaves n'avaient aucun droit ;
– *succéder* : occuper le poste de Pignon après son départ à la retraite ;
– *ne vends pas la peau de l'ours...* : proverbe. N'anticipe pas ton succès ! Ne fête pas ta victoire avant de l'avoir remportée !
- Adrien est :
→ *travailleur (il rentre tard le soir)*
→ *il ne partage pas les tâches domestiques avec Émilie*

→ *faible, soumis et peut-être naïf (il laisse son patron signer ses articles)*
→ *plein d'illusions (il s'attend à avoir le poste de chef de service)*
Émilie est :
→ *fâchée (elle pense que son mari fait du zèle pour rien)*
→ *ferme (elle essaie de lui ouvrir les yeux)*

3 Rechercher les formes en « -ant ». Les remplacer par une autre construction.

– *En cherchant dans le frigo* → *si tu cherches dans le frigo*
– *... ce n'est pas en travaillant* → *ce n'est pas parce que tu travailles pour Meynadier que...*
– *C'est en faisant quoi ?* → *Qu'est-ce que je dois faire ?*
– *En refusant de travailler... en publiant...* → *Tu deviendras chef de service si tu refuses... si tu publies...*
– *Pignon prenant sa retraite* → *Comme Pignon prend sa retraite...*

■ La partie « Exercez-vous »

1 Emploi du gérondif.

- **Observer** la fonction du participe présent et l'emploi de gérondif (dans le tableau).

→ Exercez-vous ①

a. Quand je suis revenu(e) de la bibliothèque, j'ai rencontré...
b. Il a beaucoup minci parce qu'il a fait le régime...
c. Si je fais ce régime, je pourrais peut-être perdre...
d. ... Il travaille et en même temps il élève seul ses deux enfants.

2 Emploi de la proposition participe présent.

- **Étudier** la colonne de droite du tableau.

→ Exercez-vous ②

a. L'entreprise Vidéo-Concept ayant fait faillite, le personnel...

b. Le Président étant en visite au Mexique, le Conseil des ministres...
c. Le joueur... étant blessé, il ne jouera pas...
d. De gros orages étant annoncés... vous devez être prudents.

■ Jeux de rôles

Les deux jeux de rôles proposés portent sur la recherche de moyens nécessaires pour réaliser quelque chose. Ils devraient donc permettre de produire des gérondifs.
Ex. *(1) : – Comment faire pour rentrer dans la maison ?*
– Peut-être en passant par le jardin.
– En sautant par-dessus la clôture, on risque de se blesser.
– Et M. Paillot, le serrurier, prenant ses vacances fin août, ce n'est pas lui qui viendra nous aider.
– ...

■ Échanges de trucs pratiques

Ici aussi, il s'agit de susciter la production de gérondifs et de propositions participes.
Exemples :
(1) la table : en la frottant avec un peu de sel et de l'eau.
(2) le mal à la tête : en prenant une Aspirine, en s'allongeant avec la tête plus haut que le corps et en respirant profondément et régulièrement.
(3) le bouquet de fleurs : en coupant souvent le bout des tiges et en changeant l'eau.
(4) le bas qui file : en mettant un petit point de colle à l'endroit de l'accroc.
(5) le hoquet : en buvant lentement un grand verre d'eau sans respirer puis en reprenant une inspiration profonde et régulière.
(6) en y mettant un peu d'eau tiède, en ayant des œufs à la température de la pièce.
(7) en les mettant dans des housses spéciales où l'on peut faire le vide.

■ Prononciation et mécanismes

Exercice 71.

Opposition [ɑ̃]/[a] et liaison de [ɑ̃] avec des consonnes.

Prononcez [a] et [ɑ̃]. Répétez.

a. Distinguez.
Un bas/... un banc/...
Un rang/... un rat/...
Un mât/... il ment/...
C'est lent/... un la/...
Une dame/... dans/...

b. Prononcez le gérondif.
J'ai pensé à Patrick/...
En allant à Paris/...
En arrivant à Caen/...
En écoutant Alice/...

Exercice 72.

Pratique du gérondif.

Pouvez-vous faire deux choses à la fois ? Répondez selon vos possibilités.

• Vous pouvez travailler et écouter la radio en même temps ?
– Oui, je peux travailler en écoutant la radio.
– Non, je ne peux pas travailler en écoutant la radio.
• Vous aimez dîner et regarder la télé en même temps ?
– Oui, j'aime dîner en regardant la télé.
– Non, je n'aime pas dîner en regardant la télé.
• Vous pouvez discuter et lire le journal en même temps ?
– Oui, je peux discuter en lisant le journal.
– Non, je ne peux pas discuter en lisant le journal.
• Vous savez nager et respirer correctement ?
– Oui, je sais nager en respirant correctement.
– Non, je ne sais pas nager en respirant correctement.
• Vous conduisez et vous téléphonez en même temps ?
– Oui, je conduis en téléphonant.
– Non, je ne conduis pas en téléphonant.

Unité 8

Pages 106-107 **Leçon 2**

Faire une chronologie

■ Objectifs

Grammaire
- Le plus-que-parfait.
- Expression de l'antériorité (*avant – avant que*) et de la postériorité (*après – après que*).
- Adverbes de situation dans le temps :
– par rapport au moment présent,
– par rapport à un autre moment.

Communication
- Raconter les étapes d'une découverte scientifique.

Civilisation
- Deux scientifiques : Marie Curie et Louis Pasteur.

Vocabulaire
- *Vocabulaire de la science* : un laboratoire – la chimie – une coupelle – le radium – l'uranium – un rayonnement – une vaccination – la rage – une maladie infectieuse – radioactif – une thèse
- la lumière/l'obscurité – une intuition
- exceptionnel
- émettre – mordre – épouser
- malgré

■ Découverte du texte

Ce texte présente un corpus de faits grammaticaux qui doit permettre de découvrir une partie du système des rapports temporels présentés dans le tableau.

Après une lecture individuelle rapide, on procédera à une découverte collective où l'on dégagera progressivement les éléments grammaticaux en même temps qu'on résout les problèmes de vocabulaire.

Il est important de voir que le texte s'organise à partir de deux moments clés :

(1) **le soir du 28 mars 1902.** Les trois premiers paragraphes (jusqu'à « elle avait épousé le scientifique Pierre Curie ») ont ce moment pour référence.

(2) **ce jour de 1897 où Marie choisit son sujet de thèse.** La fin du texte s'organise avant et après ce moment.

1 Lecture du 1er paragraphe.
- Identifier le lieu, les personnes et la situation.
- Reconstituer la succession des mouvements des personnes (comme un film qu'on passe à l'envers).

> *Soir du 28 mars 1902. Marie comprend sa découverte.*
> *Marie se retourne. Les coupelles brillent.*
> *Pierre et Marie vont rentrer chez eux.*
> *Pierre et Marie restent tard dans leur laboratoire.*
> *...*
> *Marie commence à travailler sur le radium (5 ans avant).*

- Expliquer :
– *obscurité/lumière* : la nuit et le jour ;
– *une coupelle* : sorte de petite assiette creuse (dessin) ;

– *le radium* : traduire ;
– *élément chimique* : le fer, le cuivre, le radium sont des éléments.
- **Présenter la formation du plus-que-parfait.**
Montrer son sens d'antériorité des événements. Les circonstances restent à l'imparfait.
- **Noter les indications de temps.**
À ce moment-là (se réfère au moment où Marie se retourne) – *cinq années précédentes* (se réfère au 28 mars 1902).

2 Lecture de la suite du texte.
- Reconstituer progressivement la chronologie de la vie de Marie Curie.
- Noter et classer les mots qui donnent des indications de temps.

→ *Chronologie*
– *1865 – Naissance en Pologne de Maria Sklodowska.*
– *Très tôt, elle montre des capacités exceptionnelles.*
– *À 24 ans, elle vient à Paris pour faire des études.*
– *Elle épouse le scientifique Pierre Curie.*
– *1896 – Henri Becquerel découvre le rayonnement de l'uranium.*
– *1897 – Marie choisit comme sujet de thèse l'étude des éléments radioactifs.*
– *Elle consacre toute son énergie à la recherche.*
– *1902 – Elle découvre le rayonnement du radium (voir chronologie de la scène plus haut).*
– *1903 – Elle obtient le prix Nobel de physique.*
– *1911 – Elle obtient le prix Nobel de chimie.*

→ *Indicateurs de temps*

Vers le passé	*Moment présent*	*Vers le futur*
• *C'était le soir du 28 mars* • *Avant de partir* • *Les cinq années précédentes* • *En 1867* • *À l'âge de 24 ans* • *Un an auparavant*	• *À ce moment-là* • *Ce jour de 1897* • *Alors*	• *L'année suivante* • *Trois ans plus tard* • *À partir de ce moment*

3 **Refaire le récit en commençant à des dates différentes.**

Exemple. C'était en 1903, Marie Curie recevait le prix Nobel de physique. Elle avait commencé ses travaux six ans auparavant. L'année précédente, elle avait découvert le rayonnement du radium.

■ Étude du tableau et partie « Exercez-vous »

• Revoir dans le tableau le paragraphe « Le plus-que-parfait ».

→ Exercez-vous ①

Quand Adrien est rentré, Émilie et ses enfants avaient dîné.

Quand Adrien a passé sa thèse, il avait publié trois articles.

Quand Adrien a été nommé assistant, il y avait un an qu'il était entré au CRGV.

Quand Adrien a passé sa thèse, cela faisait cinq ans que nous avions passé la nôtre.

• Étudier le tableau « Pour situer dans le temps » et les emplois de « avant » et « après ».
Employer les mots de la colonne « par rapport à un autre moment » dans l'exercice 2.

→ Exercez-vous ②

Pour chacune des trois situations donner les débuts de phrases.

(1) **En 1995...**
Trois ans auparavant, *ils s'étaient rencontrés dans une réunion syndicale.*
Le mois précédent, *elle avait accepté qu'il habite chez elle.*
La veille, *il lui avait offert une bague.*
Le lendemain, *ils ont eu leur première dispute.*
Etc.
(2) **L'an dernier...**
Pendant dix ans, *j'avais passé des examens, j'avais écrit des articles, j'avais fait des conférences.*
Un an avant...
L'année suivante...

(3) **Hier...**
Pendant deux ans, nous avions cherché, nous avions visité des tas de logements avec des agences et nous avions failli abandonner.
La veille, un ami nous a dit que dans son immeuble un logement allait se libérer...
Etc.

→ Exercez-vous ③

C'est le 6 juillet 1885 *que Louis Pasteur a vacciné Joseph Meister.*

L'avant-veille, *l'enfant avait été mordu par un chien qui avait la rage et il était tombé malade.*

Le lendemain, *Joseph Meister jouait normalement et* **vingt jours plus tard** *il était guéri...*

Pasteur avait découvert la vaccination **6 ans auparavant** *mais* **pendant ces six années,** *il ne l'avait pratiquée que sur les animaux.*

Il était né **en 1822** *et c'est* **à l'âge de 43 ans** *qu'il avait commencé à travailler sur les maladies infectieuses.*

■ Prononciation et mécanismes

Exercice 73.
Pratique du plus-que-parfait. Présenter la situation.

Un policier enquête sur un cambriolage. Répondez pour le suspect.

• Quand vous êtes sorti à 10 h, le gardien avait fermé la porte ? Oui ?
– Oui, il avait fermé la porte.
• Quand vous êtes arrivé dans la rue, la grosse voiture noire était arrivée ? Non ?
– Non, elle n'était pas arrivée.
• Quand vous êtes allé au cabaret Montmartre, le spectacle avait commencé ? Oui ?
– Oui, il avait commencé.
• Quand vous avez quitté le cabaret, vous aviez vu Monsieur Paul ? Non ?
– Non, je n'avais pas vu Monsieur Paul.
• Quand vous êtes rentré chez vous, vous aviez dîné ? Oui ?
– Oui, j'avais dîné.
• Quand vous avez ouvert la porte, la serrure avait été cassée ? Non ?
– Non, elle n'avait pas été cassée.

Exercice 74.

Pratique du plus-que-parfait. Idée d'antériorité.

Noémie a des reproches à faire à Eudes et à ses amis. Donnez des explications pour Eudes.

• Samedi, pourquoi tu n'as pas déjeuné avec moi ?

– J'avais déjà déjeuné.

• Pourquoi toi et tes amis, vous n'êtes pas allés à la patinoire avec nous ?

– Nous y étions déjà allés.

• Pourquoi tu n'as pas regardé le film avec moi ?

– Je l'avais déjà vu.

• Pourquoi dimanche matin vous n'avez pas fait le jogging avec nous ?

– Nous l'avions déjà fait.

• Pourquoi, à la fête de Lorraine, Dylan n'a pas dansé avec moi ?

– Il avait déjà dansé avec toi.

• Pourquoi tu n'as pas voulu rencontrer mes amis italiens ?

– Je les avais déjà rencontrés.

Unité 8		
Pages 108-109	**Leçon 3**	**Connaître l'histoire de la France**

■ Objectifs

Communication
• Comprendre/raconter des événements politiques et historiques.

Civilisation
• Quatre moments repères de l'histoire de la France. Enrichissement des connaissances du niveau I.

Grammaire
• Succession des événements dans le temps (antériorité/postériorité).

Vocabulaire
• le peuple – un empereur – un seigneur – un courtisan – un archevêque – une armée – une bataille – une révolte – une révolution – un privilège – une alliance – une constitution – l'égalité – la garde
• jurer – migrer (migration) – (s')exiler – demeurer (rester) – se rendre (après une défaite)

Cette leçon fonctionne comme un jeu culturel. Pour chacun des 4 tableaux, les étudiants devront trouver les informations suivantes :

– la date
– les acteurs
– l'événement représenté
– ce qui s'est passé avant cet événement
– ce qui s'est passé après
– le mot historique prononcé à l'occasion de l'événement ou par les personnages représentés.

• L'activité peut se faire sans aucune connaissance de l'histoire de la France.

Les dates, par exemple, se déduisent facilement de l'imagerie. On trouvera facilement l'armée de Napoléon et par conséquent la bataille de Waterloo.

• Les deux objectifs principaux de cette leçon sont l'introduction du vocabulaire de la politique et de l'histoire et la pratique des points de grammaire vus dans la leçon précédente.

■ Le test

• Travail individuel ou par groupes de deux ou trois étudiants. Puis mise en commun.

• Au cours de cette mise en commun, mettre à profit les connaissances des étudiants, raconter des anecdotes (voir les encadrés ci-contre), faire des rapprochements avec des événements de l'histoire du pays des étudiants.

1 Louis XIV (par Rigaud).

1661 – Le roi prend vraiment le pouvoir et s'installe à Versailles. Les années précédentes, il a dû faire face à une révolte des seigneurs et des bourgeois de France qui souhaitaient instaurer une monarchie parlementaire. Dans les années qui suivent, Louis XIV gouvernera sans partage, instaurant une politique de grandeur et de prestige tout entière tournée vers sa propre personne. Les poètes, les artistes, les courtisans ne sont là que pour rendre hommage à la figure du Roi-Soleil.

Les débuts du Roi-Soleil

Louis XIV gardera toute sa vie le souvenir de cette nuit où, alors qu'il était enfant, il dut quitter le Louvre assiégé par les révoltés et se réfugier à Saint-Germain-en-Laye à quelques kilomètres de Paris.

Dès qu'il prend réellement le pouvoir, en 1661 (il a 18 ans), il fait emprisonner son ministre des Finances Fouquet qui avait eu le malheur de l'inviter dans son château à une fête somptueuse que le roi n'aurait pas pu s'offrir.

Son deuxième acte politique est de décider de s'installer à l'extérieur de Paris, à Versailles, dans le lieu qui devait être le plus beau du monde.

Tout jeune, il aurait dit au Parlement : « L'État, c'est moi. »

2 Le Serment du jeu de paume.

1789 – Les députés du peuple de Paris jurent de donner une constitution à la France. Quelque temps auparavant, face à la crise économique et politique, le roi avait réuni les États généraux composés de députés de la noblesse, du clergé et du peuple (Tiers-État). Le Tiers-État décida qu'il représentait la majorité des Français. Mais le roi s'opposa à ses décisions et fit fermer la salle des débats. Les députés s'installèrent dans une salle de jeu de paume (le tennis de l'époque) et jurèrent de ne pas se séparer tant qu'ils n'auraient pas donné une constitution à la France. Un mois plus tard, les députés votent la fin des privilèges et l'égalité de tous.

3 Le baptême de Clovis.

469 – Les Francs, peuple germanique, avaient envahi le nord de la Gaule romaine. Ils établirent un royaume qui peu à peu se développa. Clovis fut le roi qui contribua le plus à l'intégration des Francs en Gaule romaine. Il épousa une chrétienne, Clotilde, et se convertit lui-même au christianisme. L'enluminure montre son baptême par l'évêque de Reims, Rémi. La dynastie de Clovis est considérée comme la première dynastie des rois de France (et le mot France vient du royaume des Francs).

4 La bataille de Waterloo.

1815 – L'armée de Napoléon livre sa dernière bataille contre la coalition des Anglais et des Prussiens. L'empereur avait pris le pouvoir en France 16 ans auparavant. Il avait réorganisé le pays et fait la guerre à toute l'Europe pour imposer les idées de la Révolution.

Waterloo (commune située en Belgique) sera une défaite et Napoléon sera exilé sur l'île de Sainte-Hélène, possession anglaise dans l'océan Atlantique.

Phrases célèbres

La phrase « **Les hommes naissent et demeurent libres et égaux en droit** » est le début de la **Déclaration des droits de l'homme et du citoyen** votée par l'Assemblée en août 1789. Mais la phrase la plus célèbre des débuts de la Révolution est celle prononcée par Mirabeau au représentant du roi demandant aux députés du Tiers-État de quitter la salle : « **Allez dire à ceux qui vous envoient que nous sommes ici par la volonté du peuple et que nous n'en sortirons que par la force des baïonnettes.** »

Clovis et le vase de Soissons

Lorsque l'évêque Rémi baptisa Clovis (et du même coup 3 000 de ses guerriers), il prononça cette phrase encore utilisée aujourd'hui : « **Adore ce que tu as brûlé. Brûle ce que tu as adoré.** »

Il était urgent en effet que Clovis adoucisse son comportement. Lors du pillage de l'église de Soissons, un de ses soldats s'était attribué un vase auquel l'évêque tenait beaucoup. Clovis, qui voulait se ménager les faveurs de l'évêque, demanda au soldat de le rendre. Mais celui-ci refusa, arguant des lois qui régissaient le partage du butin chez les Francs.

Clovis cependant rumina sa vengeance. Quelques mois plus tard, lors d'une revue des troupes, il retrouve son soldat dans une tenue négligée. Alors il lui fracassa le crâne en lui disant : « **Souviens-toi du vase de Soissons.** »

Mots historiques

À la bataille de Waterloo, les troupes françaises n'étaient pas au complet et attendaient du renfort. Malheureusement (pour Napoléon), les renforts de ses adversaires arrivèrent avant les siens.

Les derniers instants de la bataille ne pouvaient être qu'historiques. Voyant qu'il ne restait que la garde rapprochée de Napoléon, les Anglais lui demandèrent de se rendre. Dans un sursaut de fierté, le général Cambronne répliqua : « **La garde meurt mais ne se rend pas.** »

Quelques instants plus tard, voyant que les Français tombent comme des mouches, les Anglais réitèrent leur offre. Cambronne aurait alors fermement répondu : « **Merde !** »

De cette scène mythique, Victor Hugo dans *Les Misérables* a fait un chapitre entier qui est un véritable chef-d'œuvre.

■ Enrichissement du vocabulaire

Inventaire du vocabulaire de l'histoire.

a. les acteurs : *un roi – une reine – un empereur – un dictateur – un président – un Premier ministre – un gouverneur – un chef de parti – un allié – un ennemi – un ami – un adversaire – un seigneur – un courtisan – etc.*

b. gouverner : *prendre le pouvoir – faire un coup d'État – être élu – faire voter une loi – signer la paix, un traité, un accord – présider – nommer – décider.*

c. faire la guerre : *une bataille – une victoire (gagner) – une défaite (perdre) – les victimes – les dégâts – une inva-*
sion (envahir) – se défendre – une occupation (occuper) – résister.

d. les mouvements sociaux : *un syndicat – une manifestation – réclamer – contester – une révolte – une révolution – un comité – une assemblée.*

■ Expression orale

Voir consignes dans le livre.
• Profiter des deuxième et troisième sujets d'expression orale pour faire employer le conditionnel.
« Si je devais faire un film historique, je choisirais le XVIIIe. Je montrerais… Il y aurait… »

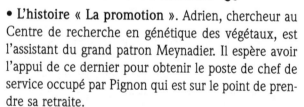

Unité 8	
Pages 110-111	Leçon 4

Rapporter des paroles passées

■ Objectifs

Communication
• Rapporter les paroles de quelqu'un qui parle du passé.

Grammaire
• Concordance des temps dans le discours rapporté.

Vocabulaire
• *Verbes servant à rapporter des paroles, des pensées, etc.* (voir tableau, p. 111)
• nul
• siffler – apprécier – prendre la défense de – faire remarquer
• de toutes façons

■ Découverte du document 🎧

• L'histoire « La promotion ». Adrien, chercheur au Centre de recherche en génétique des végétaux, est l'assistant du grand patron Meynadier. Il espère avoir l'appui de ce dernier pour obtenir le poste de chef de service occupé par Pignon qui est sur le point de prendre sa retraite.

Ce mardi matin, une collègue d'Adrien lui apprend qu'une réunion s'est tenue à son insu et que le nom du successeur de Pignon a été évoqué.

1 Lecture de l'introduction. Observation de l'image. Écoute du dialogue.
• Le dialogue ne présente quasiment aucune difficulté lexicale.
Expliquer :
– « *Tes oreilles ont sifflé* ». La croyance traditionnelle explique que lorsqu'on entend un sifflement dans nos oreilles, c'est que quelqu'un parle de nous (en bien ou en mal).

– *de toutes façons*. Traduire. Quoiqu'on fasse. Quelle que soit la situation.
– *nul* : très mauvais, totalement incompétent.

2 Continuer la présentation de la scène qui est faite dans l'introduction.
Clémence apprend à Adrien que l'équipe de Meynadier s'est réunie. Pignon prend sa retraite et tous (sauf Clémence) veulent que Marianne lui succède. Meynadier n'a rien dit pour défendre son assistant…

3 Écrire (ou jouer) la réunion (d'après les paroles rapportées).
• *Avant la réunion*
Meynadier : *Pouvez-vous dire à Pignon et à Florence de venir dans mon bureau vers 17 h, et vous aussi ?*
Clémence : *Et Adrien ?*
Meynadier : *Non, pas lui, ce n'est pas la peine.*
Clémence : *C'est à quel sujet ?*
Meynadier : *J'attends que tout le monde soit là pour aborder le sujet.*

• *Pendant la réunion*

Meynadier : *Je vous ai réunis pour que nous choisissions le successeur de M. Pignon.*

Clémence : *Ah, c'est décidé. Tu pars bientôt ?*

…

4 Trouver des idées pour la suite de l'histoire.

Exemple : Il y a vingt ans, Meynadier, qui n'était pas encore le célèbre professeur Meynadier, a commis une faute grave que Clémence est seule à connaître. Elle va menacer Meynadier de divulguer ce qu'elle sait si Adrien n'est pas choisi comme chef de service…
Voir le développement de cette idée dans l'ex. 4 du bilan, p. 116.

5 Relever les constructions au style indirect.

■ La partie « Exercez-vous »

• Lecture et commentaire du tableau.
→ Observer la concordance des temps et les constructions.
→ Revoir ou donner le sens des verbes synonymes de « dire ».
Ex. : le Président **a déclaré** à la télévision que le Smic serait augmenté.
Le suspect **a avoué** qu'il avait cambriolé la banque.

↦ Exercez-vous ①

La ministre a dit qu'elle était fière de… que nous avions fait…
Elle nous a demandé si nous avions des problèmes…
Elle nous a dit de venir au ministère…
Elle a promis que les crédits augmenteraient…
Elle a affirmé qu'elle parlerait de nous…

↦ Exercez-vous ②

Marco : *Au fait, tu aimes le théâtre ?*
Marianne : *J'adore ça mais ça fait longtemps que je n'y suis pas allée.*
Marco : *Tu as envie d'aller voir une troupe italienne ?*
Marianne : *Mais je ne vais rien y comprendre !*
Marco : *Rassure-toi ! Les acteurs parlent très peu.*

■ Jeux de rôles

Les deux « mauvaises langues » rapportent des propos qu'elles ont entendus.
(1) Les étudiants choisissent (ou tirent au sort) un des sujets. Ils peuvent aussi imaginer un autre sujet.
(2) Ils réfléchissent quelques instants et notent les paroles qu'ils ont entendues. Les phrases doivent être au passé, au présent, au futur, aux formes affirmative, interrogative et impérative.
Exemple : **a. Le voisin du premier étage est très riche.**
Elle : *Une voisine m'a dit qu'il était entré dans une banque avec une valise.*
Lui : *Il paraît qu'il est allé en vacances aux Bahamas.*
Elle : *Vous savez qu'il a demandé au voisin s'il connaissait un vendeur de coffres-forts !*

…

(3) Ils jouent la scène (par deux).

■ Prononciation et mécanismes

Exercice 75.

Rapporter une phase au passé (forme déclarative).

Marie rapporte ce que Pierre lui a dit hier. Parlez pour elle.

P. : Je suis allé au cinéma.
M. : Il m'a dit qu'il était allé au cinéma.
P. : J'ai vu un bon film.
M. : Il m'a dit qu'il avait vu un bon film.
P. : J'étais avec Sylvianne.
M. : Il m'a dit qu'il était avec Sylvianne.
P. : Nous nous sommes bien amusés.
M. : Il m'a dit qu'ils s'étaient bien amusés.
P. : J'achèterai la cassette du film.
M. : Il m'a dit qu'il achèterait la cassette du film.
P. : Je te la prêterai.
M. : Il m'a dit qu'il me la prêterait.

Exercice 76.

Rapporter une phrase au passé (formes interrogative et impérative).

Adrien est allé voir un médecin. Il rapporte ce que le médecin lui a dit. Parlez pour lui.

M. : Est-ce que vous avez mal à la tête ?
A. : Il m'a demandé si j'avais mal à la tête.
M. : Est-ce que vos jambes sont lourdes ?
A. : Il m'a demandé si mes jambes étaient lourdes.
M. : Est-ce que vous faites du sport ?
A. : Il m'a demandé si je faisais du sport.
M. : Faites un régime !
A. : Il m'a demandé de faire un régime.
M. : Ne faites pas de sport violent !
A. : Il m'a demandé de ne pas faire de sport violent.
M. : Ne fumez pas !
A. : Il m'a demandé de ne pas fumer.

■ Objectifs

Civilisation
• Connaître le système éducatif en France.

Communication
• Décrire un cursus scolaire.
• Donner son opinion sur les modes d'éducation.

Vocabulaire
• *Vocabulaire des études et de l'enseignement* (voir tableau, p. 113)
• *Établissements scolaires et diplômes* (voir le document de la p. 112)

Cette leçon comporte deux parties :
(1) un reportage sur le système scolaire français constitué d'un reportage audio ou vidéo et d'une page d'informations dans le livre (p. 112) ;
(2) des opinions de parents sur la relation d'autorité qu'ils entretiennent avec leurs enfants.

■ Travail avec le reportage en version audio 🎧

Voir transcription, p. 174.
Suivre les indications données dans le livre (« Découvrez le reportage »).

1 Écoute depuis le début jusqu'à la fin de l'intervention de la directrice d'école maternelle.

• *L'école maternelle*
Âge : de 2 à 5 ou 6 ans.
Buts de l'enseignement : *la socialisation – les premiers apprentissages graphiques.*
Activités pratiquées : *chant, peinture, activités de mathématiques, de pré-lecture, de motricité (danse, rythme), contes.*
Autres caractéristiques : *pas obligatoire mais gratuite.*
N.B. *L'instituteur raconte aux enfants l'histoire de Pétronille. Le passage qu'on entend fait allusion à deux expressions :*
– *pleurer comme les pierres,*
– *pleurer comme une Madeleine (Madeleine est la femme de l'Évangile qui a beaucoup péché et s'est ensuite repentie).*
L'auteur du conte transforme les noms communs en noms propres (pierre → Pierre) et les noms propres en noms communs (Madeleine → une madeleine = petit gâteau).

2 Écoute de « Après l'école maternelle » jusqu'à « par rapport aux apprentissages ».

• *L'école primaire (ou élémentaire)*
Âge : de 5 ou 6 ans à 10 ou 11 ans (5 années).
Buts de l'enseignement : *les apprentissages de base : lire, écrire, compter – l'ouverture au monde – la socialisation – l'autonomie.*
Autres informations : *voir la dénomination des cinq classes de l'école élémentaire.*

Quelques caractéristiques du système scolaire en France

• **Écoles publiques/écoles privées**
15 % des enfants du cycle élémentaire fréquentent une école privée – 20 % dans le secondaire.
La plupart des établissements privées sont « sous contrat » avec l'État qui paie les enseignants et impose programmes et pédagogie.
La scolarité, les livres et la quasi-totalité des fournitures sont gratuits dans les écoles maternelles et primaires publiques.
Dans le privé, la scolarité est d'environ 600 € par an et il faut acheter les fournitures.

• **L'autorité de l'enseignant**
L'autorité de l'enseignant est essentiellement fondée sur sa personnalité et sa compétence. Le système scolaire ne lui fournit plus guère de moyens de pression sur les élèves. Les systèmes de récompenses ont disparu et les retenues du mercredi (les colles) ont un caractère exceptionnel.

• **Langues étrangères**
Beaucoup de Français estiment que l'enseignement des langues étrangères est insuffisamment développé en France.
L'enseignement des langues dans le primaire n'est qu'une sensibilisation. Le véritable apprentissage commence en 6e. Mais une deuxième langue étrangère est introduite en 4e. Les langues les plus étudiées sont l'anglais (la plus étudiée en première langue), l'espagnol (la plus étudiée en 2e langue), l'allemand et l'italien.
On enseigne aussi de façon facultative les langues régionales.

3 Écoute jusqu'à la fin.

• *Le collège*

Âge : *de 11 à 15 ans (4 années).*

Buts de l'enseignement : *orientation – initiation au travail personnel.*

Les classes sont la 6ᵉ, la 5ᵉ, la 4ᵉ et la 3ᵉ.

Examen : *le Brevet des collèges (examen passé dans l'établissement).*

• *Le lycée*

Âge : *de 15 à 18 ans (3 années de préparation au baccalauréat : les classes de seconde, première et terminale).*

L'orientation est effective. En témoignent les différents types de lycée.

4 Lecture du paragraphe « Après le baccalauréat ».

5 Faire des comparaisons avec le système éducatif du pays de l'étudiant.

• Petites et grandes écoles

À partir de 11 ans, un enfant ne dira plus « Je vais à l'école » mais « Je vais au collège ou au lycée ». Lorsque, bien plus tard, il dira à nouveau « Je vais à l'école », c'est en donnant à ce mot de toutes autres connotations. Les élites du pays (hauts fonctionnaires, magistrats, ingénieurs de haut niveau) sont en effet formées dans les grandes écoles (Polytechnique, École nationale d'administration, École centrale, Hautes Études commerciales, Arts et Métiers, etc.). On entre dans ces écoles par un concours préparé dans les classes préparatoires (les prépas) des lycées ou de certaines écoles privées.

■ Travail avec le reportage en version vidéo

1 Regarder le reportage sans le son.

Les étudiants rappellent et organisent tout ce qu'ils ont vu.

▷ *Fiche, ex. 1 :*

a. *les différentes écoles.*

b. *Cocher toutes les cases sauf « faire des additions » et « dessiner » (mais il y a des dessins affichés).*

c. *Cocher toutes les cases sauf « un banc », « une gomme ».*

2 Regarder le reportage avec le son.

Suivre la démarche proposée pour la version audio jusqu'au moment où commence le débat sur les incivilités.

Le corrigé donné pour la version audio permet de compléter le tableau de l'ex. 2 de la fiche.

3 Regarder la fin du reportage vidéo (débat sur les incivilités).

• De quoi parlent les élèves (les lycéens) ? Pourquoi abordent-ils ce sujet ? (dans le cadre du cours d'enseignement civique, juridique et social)

Pourquoi ce débat sur les incivilités est-il au programme ?

Incivilité : mot qui regroupe tous les actes contraires au bon fonctionnement de la vie scolaire : manque de courtoisie, paroles ou gestes insolents, gestes déplacés, envoi de projectiles, etc.

▷ *Fiche, ex. 3 :*

a. *Ils veulent des règles et de la discipline fondées sur « une bonne entente entre les élèves et entre les professeurs » (La formule est ambiguë. La lycéenne ne veut-elle pas dire aussi « une entente entre les élèves et les professeurs » ?)*

b. *Ils ne veulent pas l'anarchie, ni une mauvaise ambiance dans la classe.*

c. *La relation individuelle élève/professeur n'est généralement pas conflictuelle.*

d. *La relation professeur/groupe est plus difficile. Le respect de chaque élève en tant qu'individu est aussi difficile.*

■ La partie « Exercez-vous »

a. *École primaire (élémentaire).*

b. *Lycée professionnel.*

c. *École maternelle.*

d. *Lycée.*

e. *Université (faculté de droit).*

f. *Lycée ou université (faculté de lettres et sciences humaines).*

■ Découverte des témoignages de lecteurs (p. 113)

• Identification du document. Lecture de la question posée.

La classe se partage les trois réponses. Lecture individuelle puis mise en commun.

• Opinions.

I. Manscour. *Il faut savoir faire plaisir mais aussi savoir mettre des limites. Cela fait partie de l'éducation.*

G. Ziller. *Il y a un problème de génération. Les enfants baignent dans une culture de la violence et dans la société de consommation. Il est difficile de faire preuve de fermeté sans se mettre en colère.*

D. Franck. *Sa femme réagit vivement. Lui, joue le jeu de la discussion. Mais il faut beaucoup parler.*

• Les étudiants donnent leurs avis (voir question 2).

■ Objectifs

Réflexion sur l'apprentissage
• Formation des mots par dérivation (préfixes et suffixes).
• Entraînement à la production d'inventaires de mots pour la mémorisation du vocabulaire.

Civilisation et culture
• Le poète Claude Roy et l'écrivain Georges Perec.
• Le peintre Miró.

Vocabulaire
• *Les commerçants* : la crémerie – le boucher – le tabac – la droguerie – l'épicerie
• un grain – la vaisselle – la laideur – la beauté – le ménage
• rusé – ambigu – compliqué – résistant – irrésistible – solide
• se fier à

■ Activités sur les dérivations lexicales (p. 114)

1 Formation des noms de personne.
• Lecture du tableau en haut de la p. 114.
• Exercice « Dites qui fait quoi ».
b. une vendeuse
c. un conseiller
d. une costumière – une couturière (terme plus général)
e. un coiffeur
f. une enseignante
g. un formateur
h. une consultante

• Trouver le masculin ou le féminin des noms de l'exercice.
Faire produire d'autres noms avec des verbes ou des activités.

2 Exprimer le contraire par un préfixe.
• Lecture du tableau « Pour exprimer le contraire ou l'opposition ».
• Exercice 1
victoire impossible… joueurs incompétents… jeu inadapté et incohérent… pénalité illégale… résultat incertain… Tony Blanc est le déshonneur…

3 Lecture du poème de Claude Roy.
Justifier chaque adjectif.
grande → *plusieurs millions d'habitants.*
petite → *il connaît bien Paris et ses secrets.*
se rêve et se calcule → *on la comprend par l'imagination autant que par l'étude.*
ambiguë → *on ne la comprend pas toujours.*
facile → *la vie est plus facile à Paris.*
etc. : *chaque adjectif est susceptible d'une interprétation personnelle.*

4 Production d'un texte en imitant la technique des oppositions de Claude Roy.
Ex. : Hommes si forts et si fragiles
    Restés enfants à l'âge adulte
    Qui peuvent être esclaves ou tyrans
    Calculateurs et innocents
    …

5 Production d'adjectifs par dérivation.
• Lire le tableau de la p. 115.
• Compréhension des slogans publicitaires (bas de la p. 114).
Analyser la formation des adjectifs.
Arcopal → *résistante (résister) = elle est solide ; ne se casse pas.*
irrésistible (résister à la tentation) : elle est si belle qu'on ne peut pas résister au plaisir de l'utiliser.
Citizen → *fiable (ce à quoi on peut se fier, avoir confiance).*
Sauter → *tranquillité (tranquille) – solidité (solide).*

• Imaginer des slogans sur le même modèle.

■ Production d'inventaires de mots

Travail à faire en petits groupes (2 ou 3 étudiants).

1 Lecture du texte de Georges Perec.
Relever les inventaires.
*a. **les gens** : voisins, gens du quartier, commerçants.*
*b. **les commerces** : crémerie, tout pour le ménage, tabac, etc.*
*c. **les habitudes** : aller toujours chez le même boucher, etc.*

2 Imiter la construction du texte de Perec.
Ex. : *la vie dans l'école*
On monte l'escalier. On passe la porte. On longe le

couloir. On passe devant la classe de mathématiques.
On porte un cartable dans lequel il y a un livre de français,
un stylo, une règle, une calculette, etc.
On s'assied, on écoute, on rêve, on se réveille, etc.

3 **Inventaires d'après le tableau de Miró.**
On peut imaginer d'autres titres.
Soir d'été : étoiles, étoiles filantes, constellations, galaxies,
lunes, feu d'artifice, fumées, nuages, fêtes, pétards,
14 juillet, etc.

■ Prononciation et mécanismes
Exercice 77.
Dérivations : du nom de l'activité au nom de la profession.

Trouvez leur profession.
Il s'occupe d'une pharmacie/... Il est pharmacien
Il s'occupe d'électricité/... Il est électricien
Elle s'occupe d'informatique/... Elle est informaticienne
Elle tient un salon de beauté/... Elle est esthéticienne
Il vend des bijoux/... Il est bijoutier
Il fait la cuisine/... Il est cuisinier
Elle vend de la charcuterie/... Elle est charcutière
Elle vend du papier, des stylos, etc./... Elle est papetière

Exercice 78.
Dérivations : production d'un adjectif de sens négatif.

Vous n'êtes pas satisfaite du repas au restaurant. Protestez avec votre ami.
• Monsieur ! Nous ne sommes pas contents. On ne peut pas manger ce plat !
– Ce plat est immangeable !
• On ne peut pas boire ce vin !
– Ce vin est imbuvable !
• On ne peut pas lire le menu !
– Le menu est illisible !
• On ne peut pas comprendre l'addition !
– L'addition est incompréhensible !
• Nous ne pouvons pas admettre cela !
– C'est inadmissible !
• Nous ne pouvons pas accepter cela !
– C'est inacceptable !

Exercice 79.
Dérivations : production du nom de l'action.

Construisez des noms avec les suffixes « -age » et «-ure ».
Paul et Lucy se sont mariés/... Quel mariage !
Mais un jour Paul a hérité/... Quel héritage !
Alors, ils se sont déchirés/... Quelle déchirure !
Leur mariage s'est cassé/... Quelle cassure !
Les gens ont beaucoup bavardé/... Quel bavardage !
Sur ce mariage raté/... Quel ratage !

Exercices 80.
Dérivation : production d'un verbe de sens contraire.

Exprimez l'action contraire.
• Ce meuble est mal monté.
– Il faut le démonter.
• Cet enfant est trop habillé.
– Il faut le déshabiller.
• Cette ceinture est trop serrée.
– Il faut la desserrer.
• Cette lettre est pliée.
– Il faut la déplier.
• Cette plaie est infectée.
– Il faut la désinfecter.

Corrigé du bilan 8

1 À 9 h, Laure et Paul **n'étant pas arrivés**, nous avons dû...
À 10 h, nous sommes partis **en oubliant**...
En sautant un ruisseau, Alice est tombée à l'eau.
À 11 h, les enfants **ayant faim**, nous avons fait une pause.
En arrivant au chalet, nous avons vu qu'il était fermé.

2 C'était le 15 juillet. Nous **passions** quelques jours de vacances à Paris. Nos amis Richard nous **avaient invités**. La veille, Paris fêtait le bicentenaire de la Révolution de 1789. Nous **avions assisté** à un grand feu d'artifice et j'**avais pris** beaucoup de photos. Nous **étions allés** danser. Ce jour-là, nous **visitions** Versailles et c'est de là que je vous ai écrit.

3 Je lui ai demandé sur quoi il travaillait.
Il m'a répondu que c'était sur les tomates.
Ils avaient créé…
Alors, je lui ai demandé si ces tomates avaient un goût de tomate. Il m'a répondu qu'il avait cherché à… mais qu'il n'avait pas réussi.
Mais il m'a assuré qu'il réussirait un jour.

4 Voir transcription, p. 174.
1970 – Début des études de médecine à Marseille.
1977 – Doctorat de médecine.
1979 – Diplôme de biologie. Départ pour Abidjan. Médecin à l'hôpital.

1980 – Rencontre avec Clémence.
1985 – Quitte Abidjan et devient généticien.
De 1985 à 1990 – Domicile et activité inconnus.
1990 – Nommé au CRGV.
1991 – Directeur du CRGV.
1992 – Clémence est nommée au CRGV.

5 Jules César : d – f
Jeanne d'Arc : b – h
Napoléon Ier : c – e
1789 : a – g

Unité 9

Vivre ses loisirs

Présentation de l'unité

Peu de grammaire dans cette unité où il s'agit avant tout de parler des loisirs et des vacances : jeux (9(1)), sports (9(2)), randonnée (9(3)), lieux touristiques (9(4)), musique (9(5)) et lecture (9(6)).

Pour faire face aux situations qu'on peut rencontrer dans ces domaines, on apprendra à acheter un voyage dans une agence de voyage (9(1)), à décrire un itinéraire (9(3)), à commenter positivement ou négativement une activité et à manifester sa satisfaction ou son insatisfaction par écrit (9(4)).

Commentaire de la page d'ouverture de l'unité (p. 117)

(1) Faire raconter la bande dessinée. Qu'arrive-t-il à Holidaize (le personnage) ?

Il aperçoit une publicité d'agence de voyage pour un séjour sur une plage du Sud. Il s'inscrit au séjour mais il lui arrive beaucoup de mésaventures (oursins dans la mer, crabes, ballon sur la tête, coup de soleil, etc.).

Il rentre à Paris, aperçoit une publicité de la même agence de voyage pour un séjour à la montagne...

(2) Imaginer les mésaventures de Holidaize :

– à la montagne,

– visitant New York ou une grande capitale,

– pratiquant un sport,

– etc.

(3) Réflexion collective sur tout ce qu'il faut savoir faire (en langue étrangère) pour « vivre ses loisirs ».

Parler du hasard et des jeux

■ Objectifs

Communication
- Exprimer le caractère hasardeux d'une action.
- Exprimer l'indifférence.

Grammaire
- Doubles négations.

Culture et civilisation
- Comportement de jeunes étudiants après la fin de l'année scolaire.

Vocabulaire
- *Vocabulaire du hasard et des jeux* (voir tableau, p. 119)
- une randonnée – une nana (fam., pour fille) – un truc (fam., pour idée) – une boîte de nuit – une motivation
- marcher (fam., pour réussir) – tomber (fam., pour se trouver dans une situation par hasard)

■ Découverte et continuation des scènes 🎧

• L'histoire « La randonnée ». Quatre jeunes gens qui ne se connaissent pas et qui habitent dans des villes différentes vont s'inscrire par hasard à la même randonnée dans les montagnes du Pays basque. Comme au début de certains films où des personnages se rencontrent par hasard pour vivre une aventure extraordinaire, nous assistons aux quatre scènes où chacun d'eux se trouve amené à s'inscrire à cette randonnée.

Scène 1 : Gabrielle qui a échoué à un examen veut prendre 10 jours de vacances avant de se mettre à réviser et ne dispose que de 300 €.

Scène 2 : Estelle s'inscrit pour une randonnée quelle qu'en soit la destination.

Scène 3 : Valentin fait de la randonnée pour rencontrer des filles.

Scène 4 : Deux jeunes gens du Handball Club de Grenoble gagnent une randonnée au Pays basque à l'occasion d'une loterie.

Ces trois dernières scènes ne sont qu'ébauchées.

1 Découverte de la première scène.

• Lire l'introduction et observer l'image.

• Faire une écoute avec dévoilement progressif.

(a) Écoute de la première réplique. Les étudiants imaginent la réponse.

(b) Écoute de la réponse. Explication et réemploi de « faillir ». Imaginer la réaction d'Alexis.

(c) Écoute de la question d'Alexis. Explication de « marcher » dans le sens de « réussir ». Imaginer la réponse de Gabrielle.

(d) Etc.

• Au fur et à mesure, présenter et expliquer le vocabulaire du hasard et de la chance.

• Présenter et expliquer le vocabulaire de l'indifférence.

2 Travail avec les trois autres scènes.

• Écoute du début du dialogue. Imaginer la situation (lieu, personnages, etc.) (livre fermé).

• Livre ouvert, vérification des éléments de la situation. Les élèves, par deux, imaginent une courte suite du dialogue (4 réponses).

• Présentation de quelques productions d'étudiants.

N.B. Dans le dialogue dans un café de Rennes, faire remarquer la double négation. Lire le paragraphe du tableau qui correspond.

3 Imaginer la suite de l'histoire.

Les quatre jeunes vont se retrouver au Pays basque.

Le Pays basque

Région située à l'ouest des Pyrénées qui s'étend du côté espagnol (la province basque) et du côté français. Peuple dont on ignore encore l'origine.

La langue basque (encore parlée par une partie de la population) est antérieure à l'arrivée des Indo-Européens en Europe. Région touristique très belle. Côte basque (Bayonne). Montagnes peu élevées avec de nombreux cours d'eau.

Les Basques ont conservé une partie de leur folklore : jeu de la pelote, danses.

La partie « Exercez-vous »

→ Exercez-vous ①

... N'importe laquelle.
... N'importe où.
... N'importe qui.
... N'importe quand.

On peut poursuivre le dialogue avec le même type de réponses évasives : « Dans quel hôtel dormirons-nous ? – N'importe lequel. Etc. »

→ Exercez-vous ②

Je n'ai envie ni de lire ni de regarder la télé.
Depuis dix jours, je ne suis allée ni au cinéma ni au théâtre.
Ni Valentin ni Thieu ne sont venus me voir.
Je reste chez moi pour ne pas attraper froid.

■ Écoute et jeu

Voir transcription, p. 174.
Les étudiants se mettent par deux. Chaque équipe doit disposer de 16 allumettes (ou jetons, pièces, etc.).

1 Écoute de la règle du jeu (jusqu'à « celui qui prend la dernière allumette a perdu »).

Les étudiants disposent leurs allumettes et jouent.

```
I I I I I I I
 I I I I I
  I I I
   I
```

2 Écoute des conseils pour gagner et mise en pratique.

■ Discussion sur les jeux

Pratique du vocabulaire du tableau. Les étudiants exprimeront leurs goûts, préférences, opinions pour ou contre :
– les jeux de société (cartes – dames – échecs – etc.),
– les paris (courses, football, etc.),
– les jeux d'argent des casinos et salles de jeu.

■ Prononciation et mécanismes

Exercice 81.
Expression de l'indifférence.

Le film *L'Année dernière à Marienbad*

Film d'Alain Robbe-Grillet et Alain Resnais (1961).
Dans un grand hôtel baroque, un homme se souvient d'avoir rencontré une femme et son mari inquiétant. Le présent, le passé, le futur, le réel et l'imaginaire alternent sans qu'on sache jamais très bien où on en est.
Ce film de recherche formelle a déchaîné les passions quand il est sorti. Les uns le trouvant franchement ennuyeux, les autres envoûtant et poétique.
La scène du jeu des allumettes revient plusieurs fois dans le film.

Votre amie veut faire des projets de vacances. Mais tout vous est indifférent.
• Où est-ce qu'on va ?
– N'importe où.
• Quand est-ce qu'on part ?
– N'importe quand.
• Quelle voiture on prend ? La mienne ou la tienne ?
– N'importe laquelle.
• Avec qui on part ?
– N'importe qui.
• J'ai envie d'aller dans un pays d'Europe. Lequel tu préfères ?
– N'importe lequel.
• On ira à l'hôtel ? On fera du camping ? Comment on se logera ?
– N'importe comment.

Exercice 82.
Emploi de la double négation.

Antoine a décidé de mener une vie très austère. Répondez pour lui.
• Tu bois du vin ? Tu bois de la bière ?
– Je ne bois ni vin ni bière.
• Tu manges de la viande ? Tu manges du poisson ?
– Je ne mange ni viande ni poisson.
• Tu vas au cinéma ? Tu vas au théâtre ?
– Je ne vais ni au cinéma ni au théâtre.
• La lecture t'intéresse ? La télévision t'intéresse ?
– Ni la lecture ni la télévision ne m'intéressent.
• Paul vient te voir ? Marie vient te voir ?
– Ni Paul ni Marie ne viennent me voir.

■ Objectifs

Cette leçon est construite sur la réalisation d'un projet de marketing sportif. Les étudiants devront choisir un sport peu médiatique et rechercher comment il pourrait être rendu plus spectaculaire, plus adapté aux exigences de la télévision. La leçon se déroulera selon les étapes suivantes et les étudiants travailleront de préférence en petits groupes.
(1) Lecture d'un article qui expose comment les règles du tennis ont été transformées pour rendre ce sport plus médiatique.
(2) Inventaire des sports et du vocabulaire lié à ces sports.
(3) Choix d'un sport dont il faudrait améliorer l'image (le jeu de boules, la natation, le parapente, etc.).
(4) Réflexion en petit groupe (réunion marketing). Cette réunion débouche sur des propositions.
(5) Compte rendu oral ou écrit de la réunion.

■ Lecture de l'article « Le retour du tennis spectacle »

1 Hypothèse à partir du titre.
Dans les années 80, des heures entières de télévision étaient consacrées à la retransmission des matchs de tennis. Puis, le tennis s'est effacé devant d'autres sports : le football, le patinage artistique, etc.
Aujourd'hui, il redevient spectaculaire.

2 Lecture recherche. Compléter la grille.
Nom du sport : tennis.
Enquête réalisée par : ISL (Agence de marketing sportif) engagée par l'ATP (Association du tennis professionnel).
Problème posé : la télévision ne retransmet pas les grandes compétitions de tennis, à part Roland-Garros.

N.B. Le stade de Roland-Garros à Paris accueille chaque année un grand tournoi international, comme Wimbledon en Grande-Bretagne ou Flushing Meadow aux États-Unis.
Causes : matchs trop longs – durée indéterminée (ce n'est pas compatible avec une programmation de télévision) – on s'ennuie : ce n'est pas assez spectaculaire – matchs pas assez passionnés.
Solutions proposées : fixer la durée du match à deux heures – supprimer les pauses – saison réduite à quelques compétitions importantes – désignation chaque année d'un champion du monde – le « self control » britannique n'est plus encouragé ; les joueurs doivent exprimer leurs passions.

3 Les étudiants donnent leur avis sur ces propositions.

Les fédérations sportives touchent des droits télévisuels importants. Cela permet la construction de stades, la formation des jeunes, etc.
Mais le profit ne fait pas partie de la morale sportive. On peut pratiquer un sport avec peu d'argent.

■ Lancement du projet

1 Présenter le projet et son déroulement.

2 Découverte du vocabulaire des sports. Choix des sports sur lesquels les groupes vont travailler.
• Exercice « Reliez »
le basket-ball : dans une salle ou sur un terrain – avec un ballon – attraper – avancer – passer – marquer un panier.
l'escrime : dans une salle – avec une épée – avancer – reculer – tirer (l'épée).
la moto : une piste – rouler – descendre – monter.
le tennis de table : sur une table avec un filet dans une salle – avec une balle et des raquettes – taper – renvoyer.
le ski : une piste – des skis – glisser – descendre.

• Recherche des sports les plus/les moins pratiqués, les plus/les moins médiatiques.

Des sports comme le jogging, le judo, le jeu de boules, le basket-ball, l'équitation, la randonnée sont très pratiqués mais rarement montrés à la télé.

Le football, le rugby, le patinage artistique, la formule 1 sont les plus médiatisés.

• Choix du projet.

Par petits groupes, les étudiants choisissent le sport dont ils vont améliorer l'image.

Les mettre en condition : « Vous êtes les dirigeants de la fédération de… Vous voulez améliorer l'image de votre sport, pour qu'on en parle à la télé, pour que des compétitions soient retransmises. Réfléchissez aux moyens d'atteindre ces objectifs ! »

■ Conception et réalisation du projet

1 Recherche en commun d'un cadre de réflexion.

Les points sur lesquels on peut agir :

– le lieu (il faut de la variété) ;

– la durée (selon le sport entre une et deux heures maximum) ;

– les objets : adaptés à des grands stades et à la télévision ;

– les vêtements : couleurs qui distinguent les adversaires ;

– etc.

2 Recherche d'idées et présentation (ou rédaction).

■ Prononciation et mécanismes

Exercice 83.

Prononciation de [s] + consonne ou consonne + [s].

Prononcez [s] + consonne.

• un sport/… spectaculaire/… une spécialité/… respirer/…

• la boxe/… une taxe/… un accident/… un accent/…

• le ski/… l'escrime/… l'escalade/… un disque/…

• la piste/… la poste/… un bistrot/… une suggestion/…

Exercice 84.

Emploi du pronom « en » qui remplace une activité après le verbe « faire ».

On interroge Dylan sur ses goûts sportifs. Répondez selon l'indication.

• Tu fais du sport ? Souvent ?

– Oui, j'en fais souvent.

• Tu fais du tennis ? Jamais ?

– Je n'en fais jamais.

• Avec Arthur vous faites du handball ? Régulièrement ?

– Oui, nous en faisons régulièrement.

• Vous avez gagné des compétitions ? Beaucoup ?

– Nous en avons beaucoup gagné.

• Arthur fait du football ? Quelquefois ?

– Oui, il en fait quelquefois.

• Il a marqué des buts ? Jamais ?

– Il n'en a jamais marqué.

Unité 9	
Pages 122-123	**Leçon 3**

Décrire des mouvements

■ Objectifs

Communication

• Décrire/comprendre un itinéraire en milieu naturel.

• Décrire une suite de mouvements (pour donner des instructions, pour relater un spectacle, etc.).

• Situer approximativement dans l'espace (voir tableau, p. 123).

Civilisation

• Le Pays basque : la grotte d'Harpéa.

Prononciation

• Le son [ɲ].

Vocabulaire

• *Vocabulaire descriptif des mouvements* (voir tableau, p. 123)

• un chemin – un balisage – un sentier – une frontière – un ravin – un ruisseau – l'amont/l'aval – un sommet – un col – un bois (forêt) – une cabane – une grotte – un chêne – un berger – le brouillard

• carrossable

• creuser – se mêler – aboutir – dépasser – grimper

• L'histoire « La randonnée ». Un groupe de jeunes fait une randonnée dans les montagnes du Pays basque. Ils quittent le sentier principal et se perdent dans la montagne.

■ Découverte du document « La grotte d'Harpéa »

Cet extrait de guide touristique décrit un itinéraire en milieu naturel.

Le vocabulaire de la nature (grotte, col, etc.) et celui du mouvement (suivre, longer, etc.) seront compris grâce au plan qui est joint au texte.

1 **Identification du document et des lieux traversés.**

2 **Lecture progressive de l'itinéraire en suivant ce même itinéraire sur la carte.** Au fur et à mesure :
– découvrir le sens des mots nouveaux,
– reporter le nom des lieux sur la carte.
Expliquer :
carrossable : où les voitures peuvent passer.

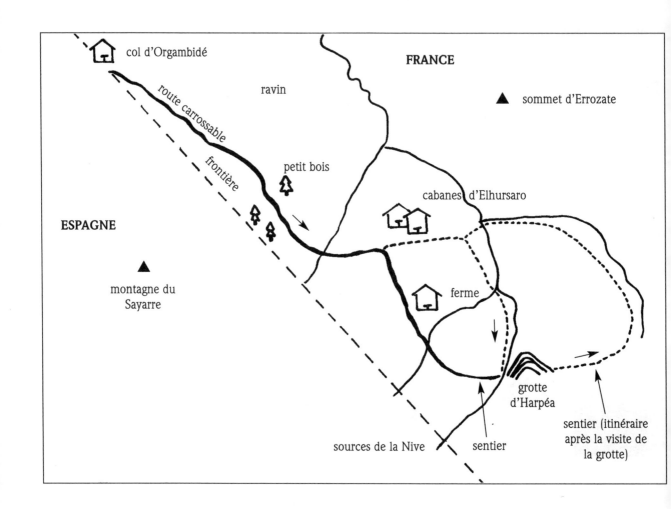

col d'Orgambidé — FRANCE — ravin — ▲ sommet d'Errozate — route carrossable — frontière — petit bois — cabanes d'Elhursaro — ESPAGNE — ▲ montagne du Sayarre — ferme — grotte d'Harpéa — sentier (itinéraire après la visite de la grotte) — sources de la Nive — sentier

3 **Réponses à l'exercice « Vrai ou faux » (question 2).**
a. V (jusqu'à 500 m de la grotte) – *b.* F – *c.* F (on longe un affluent de la Nive)– *d.* F – *e.* V (le balisage disparaît).

4 **Classement du vocabulaire et inventaire lexical.**
a. **le relief** : une montagne – un sommet – un pic – un ravin – un rocher.
b. **les voies de communication** : un chemin – un sentier – un col – un pont – un passage.
c. **les cours d'eau** : un torrent – un ruisseau – une rivière – une source – une cascade.

■ Découverte du dialogue

1 **Écoute du dialogue.**
• Raconter l'histoire depuis le début (p. 118). Retrouver les personnages.
• Quelle est la situation ?

2 **Imaginer où se trouvent les randonneurs en complétant la carte.**

Indiquer l'itinéraire proposé par Thieu et celui du guide.

On peut l'imaginer à partir de la photo et du plan. Ils peuvent avoir contourné la montagne où se trouve la grotte et avoir rejoint la vallée (voir tracé sur le plan ci-contre).

• Expliquer

– *un chêne* : (traduire) ;

– *le brouillard* : le matin, il y a souvent du brouillard. Il est dangereux de conduire vite dans le brouillard.

– *contourner* : (schéma) ;

– *Tous les chemins mènent à Rome* : proverbe. S'applique à un itinéraire mais aussi aux moyens déployés pour atteindre un but (tous les moyens sont bons).

■ La partie « Exercez-vous »

Activité de mobilisation lexicale.

La voiture de James Bond se rapproche de celle du docteur X. Mais un camion barre la route. Bond freine et recule. Il contourne le pâté de maisons, longe le canal. Il aperçoit X de l'autre côté...

■ Description d'un itinéraire

Activité qui demande dix minutes de préparation avec un dictionnaire bilingue. Les étudiants doivent pouvoir nommer sans hésiter les étapes de l'itinéraire.

■ Prononciation et mécanismes

Exercice 85.

Le son [ɲ].

Prononcez le son [ɲ]. Répétez.

Menu du restaurant « Les montagnes d'Auvergne »/...
Agneau aux champignons/...
Beignets aux petits oignons/...
Confiture de châtaignes/...
Vins de Bourgogne et champagne/...

Exercice 86.

Construction du pronom complément avec un verbe au passé composé.

Un berger interroge les randonneurs. Répondez pour eux selon l'indication.

• Vous êtes montés au lac bleu ?
– Oui, nous y sommes montés.
• Vous avez traversé la forêt ? Non ?
– Non, nous ne l'avons pas traversée.
• Tu as vu le pic des neiges ? Non ?
– Non, je ne l'ai pas vu.
• Tu as suivi la rivière ? Oui ?
– Oui, je l'ai suivie.
• Tu t'es éloigné de la rivière ? Non ?
– Non, je ne m'en suis pas éloigné.
• Vous avez vu les chamois ? Oui ?
– Oui, nous les avons vus.

Unité 9	
Pages 124-125	Leçon 4

Commenter un voyage

■ Objectifs

Communication
• Comprendre un dépliant touristique.
• Exprimer sa satisfaction et son insatisfaction.
• Écrire à un prestataire de service (agence de voyage, etc.) pour lui faire part de sa satisfaction ou de son mécontentement.

Civilisation
• Lieux touristiques à Poitiers, en Vendée, à Limoges et à Cahors.

Vocabulaire
• *Vocabulaire du voyage* : un séjour – une destination – un catalogue – une étape – un avantage/un inconvénient – un dédommagement
• *Vocabulaire de l'appréciation* : une sensation – irréel – dynamique – merveilleux – endiablé – (in)suffisant – inexistant – laisser à désirer – couper le souffle
• *Vocabulaire du spectacle* : une attraction – des effets spéciaux – une cascade – battre son plein (la fête)
• *Divers* : un rapace – la chevalerie – une joute – une manufacture – la porcelaine – un méandre – ajouter – figurer – filer – retracer – enserrer – fortifier

■ Découverte du document (p. 125)

Le vocabulaire nouveau étant important, il serait préférable que les étudiants aient lu le document et recherché les mots inconnus en travail personnel avant le cours.

Si cela n'est pas possible, faire ce travail en classe mais le partager entre 3 groupes :
– groupe 1 (1re et 2e journées),
– groupe 2 (3e journée),
– groupe 3 (4e et 5e journées).

• Quelques expressions demanderont une explication complémentaire :
– *en cours de route* : sur le trajet ;
– *un spectacle à vous couper le souffle* : un spectacle qui étonne et passionne au point qu'on arrête de respirer ;
– *un spectacle endiablé qui file au rythme de la musique* : un spectacle où les tableaux se succèdent rapidement, qui se déroule au rythme de la musique ;
– *les effets spéciaux* : effets d'illusions au cinéma ou au théâtre grâce à des techniques spéciales ;
– *la fête bat son plein* (verbe « battre ») : expression figée ; c'est vraiment la fête ;
– *grandeur nature* : on ne simule pas une fête avec quelques participants. Ce sont des centaines d'acteurs qui participent à la fête.

• Une fois le problème de compréhension lexicale assuré, suivre le déroulement proposé dans le livre.
Par deux, les étudiants préparent la scène entre l'employé de l'agence de tourisme et le représentant du groupe.
(1) **Questions pratiques.** *Dates – Prix (ce qu'il comprend, ce qu'il ne comprend pas) – Les suppléments pour chambre individuelle et les assurances.*
(2) **Intérêts :**
– **l'amateur d'histoire.** *Il trouvera son bonheur pendant la journée au Puy du Fou, au cours de la visite de Limoges et de Cahors.*
– **le passionné d'architecture.** *Il pourra admirer du futurisme au Futuroscope et de l'historique à Poitiers et à Cahors.*
– **l'adolescent de 13 ans.** *Il devrait être intéressé par le côté spectaculaire des journées au Futuroscope et au Puy du Fou.*
– **l'amateur de beaux paysages.** *Il devra attendre le dernier jour pour photographier Cahors et le Pont Valentré.*
– **l'amateur de sciences et de technologie.** *Toute la journée au Futuroscope, les effets spéciaux du Puy du Fou, la fabrication des porcelaines de Limoges.*
(3) **Négociation des prix**
Demander une réduction pour le groupe, parce que vous faites partie d'une entreprise, parce que vous partez hors saison.

• Les étudiants jouent la scène entre eux.
Faire jouer deux ou trois scènes devant la classe pour procéder à quelques mises au point.

• **Le Futuroscope** : parc d'attractions scientifiques et techniques créé en 1986 et situé à quelques kilomètres de Poitiers (partie centre-ouest de la France). L'architecture des bâtiments est spectaculaire, ainsi que les attractions qui présentent des réalisations technologiques de pointe en matière d'images.

• **Le Puy du Fou** : grand parc culturel de 30 ha situé près des Herbiers en Vendée. On y retrace l'histoire de la Vendée et on y donne un important spectacle historique auquel participent les habitants des villages environnants. (La région de Vendée est célèbre dans l'histoire pour avoir été un important foyer de résistance à la Révolution de 1789, refusant en particulier de fournir des soldats à l'armée révolutionnaire.)

• **Limoges**, ville de 140 000 habitants située dans une des régions les moins peuplées de France (ouest du Massif central). Depuis longtemps, on y fabrique de célèbres porcelaines.

• **Cahors**, ville de 46 000 habitants située au sud-ouest du Massif central. C'était une ville importante à l'époque romaine et au Moyen Âge et elle en conserve des vestiges. Les vins de Cahors sont réputés.

■ Découverte de la lettre

• Travail individuel, puis mise au point collective.
• Réponses aux questions.
Qui écrit : *une personne qui a fait un séjour d'une semaine à Val d'Isère (station de sports d'hiver des Alpes) acheté dans une agence de voyage.*
À qui : *à l'agence de voyage.*
Pour quelles raisons : *exprimer son mécontentement, exposer ses sujets d'insatisfaction, demander un dédommagement.*
Quels sont ses arguments : *il a payé pour un deux-pièces, il était dans un studio – le chauffage était insuffisant et s'arrêtait – le couloir n'était pas propre.*
Que souhaite-t-il : *un dédommagement à propos duquel il ne donne pas de précisions.*

• Recherche de formules exprimant l'insatisfaction.
→ *J'ai le regret de vous faire savoir que je suis mécontent de ce séjour (la première partie de la phrase nuance la seconde).*
→ *Nous avons été très déçus...*
→ *Je suis loin d'être satisfait.*
→ *Les inconvénients que j'ai subis...*

• Expliquer :
– *le logement... qui figure* : qui est représenté ou décrit dans le catalogue ;
– *insuffisant* : il ne suffisait pas pour se chauffer ;
– *inexistant* : il n'existait pas (= il tombait en panne) ;

– *laisser à désirer* : euphémisme pour « être insuffisant » ;

– *dédommagement – dédommager* : ce qu'on donne pour compenser un dommage ou un inconvénient (remboursement d'une partie du prix – week-end gratuit, etc.).

■ Rédaction d'une lettre exprimant des satisfactions ou des insatisfactions

1 Recherche collective d'idées.

• Sujets de satisfaction après le voyage Futuroscope – Puy du Fou.

La bonne organisation, les guides sympathiques, le logement et la restauration de qualité, etc.

• Sujets d'insatisfaction

J'avais demandé une chambre individuelle, il n'y en avait plus.

Il a fallu payer l'entrée de la manufacture de porcelaine.

À Cahors, il n'y avait pas de guide.

Etc.

2 Rédaction individuelle de la lettre.

Unité 9	
Pages 126-127	**Leçon 5**

Parler de musique

■ Objectifs

Communication
• Exprimer ses goûts et ses préférences en matière de musiques et de chansons.

Culture
• Quelques disques de musiques et de chansons appréciés par le public français.

Prononciation
• L'opposition [p]/[b].

Vocabulaire
• *Vocabulaire de la musique* (voir tableau, p. 127)
• un répertoire – un clip – un arrangement – une compilation (compil)
• la virtuosité – la notoriété – la gloire – un palmarès – la maturité – la spontanéité
• contemporain – inédit – dramatique – lyrique – éclatant – sophistiqué – réjouissant – déterminant
• une catégorie – un clic (de « cliquer ») – une débauche – une palette – un virage
• amorcer – refléter – passer en boucle

La leçon est construite sur un projet.

Le document de la p. 126 devrait motiver les étudiants à concevoir le programme de leur CD (disque compact) idéal ou d'un CD qu'ils souhaiteraient offrir à quelqu'un. Il s'agit donc de réunir sur le même CD entre 8 et 12 titres qui peuvent être très divers (du rap à l'opéra) et qui devront être brièvement présentés.

Le document de la p. 127 (extrait du catalogue musique de la Fnac) permettra d'enrichir le vocabulaire du thème de la musique et aidera les étudiants à rédiger leur présentation.

■ Découverte de l'article (p. 126)

1 Identification du document.

Extrait de presse (*Aujourd'hui* est un quotidien national). Le titre est explicite et donne l'information essentielle. Les questions qu'on se pose sont donc : « Est-ce réalisable facilement ? Comment ? À quel prix ? Quel site ? Etc. »

2 Lecture et recherche d'informations.

Quel site ? « alapage.com » : vendeur en ligne de CD, livres, etc.

Comment ? On sélectionne des morceaux (parmi une liste) qu'on peut écouter. On organise l'ordre des morceaux sur le disque. On paie en ligne et on reçoit le CD par la poste.

3 Réponses aux remarques (voir « Découvrez... »).

a. C'est possible avec le site « alapage ».

b. Non, ils ont toutes sortes de musiques. Il y a aussi des promotions.

c. Avant de sélectionner un morceau, on peut l'écouter.

d. Non, on paie avec sa carte bancaire.

e. Corinne, 39 ans, l'a utilisé. Tout s'est déroulé normalement.

■ Lancement du projet

• Lire la sélection de Roger Grauby (encadré à droite, p. 126).

• Proposer aux étudiants d'imaginer leur compilation idéale avec quelques mots de présentation pour chaque morceau.

• Justifier l'activité suivante par la nécessité d'enrichir le vocabulaire du thème de la musique.

■ Découverte du document « Les succès »

• Activité a.

• Charles Trénet (1913-2001)

Chanteur auteur compositeur qui a eu son heure de gloire après la guerre de 1939-1945 jusque dans les années soixante, et dont quelques chansons resteront immortelles (*La Mer*, *En sortant de l'école*, *Le Jardin extraordinaire*, etc.). Trénet a fréquenté les surréalistes et ses chansons sont d'abord de petits poèmes. Quant à sa musique, elle est très inspirée du jazz.

Au lendemain de la guerre, Trénet (que certains appelaient « le fou chantant ») a incarné le retour de la joie de vivre.

• Georges Brassens (1921-1981)

Autre auteur compositeur interprète dont les chansons datent des années cinquante et soixante, mais sont dans toutes les mémoires. Avec des textes d'une grande richesse verbale mais néanmoins accessibles à tous et des mélodies apparemment très simples, Brassens a chanté l'amitié, l'amour, la mort et surtout l'anticonformisme.

Nom du disque	Informations sur le musicien	Informations sur la musique et les paroles	Originalité
Sol Invictus	Akhenaton en solo – bonne équipe de musiciens	2ᵉ disque – rap (tendance hardcore et old skool) – textes bien écrits et forts	Nouveau chef-d'œuvre rap
Jordi Savall	Musicien qui joue de la viole de gambe (instrument du XVIIᵉ siècle) – Il a composé la musique du film Tous les matins du monde – Il joue avec son ensemble « Ostinato »	Musique de l'époque baroque – compositeurs germaniques, britanniques et espagnols	Exploration de la musique baroque en Europe
Airs italiens de Gluck	Cecilia Bartoli – Elle aborde un répertoire plus dramatique – C'est une virtuose, au premier rang des interprètes de musique lyrique – Grande richesse d'expression et de nuances sonores	Opéras italiens de Gluck	Airs de Gluck inédits
La Zizanie	Zazie – chanteuse de variétés	Environnement musical sophistiqué, son électronique, arrangements complexes	Album d'une éclatante maturité
Massive Attack DVD	Célèbre groupe de pop anglaise	L'ensemble des clips du groupe	C'est un DVD – on peut élaborer soi-même la pochette du disque
Roch Voisine	Chanteur (québécois) – spontanéité et joie	Chansons pop lumineuses – arrangements simples et efficaces	C'est son meilleur disque

• **Activité b.**

(1) guitare électrique, basse, batterie, synthétiseur.
(2) violon, violon alto, violoncelle, contrebasse.
(3) batterie, piano, saxophone, trompette, clarinette.
(4) trompette, tambour, trombone, cor.

■ Réalisation de la compilation idéale

• Travail individuel. Chaque étudiant choisit entre 8 et 12 titres qu'il justifie brièvement par :
– un commentaire sur la musique, les paroles ;
– un commentaire sur l'interprète ;
– un souvenir personnel.

• Les étudiants qui auront choisi des chansons françaises pourront en donner le texte à la classe et les faire écouter.

■ Prononciation et mécanismes

Exercice 87.
Opposition [p]/[b].

Prononcez [b] et [p]. Répétez.
Robin est un copain/…
Qui habite Pigalle/…

Il joue du tambour pour Léa/…
De la batterie pour Patricia/…
Quand il part du piano-bar/…
Il passe à la contrebasse/…
Pour les ballets de l'Opéra/…

Exercice 88.
Construction du pronom complément avec un verbe au passé composé à la forme négative.

On l'interroge sur ses goûts en musique. Répondez pour elle selon l'indication.
• Tu as entendu la dernière chanson de Roch Voisine ? Non ?
– Non, je ne l'ai pas entendue.
• Tu as acheté des disques de Cécilia Bartoli ? Aucun ?
– Je n'en ai acheté aucun.
• Tu as aimé les chansons de Zazie ? Quelques-unes ?
– J'en ai aimé quelques-unes.
• Tu as écouté des disques de Jordi Savall ? Tous ?
– Je les ai tous écoutés.
• Tu as apprécié la musique d'Akhenaton ? Pas du tout ?
– Je ne l'ai pas du tout appréciée.
• Tu as écouté les chansons d'Hélène Ségara ? Aucune ?
– Je n'en ai écouté aucune.

Unité 9	
Pages 128-129	**Leçon 6**

Comprendre les récits

■ Objectifs

Communication
• Comprendre un récit écrit dont les verbes sont au passé simple, au passé antérieur et au plus-que-parfait.

Grammaire
• Sens, emplois et conjugaisons :
– du passé simple
– du passé antérieur.

Vocabulaire
• un univers – une adhésion – une cigale – une fourmi – un miroir – un surnom
• magique – drôle
• désigner – vêtir – s'enfuir – reprendre (répéter)
• dès (adv. de temps)

Cette leçon comporte deux parties ayant pour objectif un travail sur le récit.
(1) Les premières lignes de quelques œuvres littéraires. Ici, il s'agit surtout d'initier les étudiants à la compréhension des formes verbales du passé simple et du passé antérieur.
(2) Un reportage en version audio ou vidéo dans lequel Christopher Warner, un homme au parcours original, raconte sa vie.

■ Découverte des premières lignes d'œuvres littéraires

Suivre le déroulement proposé dans le livre.

1 Reformulation.

Tous les imparfaits demeurent.

• *Nous étions à l'étude… le Proviseur est entré… Ceux qui dormaient se sont réveillés et chacun s'est levé…*

Quelques œuvres littéraires

• *Fables*, de Jean de La Fontaine (1668 à 1694). Petits contes mettant en scène des animaux dans lesquels La Fontaine transpose la société de son époque et nous fait réfléchir sur la condition humaine. Les *Fables* de La Fontaine, que les enfants apprennent encore parfois à l'école, valent surtout pour l'humour, le pittoresque et la précision des petites scènes dramatiques qu'elles présentent.

Nous donnons les premiers vers de « La Cigale et la Fourmi ». L'été, la fourmi reproche à la cigale de chanter alors qu'il faudrait engranger des provisions pour l'hiver. Lorsque, l'hiver venu, la cigale affamée va frapper à la porte de la fourmi, celle-ci reste inflexible.

• *La Peau de chagrin*, roman de Balzac (1831). Un jeune aristocrate pauvre et orphelin ne parvient pas à publier l'œuvre de sa vie : un traité de philosophie. Découragé, il est sur le point de se suicider quand un étrange personnage lui fait cadeau d'une peau magique. Elle exauce les vœux de celui qui la possède, mais chaque fois qu'un vœu est réalisé, elle rétrécit et abrège d'autant la vie de son propriétaire. Le jeune homme profite tellement de ses pouvoirs extraordinaires qu'il meurt un an plus tard.

• *Madame Bovary*, roman de Gustave Flaubert (1856). Fille d'un riche fermier de Normandie, Emma Bovary a passé sa jeunesse à lire des romans sentimentaux et à rêver. Toute sa vie, elle cherchera à réaliser ces rêves.

Mais sans volonté réelle, écrasée par le conformisme de la petite bourgeoisie provinciale, trompée par certains, incomprise par d'autres, elle finira par se suicider. Le roman débute par un épisode de la jeunesse de son futur mari, Charles Bovary. Dès son entrée dans son nouveau collège, il apparaît un peu niais et ridicule. Il ne pourra jamais être à la hauteur des ambitions d'Emma.

• *La Légende des siècles*, suite de poèmes épiques de Victor Hugo (1859). L'histoire du monde depuis sa création jusqu'à l'épopée napoléonienne. Des scènes fulgurantes, des images hautement symboliques et des vers qui restent gravés dans les mémoires.

Un des premiers poèmes présente Caïn (fils d'Ève et d'Adam) qui vient de tuer son frère Abel et qui est poursuivi par le remords sous la forme d'un œil qui le fixe pour l'éternité.

• *Attentat*, roman d'Amélie Nothomb (1999). Épiphane Otos est un jeune homme d'une laideur repoussante. Il tombe amoureux de la belle comédienne Éthel. Loin de le désespérer, cet amour lui donnera l'idée d'exercer la profession de faire-valoir, métier nouveau qui consiste à mettre en valeur la personne auprès de qui on est. Et avec Épiphane, tout le monde est mis en valeur.

• *Vers la fin du mois d'octobre, un jeune homme est entré… il a monté l'escalier…*

• *La première fois que je me suis vu… j'ai ri… Mon surnom est arrivé très vite… quand un gosse m'a crié… les enfants ont repris…*

• *Caïn s'est enfui… l'homme sombre est arrivé…*

• *La cigale… s'est trouvée… Quand la bise est venue.*

2 **Relever les verbes au passé simple. Classer les conjugaisons** (voir le tableau, p. 129, et les tableaux de conjugaisons à la fin du livre).

• Verbes en *-er* ➞ conjugaison en *-ai*, *-as*, *-a*, etc.

• Verbes comme *finir* ➞ conjugaison en *-is*, *-is*, *-it*, etc.

• Autres verbes

➞ conjugaison en *-is*, *-is*, *-it*, etc.

➞ conjugaison en *-us*, *-us*, *-ut*, etc.

3 **Imaginer une suite pour chaque début d'œuvre.**

Exemple : Le jeune homme est pauvre. Il ne lui reste que 200 euros. Il va les jouer et il va gagner…

4 **Parler des œuvres en faisant appel aux connaissances de la classe.**

■ La partie « Exercez-vous »

1 **Préparation à la lecture.**

Expliquer et écrire au tableau :

– *un aveugle* : quelqu'un qui ne voit pas ;

– *un éléphant – une trompe – une patte* : par le dessin ;

_ *une délégation* : un petit groupe de personnes qui représente un village, un pays ;

– *temple – colonne* : dessiner.

2 **Lecture individuelle.**

3 **Récit oral.**

Ce récit utilise le système passé composé/imparfait. « Ça se passe dans un village de l'Inde. Figurez-vous que ce village n'était habité que par des aveugles. Etc. »

■ Travail sur le reportage en version audio 🎧 ou en version vidéo 📼

Même exploitation pour les deux versions. La fiche d'exploitation vidéo peut d'ailleurs être utilisée pour la version audio (sauf pour la dernière question). Voir transcription, p. 174 et 175.

1 Écoute (visionnage) de la première moitié du reportage.

Compléter la fiche signalétique.

▷ *Fiche, ex. 1 :*
Nom : *Warner*   **Prénom** : *Christopher*
Nom d'artiste : *Cristobal*
Profession : *auteur compositeur. Mais il a fait un peu tous les métiers à l'étranger (voir activités à l'étranger).*
Père : *anglais*   **Mère** : *française (corse)*
Enfance : *à Bordeaux.*
Jeunesse : *à Bordeaux, puis à Paris.*
Pays de résidence à l'étranger : *Espagne, Portugal, Mexique.*
Activités à l'étranger : *professeur de français et d'anglais ; équipier au long cours (sur les bateaux) ; autres petits métiers.*
Langues parlées : *français, anglais, portugais, espagnol.*
Séjours à Paris : *plusieurs jusqu'à ce qu'il s'y établisse il y a un an.*
Activités à Paris : *chante ses chansons dans les cabarets, et fait de la publicité pour faire vendre son album.*

2 Écoute et visionnage de la deuxième partie.

On définira la personnalité et la philosophie de Christopher Warner.
(1) Il cultive les émotions et vit par le cœur. Il cherche davantage les hommes que la société.
(2) Il refuse les cadres formels (réceptions où les gens n'ont pas vraiment d'affinités).
(3) Pour lui, il souhaite :
– voyager (il se sent citoyen du monde),
– rencontrer des gens (il veut s'enrichir intellectuellement),
– découvrir (il est curieux).
Pour la société, il souhaite une entente mutuelle.

▷ *Fiche, ex. 2 :*
a. V – b. F – c. V – d. V – e. V (il faut découvrir ceux qui n'en portent pas) – f. F.

▷ *Fiche, ex. 3 :*
a. 4 – 9
b. 3 – 7   *mais ces choix peuvent être discutés.*
c. 5 – 10   *Ex. : l'amour (1) appartient autant au*
d. 2 – 8   *cœur (e) qu'aux émotions (d).*
e. 1 – 6

▷ *Fiche, ex. 4 :* Voir ci-dessus (3).

▷ *Fiche, ex. 5 : Question réservée à l'option vidéo.*
Christopher Warner est filmé sur les berges de la Seine. L'eau qui coule s'harmonise avec le déroulement du fil de la vie.
Quelques rares promeneurs ; en arrière-plan, sur un pont, on distingue des toits de voitures et d'autobus : détachement par rapport à la société.
Une péniche, un bateau-mouche passent : invitation au voyage pour cet homme qui ne cesse de bouger.

■ Prononciation et mécanismes

Exercice 89.
Compréhension du passé simple. Transposition au passé composé.

Dites la même chose en utilisant le passé composé.
• Paul naquit en 1960.
→ Paul est né en 1960.
• Il fit ses études au lycée Racine.
→ Il a fait ses études au lycée Racine.
• Il passa le baccalauréat.
→ Il a passé le baccalauréat.
• Puis, il entra en faculté de médecine.
→ Puis, il est entré en faculté de médecine.
• Il fut médecin à 24 ans.
→ Il a été médecin à 24 ans.
• Il se maria l'année suivante avec Hélène.
→ Il s'est marié l'année suivante avec Hélène.
• Ils eurent deux enfants.
→ Ils ont eu deux enfants.

Exercice 90.
Transposition d'un récit employant le passé simple et l'imparfait en un récit utilisant le passé composé et l'imparfait.

Racontez en utilisant le passé composé et l'imparfait.
• Ce matin-là, je me levai à 8 heures.
→ Ce matin-là, je me suis levée à 8 heures.
• Je descendis pour aller voir le courrier.
→ Je suis descendue pour aller voir le courrier.
• Il y avait une lettre. Elle était pour Patrick.
→ Il y avait une lettre. Elle était pour Patrick.
• Je remontai et je la donnai à Patrick.
→ Je suis remontée et je l'ai donnée à Patrick.
• Il la lut et poussa un cri de joie.
→ Il l'a lue et a poussé un cri de joie.
• Il était nommé directeur à Rome.
→ Il était nommé directeur à Rome.

Corrigé du bilan 9

1 ... j'ai trouvé **par hasard** un billet...

... je suis allé au casino et j'ai **misé** 500 €...

... c'était mon jour **de chance**...

... Est-ce que tu as eu **de la chance** ?

Non, mais j'ai **failli** gagner...

Je te **parie** que tu vas recommencer.

2 *Elle* : Alors, est-ce qu'on se marie ?

Lui : Comme tu voudras.

Elle : En mai.

Lui : Si tu veux. Ça m'est égal.

Elle : Où est-ce qu'on fait le mariage ?

Lui : N'importe où.

Elle : Qui on invite ?

Lui : N'importe qui.

Etc.

3 Montez jusqu'au sommet de la colline.

Passez devant la chapelle.

Redescendez jusqu'à la rivière.

Contournez la forêt. Longez le côté sud de la forêt.

4 • ... la *9ᵉ Symphonie* **interprétée** par l'orchestre. L'œuvre étaient **dirigée** par le chef Ricardo Mutti.

• ... je trouve que **les mélodies** se ressemblent.

• Mozart **a composé**...

5 a. le football

b. le tennis

c. la boxe, le judo

d. le ski

e. le basket

f. le golf

6 Voir transcription, p. 175.

Moment du voyage	Motifs de satisfaction	Motifs d'insatisfaction
Séjour en général	Très bien – Belle région – Beau temps en général	La publicité annonce du 4 au 9 mais cela ne fait que 4 jours en Alsace
Trajet	Autocar confortable – Guide qui commente	Long
Hôtels – repas	Hôtels très bien	Une seule fois de la cuisine alsacienne
Strasbourg		Visite sous la pluie
Vosges	Temps superbe	
Haut-Kœnigsbourg	Excellent programme varié	
Colmar	Très belle ville – inoubliable	

Unité 10

Construire l'avenir

Présentation de l'unité

Cette unité est tout entière orientée vers le futur. On apprendra à anticiper (futur antérieur, 10(1)), à exprimer des sentiments ou des opinions sur des états futurs (subjonctif passé, 10(3)), à décrire des évolutions (10(4)).

Ces thèmes du développement économique et des équipements (10(1) et 10(3)), de la ville, de l'écologie et du climat (10(4)), de la nourriture (10(6)) et de la recherche scientifique (10(5)) seront abordés dans la perspective de leur évolution dans le temps ou selon l'éclairage qu'en donne la science-fiction.

Enfin, pour débattre de ce que sera ou de ce que devrait être l'avenir, on apprendra à maîtriser les tournures concessives (10(3)).

Commentaire de la page d'ouverture de l'unité (p. 131)

(1) Identification et commentaires des photos
À faire sous forme de déballage d'idées. La classe exprime tout ce qu'évoque chacune des images.

• **Photo haut gauche** : représentation d'une nouvelle molécule → la création de nouvelles molécules permet la guérison des maladies, la création de matériaux plus légers, plus résistants, etc.

• **Photo haut centre** : panneaux solaires sur le bord d'une autoroute. Bientôt une énergie propre et silencieuse ? Mais n'est-elle pas trop coûteuse ?

• **Photo haut droite** : la fusée européenne Ariane, lanceur de satellites. Multiplication des engins spatiaux qui permettent de mieux communiquer et de mieux surveiller. Conquête de l'espace.

• **Photo bas gauche** : une molécule d'ADN. Les filaments porteurs des gènes qui conditionnent notre physique et nos tendances psychologiques. Guérison, adaptation, transformation de l'homme.

• **Photo bas droite** : l'opéra de Lyon. Les opéras, la musique, la littérature, la peinture produits du XVIIe au début du XXe siècle rencontrent toujours l'adhésion du public. Les formes qui ont eu du succès au XXe siècle (les musiques dites populaires et le cinéma) ne prolongent pas les précédentes. Quelque chose s'est-il arrêté au début du XXe siècle ?

(2) **Recherche collective d'idées sur le titre de l'unité.** Que signifie pour vous « construire l'avenir » ?

■ Objectifs

Communication
- Faire un projet.
- Décrire les étapes futures d'une situation.

Grammaire
- Expression de l'antériorité dans le futur :
le futur antérieur.
- Expression de la durée : révision et introduction
de « jusqu'à ce que + subjonctif ».
- Expression de l'imminence (proximité dans le futur).

Vocabulaire
- un aéroport – un terrain – un titre (de propriété) –
un permis (de construire) – une banque (d'affaires) –
un chasseur – un pêcheur – un écologiste – une
résidence secondaire
- rejoindre
- à condition que

■ Découverte du document

- L'histoire « Le village aéroport ». Béatrice Laroque, promoteur immobilier, et Michel Vandervelt, banquier belge, ont en projet de construire un village aéroport dans le Languedoc, à quelques kilomètres de la mer. Ce type de résidence est destiné aux riches du nord de la France et de l'Europe qui disposent d'un avion privé et souhaitent résider au soleil tout en pouvant se rendre facilement sur leur lieu de travail à Bruxelles ou à Amsterdam.

Béatrice présente le projet à Michel qui doit le financer.

1 Écoute du dialogue et observation de l'image (sans lire l'introduction).

Hypothèses sur la situation. De quoi parlent les personnages ?

D'après vous qui sont-ils ? Où sont-ils ?

Vérification par la lecture de l'introduction.

2 Lecture du document « Le village aéroport de Plaisson ».

Faire expliquer le projet. Pour qui est fait ce village aéroport ?

Qui va vivre là ?

3 Écoute progressive. Au fur et à mesure :
– noter les étapes de la réalisation du projet,
– noter les indicateurs de temps.

4 Remettre dans l'ordre les étapes du projet. Imaginer des étapes intermédiaires.

Dater la scène d'aujourd'hui (jour où se déroule le cours) ou fixer une date arbitraire (*ex.* : 15 juin 2002).

Juin 2001 – *Béatrice Laroque remarque des terrains plats en Languedoc, à quelques kilomètres de la mer. Elle a l'idée du village aéroport.*

Septembre 2001 – *Elle commence à monter son projet et recherche des financements.*

Janvier 2002 – *Michel Vandervelt accepte de financer à condition d'être associé. Ils fonderont la société « Village-aéroport ».*

Février 2002 – *Béatrice commence les négociations avec le propriétaire des terrains.*

15 juin 2002 – *Béatrice fait visiter les terrains à Michel.*

25 juin 2002 – *Signature de la vente des terrains.*

Juillet 2002 – *Obtention du permis de construire.*

Août 2002 – *Création de la société « Village-aéroport ».*

Septembre 2002 – *Début des travaux.*

Octobre 2002 – *Manifestation des chasseurs et des pêcheurs. Enquête publique en faveur de l'aéroport qui créera des emplois.*

Juin 2005 – *Inauguration du village aéroport.*

5 Observer l'expression de l'antériorité en relation avec les indicateurs de temps.

Aujourd'hui	dans 10 jours j'aurai signé	dès que nous aurons reçu les titres	dans 3 ans nous aurons construit

nous créerons la société

■ Étude du tableau et partie « Exercez-vous »

• Lecture et commentaire du tableau.

Présenter les notions en s'appuyant sur le calendrier.

(1) Le futur antérieur peut exprimer :

→ l'antériorité par rapport à un futur (*Dès que nous aurons reçu les titres nous créerons...*) ;

→ une action achevée dans le futur. (*Dans trois ans nous aurons construit...*).

(2) Dans le paragraphe « Expression de la durée », distinguer :

→ la durée future à partir du présent (**Dans...** **D'ici à...**) ;

→ à partir de n'importe quel point de départ (**Jusqu'à...**) ;

→ sans point de départ (**en**).

→ Exercez-vous ①

*... j'**aurai préparé** un bon dîner. Des amis **seront venus**... Nous **aurons décoré** le salon.*

*Quand il **se réveillera**, je me **serai lavée** et j'**aurai pris** mon petit déjeuner...*

*Nous **serons allées** faire un jogging...*

→ Exercez-vous ②

***Dans** quelques jours... **D'ici à** la fin du mois... **Dès que** (**Aussitôt que**) nous aurons de l'argent...*

*Le film sera tourné **en** trois mois... **jusqu'à ce qu**'il sorte dans les salles...*

■ Jeux de rôles

Les deux jeux permettent de produire des anticipations sur l'avenir. Le dialogue procède selon une suite de surenchères.

Exemple : Les spéculateurs.

Lui : Nous avons 100 000 € d'économie.

Elle : Qu'est-ce qu'on va en faire ?

Lui : Acheter de l'or. Dès que l'or aura monté, je revendrai.

Elle : Et on pourra s'acheter une maison ?

Lui : Nous aurons déjà acheté une maison car d'ici là, nous aurons touché l'héritage de l'oncle François.

Elle : Et nous aurons fait construire une piscine...

Etc.

■ Prononciation et mécanismes

Exercice 91.

Futur antérieur. Expression de l'antériorité.

Vous n'êtes pas d'accord avec le programme. Dites-le à Marie.

• Tu travailles un peu. Puis, on va faire les courses ?

– Non, je travaillerai quand on aura fait les courses.

• On déjeune puis on se promène ?

– Non, on déjeunera quand on se sera promenés.

• Tu téléphones à Patrick. Puis, on boit un café ?

– Non, je téléphonerai à Patrick quand on aura bu un café.

• On mange une glace. Puis, on ira au cinéma ?

– Non, on mangera une glace quand on aura été au cinéma.

• Nous allons au théâtre. Puis nous dînons ?

– Non, nous irons au théâtre quand nous aurons dîné.

Exercice 92.

Futur antérieur. Action achevée dans le futur.

Pierre a besoin d'être rassuré. Répondez selon l'indication.

• Quand est-ce que tu finiras ton travail ? Bientôt ?

– J'aurai bientôt fini.

• Quand est-ce que nous toucherons l'argent ? La semaine prochaine ?

– Nous l'aurons touché la semaine prochaine.

• Quand est-ce que nous partirons en voyage ? Dans 10 jours ?

– Nous serons partis dans 10 jours.

• Quand est-ce que je me baignerai ? Dans 10 jours ?

– Tu te seras baigné dans 10 jours.

• Quand est-ce que nous visiterons l'île de Pâques ? Dans 15 jours ?

– Nous l'aurons visitée dans 15 jours.

• Quand est-ce que nous rentrerons ? Pour le 30 juin ?

– Nous serons rentrés pour le 30 juin.

■ Objectifs

Communication
- Faire des propositions, des projets pour les villes.
- Donner son opinion sur ces projets.

Prononciation
- Opposition [v]/[f].

Grammaire
- Pratique de l'expression du futur et du futur antérieur.

Vocabulaire
- *Le vocabulaire de la ville*
la périphérie – une voie piétonne – le tri – les déchets – une crèche – un équipement – un culte – une mosquée – une synagogue – une rame (de métro) – un comité (de quartier)
- la qualité – une enquête – la sécurité – un laisser-passer – un tournesol
- résidentiel
- éclairer – chauffer – couvrir

■ Découverte de l'enquête

1 Identification du document.

Enquête réalisée par l'Union des comités de quartier d'une ville auprès des habitants pour connaître leurs opinions et leurs souhaits à propos de tout ce qui pourrait améliorer la qualité de leur vie.

2 Compléter le formulaire.

- **Découverte collective du formulaire.** Au fur et à mesure :
– expliquer les mots nouveaux,
– les étudiants complètent le formulaire (selon leur lieu de résidence).
- **Explications :**
– *la périphérie* : à Paris on dirait « la proche banlieue ». Le mot banlieue est plutôt réservé aux grandes villes.
– *le type de quartier* : il est possible de cocher plusieurs cases.
– *le tri des déchets* : selon les villes de France, le tri est plus ou moins élaboré. D'une manière générale, les habitants jettent d'une part les métaux, les papiers et les plastiques, et d'autre part les autres déchets.
– *une piste cyclable* : voie réservée aux vélos. En dehors de quelques villes, ces pistes sont encore très peu nombreuses.
– *voie piétonne* : rue interdite à la circulation et réservée aux piétons.

■ La partie « Exercez-vous »

1 Recherche lexicale.
Chercher les actions (verbes) que l'on peut faire dans chaque lieu de la ville.

La vie associative

La vie associative est très développée en France et les associations sont des partenaires importants des pouvoirs publics.

Une association (définie par une loi datant de 1901) est une société qui s'interdit de faire du profit. Elle bénéficie alors d'un statut particulier différent de celui des entreprises.

Une ville de 150 000 habitants peut compter jusqu'à 10 000 associations. Il suffit en effet d'être deux personnes et d'avoir un objectif non commercial et d'intérêt général pour pouvoir créer une association. On trouve deux types d'associations :

(1) celles qui organisent des activités de loisirs. Elles peuvent avoir plus ou moins d'importance : des clubs de bridge au festival de théâtre en passant par l'équipe de football de quartier ou la coopérative du lycée ;

(2) celles qui défendent les intérêts collectifs. Dans les villes, les quartiers ont leur comité, et les comités d'une ville sont réunis dans l'Union des comités de quartiers.

Ils participent activement aux projets de la ville.

2 Recherche de lieux en fonction d'activités.

a. La plupart des formalités administratives d'état civil se font à la mairie.

Tout ce qui concerne la santé à la CPAM (Caisse primaire d'assurance maladie). À la préfecture : formalités concernant la voiture (carte grise), création de société, etc.

b. office du tourisme, syndicat d'initiative, mairie.

c. commissariat de police.

d. gare routière.

3 Classements

a. ruelle – impasse – rue – boulevard – avenue (à l'origine les avenues étaient des voies larges et longues construites en périphérie ; cf. les avenues de la Gare – l'avenue des Champs-Élysées ; mais il n'y a plus aucune différence aujourd'hui).

b. jardinet – square – jardin public – parc – bois.

c. hameau – village – bourg – ville – agglomération.

■ Activité d'écoute

Voir transcription, p. 175.

• *Cocher :*

→ *Habite en périphérie*

→ *Quartier résidentiel*

→ *Moyennement satisfait*

• *Notes à donner :*

→ *Moyens de transport : 1 (seulement le bus les jours d'école)*

→ *voies piétonnes : 0*

→ *pistes cyclables : 0*

→ *espaces verts : 3 (à deux pas de la campagne)*

→ *sécurité : 1*

→ *bruit : 3*

→ *qualité de l'air : 3*

→ *tri : non communiqué*

→ *médecin : non communiqué*

→ *clinique : non communiqué*

→ *commerces : 1 (alimentation et journaux)*

→ *services : non communiqué*

→ *écoles : 1 (pas de collège, ni de lycée)*

→ *crèches : non communiqué*

→ *lieux de spectacles : 0*

→ *bars : 0*

→ *discothèques : 0*

→ *lieux de culte : 0*

■ Commentaire des documents de la p. 135

Les phrases du document écrit de la p. 135 et les photos des p. 135 et 138 sont extraits d'un ouvrage de futurologie de deux journalistes, A. Lebaube et P. Roger, *Imagine la France de nos enfants*. Les photos sont évidemment des montages.

1 Photo, p. 135.

L'abbaye du Mont-Saint-Michel dans 50 ans. L'évolution naturelle du lieu est l'ensablement de la baie du Mont-Saint-Michel. Selon les futurologues, dans 50 ans, l'îlot aura été réuni à la terre mais un port aura été construit du côté océan. Les touristes pourront donc arriver au pied de l'abbaye par terre et par mer.

2 Document « Les villes du futur... »

Expliquer et commenter chaque information.

• Lille → Ce sera propre. Est-ce que ce sera beau ? Cela ne va-t-il pas défigurer le quartier historique ?

• Saint-Malo → Les pouvoirs publics incapables d'entretenir les monuments historiques les auront vendus.

• Toulouse → Transformation de la ville en campagne.

• Etc.

3 Les étudiants imaginent leur ville dans le futur et formulent quelques souhaits pour cette ville (voir questions 1 et 2).

■ Prononciation et mécanismes

Exercice 93.

Transformation du singulier en pluriel.

Rectifiez en mettant au pluriel.

• Dans cette ville j'aime la nouvelle avenue.

– Les nouvelles avenues.

• Je connais la belle école.

– Les belles écoles.

• Je me promène le long du canal.

– Des canaux.

• Je passe devant le bel hôpital.

– Les beaux hôpitaux.

• Je rentre dans la belle église.

– Les belles églises.

• Et j'admire le vitrail.

– Les vitraux.

Exercice 94.

Distinguez [v] (sonore, vibration des cordes vocales) et [f] (sourde, pas de vibration). Pour les deux sons la lèvre inférieure doit être appuyée contre les dents supérieures.

Prononcez [v] et [f].

Quand je fais des rêves,

Parfois je vois

Dans la ville une file

De voitures de foire

Une folle qui vole

Un enfant dans le vent.

■ Objectifs

Communication
- Exprimer des opinions négatives et des craintes.
- Exprimer des oppositions de faits ou d'arguments.

Grammaire
- Le subjonctif passé.
- Expression de la concession.

Vocabulaire
- un opposant/un défenseur – un argument – un résident
- constater – exagérer
- personnellement

Civilisation
- Le conseil municipal.

■ Découverte du document

- L'histoire « Le village aéroport ». Le village aéroport a été construit et c'est un succès mais dans le village de Plaisson, les opposants sont toujours actifs. Au conseil municipal, un conseiller qui les représente critique Béatrice Laroque (qui a été élue conseillère municipale).

1 Lecture de l'introduction et observation de l'image.

- Rappeler le début de l'histoire. Situer la scène (une séance du conseil municipal à Plaisson quelque temps après la mise en service du village aéroport).
- Imaginer les critiques des adversaires de Béatrice Laroque.

2 Écouter la scène en entier, puis par fragments.

Compléter le tableau donné dans le livre avec les arguments présentés dans le dialogue et avec d'autres arguments imaginés par les étudiants.

Ce que Mme Laroque a promis	Les faits critiquables	La défense de Mme Laroque
Pas de vols au-dessus de Plaisson.	Les avions survolent le village.	Cela peut arriver quand le vent vient du sud.
Le projet profitera à l'économie du pays.	Les nouveaux résidents ne vont pas chez les commerçants de Plaisson.	Le projet a créé 60 emplois. Les nouveaux résidents paient des impôts.
La faune et la flore seront protégées.	L'environnement extérieur au village aéroport a été abîmé.	Il est en cours d'aménagement. Les animaux vont revenir. L'étang sera nettoyé et conservé.
Le village de Plaisson s'ouvrira à l'Europe.	Les habitants du village aéroport ne viennent pas à Plaisson.	On va organiser des fêtes. On va créer des liens.

3 Relevé et compréhension des formes au subjonctif passé.

Je ne pense pas que le village aéroport ait été une bonne chose ;

Je crains que vous n'ayez pas remarqué...

Bien que 800 personnes se soient installées...

→ Ici le subjonctif exprime une action achevée au moment où on exprime l'opinion, le sentiment, etc.,

qui conditionne le subjonctif.

→ Donner des exemples d'actions achevées dans le futur.

Il faut que vous ayez nettoyé l'étang dans six mois.

4 Relevé et compréhension des formes exprimant la concession.

.../alors que vous nous aviez assurés du contraire.

Bien que 800 personnes se soient installées/...

*...ils paient **quand même** leurs impôts.*
***Même si**...ils ont tout de même permis...*
→ Lire et commenter le tableau.

5 **En utilisant les arguments imaginés en 2 et les formes de la concession, produire une suite à l'échange d'arguments entre Béatrice Laroque et le conseiller municipal.**

■ La partie « Exercez-vous »

→ Exercez-vous ①

a. *Il faut que tu aies passé ton bac à 17 ans, que tu sois entrée dans une grande école à 19 ans. Je voudrais qu'à 22 ans tu aies déjà fait un stage dans une entreprise étrangère...*

b. *Avant le dîner, je veux que vous vous soyez démaquillés et lavés, que vous ayez rangé vos déguisements...*

c. *À 10 h, il faut que nous ayons fait les courses. À midi, il faut que j'aie préparé le gâteau. À 4 h, il faut que le bœuf bourguignon soit prêt. À 5 h, il faut que tu aies mis la table...*

→ Exercez-vous ②

b. *Je suis contente que nous ayons beaucoup bavardé.*

c. *Je suis heureuse qu'ils se soient bien reposés.*

d. *Je regrette qu'il n'ait pas fait très beau.*

e. *Je suis déçue qu'ils n'aient pas aimé les balades à pied.*

→ Exercez-vous ③

b. *Je suis pour les pistes cyclables même si on n'y est pas toujours en sécurité.*

c. *... Je suis quand même favorable aux pistes cyclables.*

d. *Il n'y a pas... alors qu'à Amsterdam il y en a beaucoup.*

■ Prononciation et mécanismes

Exercice 95.
Le subjonctif passé après « il faut » (construction de l'auxiliaire « avoir »).

Des amateurs de théâtre veulent monter un spectacle. Confirmez comme dans l'exemple.
- Antoine, dans un mois tu dois avoir trouvé des sponsors.
– Il faut que tu aies trouvé des sponsors.
- Dans deux mois, nous devons avoir rempli notre caisse.
– Il faut que nous ayons rempli notre caisse.
- Dans trois mois, tous les acteurs doivent avoir appris leur rôle.
– Il faut qu'ils aient appris leur rôle.
- Laura, tu dois avoir fait les costumes.
– Il faut que tu aies fait les costumes.
- Et moi, je dois avoir réalisé les décors.
– Il faut que j'aie réalisé les décors.
- Dans quelques jours nous devons avoir commencé les répétitions.
– Il faut que nous ayons commencé les répétitions.

Exercice 96.
Le subjonctif passé après « il faut » (construction avec l'auxiliaire « être »).

Remarques sur les constructions de concession

- « Bien que » et « alors que » sont interchangeables mais « bien que » conditionne le subjonctif.
- « Même si » contient une supposition. Il ne s'emploie pas avec des faits passés.
- « Quand même » et « tout de même » ne suffisent pas pour opposer des idées dans une phrase.
  Bien qu'elle soit malade elle est quand même allée travailler (« quand même » renforce l'opposition).
Mais ils peuvent s'employer seuls dans un énoncé oral :
  – Vous savez qu'elle est malade ?
  *– Oui, elle est **quand même** allée travailler.*
- « Au lieu de » introduit une substitution d'objets ou d'actions.
  *Il court **au lieu de** marcher.*
  *Il a bu de l'eau **au lieu d'**une bière.*

Pierre et Marie font l'emploi du temps de leur samedi après-midi. Confirmez comme dans l'exemple.
- À 2 h nous devons être partis.
– À 2 h il faut que nous soyons partis.
- À 3 h je dois être arrivée chez la coiffeuse.
– À 3 h il faut que tu sois arrivée chez la coiffeuse.
- À 4 h je dois être sortie de chez la coiffeuse.
– À 4 h il faut que tu sois sortie de chez la coiffeuse.
- À 5 h tu dois être passé à la banque.
– À 5 h il faut que tu sois passé à la banque.
- À 6 h nous devons avoir rapporté les livres à la bibliothèque.
– À 6 h il faut que nous ayons rapporté les livres à la bibliothèque.
- À 7 h nous devons être rentrés.
– À 7 h il faut que nous soyons rentrés.

Exercice 97.
Construction avec « bien que ».

Deux personnes âgées s'étonnent des comportements d'un couple d'aujourd'hui.
- Il y a quinze ans qu'ils vivent ensemble. Ils ne sont pas mariés.
– Bien qu'il y ait quinze ans qu'ils vivent ensemble, ils ne sont pas mariés.
- Ils ont beaucoup d'enfants. Ils arrivent à s'organiser.
– Bien qu'ils aient beaucoup d'enfants, ils arrivent à s'organiser.
- Michel part souvent en voyage. Il s'occupe de ses enfants.
– Bien que Michel parte souvent en voyage, il s'occupe de ses enfants.

• Catherine va au travail à 8 heures. Elle est en forme le soir.
– Bien que Catherine aille au travail à 8 heures, elle est en forme le soir.
• Les enfants font beaucoup d'activités. Ils travaillent bien à l'école.
– Bien que les enfants fassent beaucoup d'activités, ils travaillent bien à l'école.

Exercice 98.

Construction avec « au lieu de ».

Nathalie est une originale. Ses amis parlent d'elle.
• Elle ne vient pas en vacances avec nous. Elle part seule.
– Au lieu de venir en vacances avec nous, elle part seule.
• Elle ne mange pas à midi. Elle prend un café.
– Au lieu de manger à midi, elle prend un café.
• Elle n'habite pas dans un appartement. Elle vit dans un mobile home.
– Au lieu d'habiter dans un appartement, elle vit dans un mobile home.
• Elle ne dort pas dans un lit. Elle dort sur une natte.
– Au lieu de dormir dans un lit, elle dort sur une natte.

Unité 10
Pages 138-139 — Leçon 4

Présenter une évolution

■ Objectifs

Communication
• Décrire les étapes d'une évolution.
• Parler des phénomènes climatiques.

Culture et civilisation
• Le monde.
• L'effet de serre et le réchauffement de la Terre.

Vocabulaire
• *Notion d'évolution et de progression* (voir tableau, p. 139)
• l'effet de serre – le gaz carbonique – une couche (de nuages) – la Terre – une ressource – un secteur – la sécheresse
• se réchauffer – rejeter – s'élever – s'élargir – empêcher – arroser – compromettre – lier – affecter – alterner – atteindre – fondre – migrer – fragiliser – humain

■ Découverte de l'entretien

1 Observation de la photo. Lecture du titre et du sous-titre.

Mise en commun des connaissances. Certains étudiants seront peut-être en mesure de donner une explication sommaire du phénomène d'effet de serre.

2 Lecture et compréhension du texte.
• Ce texte à caractère scientifique met en jeu quatre types d'éléments expressifs.
a. des noms d'éléments (la Terre, la couche de gaz, etc.) ou d'activités (les transports, l'énergie) ;
b. des phénomènes (rejeter, s'élever).
c. des relations de cause à effet (être dû à..., etc.) ;
d. des évolutions (se développer, de plus en plus, etc.).
On lira le texte avec pour objectif de faire un schéma du phénomène (voir ci-contre).

Au fur et à mesure, on s'assurera de la compréhension du vocabulaire qu'on classera selon les quatre catégories qu'on vient d'énumérer.

• Explication schématisée du phénomène.

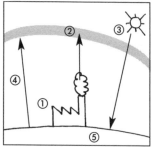

① Activités industrielles des pays du Nord. Développement des pays du Sud.
→ rejet de gaz à effet de serre.
② Épaississement de la couche de gaz.
③ Le soleil envoie de l'énergie vers la Terre.
④ Cette énergie ne peut repartir vers le ciel.
⑤ La température de la Terre augmente.

- Explication du vocabulaire.
→ Faire découvrir le sens d'après le contexte.
Plus la couche de gaz sera épaisse, plus la température de la Terre augmentera.
→ Analyser les dérivés : se réchauffer (d'après « chaud ») – s'élever (d'après « lever »).
→ *Expliquer* :
– *empêcher* : le bruit m'empêche de travailler.

■ Explication de la carte

- Travail en petits groupes. Chaque groupe :
– prend en charge une région du monde ;
– s'assure de la compréhension des informations (utilisation du dictionnaire bilingue) ;
– prépare et présente une description de l'évolution de sa région (revoir auparavant le vocabulaire de la conséquence).
N.B. Deux types d'informations sont à prendre en compte :
– celles qui sont rédigées sous forme nominale (ex. fonte des glaces) et qu'il faudra transformer en énoncés verbaux (les glaces des pôles vont fondre) ;
– celles qui sont données sous forme de symboles dont la légende se trouve au bas du document.
- Chaque groupe présente les conséquences de l'effet de serre sur la région qu'il a choisie.
Dans la mise au point travailler principalement la transformation nom → verbe (*fragilisation* → *fragiliser* – *alternance* → *alterner* – etc.).

■ La partie « Exercez-vous »

Pour chacun des deux thèmes, employer le plus possible de verbes et d'expressions du tableau.

a. La nouvelle directrice a transformé les bureaux, a modifié l'organisation des services, a bouleversé les traditions. On se réunit de moins en moins. On communique de plus en plus avec l'intranet. Au fur et à mesure qu'ils s'habituent, les salariés apprécient...

b. Le joueur. Il est allé de plus en plus souvent au casino. Plus il jouait, plus il perdait. Cela a bouleversé sa vie de famille. Son caractère s'est transformé. Il a eu de moins en moins d'amis...

■ Prononciation et mécanismes

Exercice 99.
Selon le sens « plus » se prononce [plys] ou [ply].

Prononciation de « plus » et « moins ». Répétez.
Michel travaille de moins en moins.
Mais il gagne plus que Philippe
Qui travaille de plus en plus.
De plus, il a une voiture de fonction
Plus des indemnités de représentation.
Il est plus ou moins dans la haute finance
Mais il n'a plus de vrais amis
Et a beaucoup plus d'ennemis.

Exercice 100.
Transformation des verbes en noms.

Transformez comme dans l'exemple.
La Terre se réchauffe/... Le réchauffement de la Terre.
La situation évolue/... L'évolution de la situation.
Le pays se développe/... Le développement du pays.
Le règlement est modifié/... Les modifications du règlement.
Le climat est bouleversé/... Le bouleversement du climat.
La société est transformée/... Les transformations de la société.
Les habitudes changent/... Les changements d'habitudes.

■ Objectifs

Communication
- Exposer brièvement un fait scientifique.
- Raconter un film de science-fiction.

Culture
- La science-fiction (littérature et cinéma).

Vocabulaire
- *Vocabulaire de la biologie* : une cellule – un tissu – un organe – un cerveau – la génétique – une manipulation (génétique) – le clonage – un embryon
- la miniaturisation – la démographie – une simulation – la science-fiction – un engin – un vaisseau spatial – un canon – un envahisseur – un monstre – une machine – la terreur – le bien/le mal
- innover – s'inspirer (de) – dominer
- virtuel – militaire – essentiel
- à l'envers

Dans cette leçon, les étudiants réaliseront un projet de scénario de film de science-fiction. Cette réalisation se fera en trois étapes :
(1) Choix du thème scientifique qui inspire le film.
(2) Description du décor.
(3) Création et rédaction de la trame principale du scénario.
Les étudiants travailleront seuls ou en petits groupes. Ils rédigeront leur projet en 10 lignes environ et le présenteront à la classe.

■ Lancement du projet

1 **Observation de la gravure et lecture de la légende sur les ouvrages de Jules Verne.**
Bref récit du thème de *20 000 Lieues sous les mers* et *De la Terre à la Lune*.
Ils s'inspirent de la science de leur époque.

2 **Petit sondage sur les connaissances des étudiants en matière de science-fiction.**
Ceux qui le peuvent présentent brièvement une œuvre de SF (science-fiction) qui les a marqués.
Star War : notre monde avec ses problèmes mais les pays sont devenus des planètes (technologie du voyage dans l'espace).
Terminator : pour se débarrasser d'un libérateur dangereux, la société future robotisée envoie un super robot dans le passé afin que la mère du libérateur ne puisse pas le concevoir.

Les romans de Jules Verne

- ***20 000 Lieues sous les mers*** (1870)
Le monstre marin recherché par l'expédition qui a embarqué sur le bateau *Abraham Lincoln* se révèle être un gigantesque sous-marin conçu par le capitaine Némo.
Trois membres de l'expédition vont être faits prisonniers et vont passer près d'un an dans le sous-marin. Ils vivront des aventures extraordinaires : passage sous l'isthme de Suez (le canal n'est pas encore construit), découverte de la mystérieuse Atlantide, chasse dans les forêts sous-marines, etc.

- ***De la Terre à la Lune*** (1865)
Trois hommes sont propulsés vers la Lune à bord d'un énorme projectile d'aluminium tiré par un canon de 300 m de long. Le voyage dure quatre jours dans un habitacle aménagé comme un wagon-lit de la deuxième moitié du XIXᵉ siècle. Lorsqu'ils se sont suffisamment éloignés de la Terre, les passagers et les objets se mettent à flotter dans les airs. L'engin frôle une météorite qui dérive sa trajectoire. Les trois aventuriers devront se contenter de survoler la Lune avant de revenir sur terre, et de tomber heureusement dans l'océan Pacifique.

(Monde des robots – Compétition entre l'homme et le robot – Idée du voyage dans le temps).

3 Présenter le projet et son déroulement.

■ Choix du thème

1 La classe se répartit les six rubriques du tableau. Pour chaque rubrique :
– compréhension du vocabulaire,
– recherche d'applications concrètes positives,
– recherche d'applications risquées ou qui pourraient modifier notre société (on trouvera déjà ainsi des trames possibles de scénario).

2 Les étudiants choisissent l'un des six thèmes et leur mode de travail (individuel ou en équipe).
Explications et commentaires
• *Clonage humain*
*une cellule : la plus petite partie d'un être vivant. L'organisation des cellules forme **le tissu** (tissu des muscles, tissu du foie, etc.).*
Le clonage a déjà été réalisé avec des animaux. Possibilité :
– de créer des copies conformes d'individus (à leur insu) ;
– de créer des êtres composites « hommes plus animaux » qui combineraient les compétences des deux (voir manipulations génétiques).

• *Démographie*
démographie : étude de l'évolution de la population.
atteindre : arriver à...
Si la croissance continue à ce rythme exponentiel, les ressources de la Terre seront épuisées dans quelques années. Quelles solutions imaginer ?
Émigration vers d'autres planètes. Destruction d'une partie de l'humanité. L'humanité se consomme elle-même (c'était le thème de Soleil vert *de Robert Fleischer, 1973).*

• *Mondialisation*
Peut-on imaginer un pays qui aurait délocalisé toute son activité, y compris son armée, dans différents pays du monde ? Il vivrait ainsi en parasite.

• *Miniaturisation*
miniature : objet de très petite taille ayant les mêmes caractéristiques que l'objet de taille normale.
La miniaturisation est une source d'inspiration pour les films d'espionnage ou de guerre. Le guerrier de demain aura, greffés dans son cerveau, un système GPS, des lunettes à infrarouge, une caméra, etc. Son arme super puissante ne pèsera pas 100 grammes. Finis les Rambos et leur matériel lourd.

• *Manipulations génétiques*
manipulation : expérience, opération.
équipement génétique : chaque individu est caractérisé par un ensemble de gènes. Chaque gène porte une caractéristique de l'individu.
Un gène est un élément du chromosome. Les chromosomes se trouvent dans le noyau des cellules.
Le livre donne des exemples de manipulations génétiques. On pourrait aussi modifier son apparence, se créer des enfants d'après catalogue, etc.

• *Virtuel*
virtuel : s'oppose à réel.
Tout ce qui n'est pas indispensable à la vie (respiration, nutrition) pourrait être virtuel. On porterait des vêtements virtuels (hologrammes), assisterait chez soi à des spectacles virtuels, etc.

■ Choix et description du décor

1 Lire le résumé du film *Peut-être*.
Expliquer :
– *supplier* : prier en insistant.

2 Caractériser Paris vu par le metteur en scène Cédric Klapisch.

3 Imaginer le décor du film du projet.
Les hypothèses proposées p. 135 et 139 donneront des idées.
La description des lieux, des habitations, des vêtements dépend de la trame générale.
Exemple : les vêtements. On peut imaginer une combinaison qui maintient le corps à la température idéale de 37°, quelle que soit la température extérieure. Les hommes peuvent aussi avoir perdu la capacité de fabriquer des fibres synthétiques et être revenu au tissage traditionnel, voire aux peaux de bêtes.

■ Création de la trame du scénario

Pour créer un film, un thème et un décor ne suffisent pas. Il faut aussi une histoire. Le document « Sept idées de scénario » présente les trames principales des films de science-fiction. Ces trames peuvent bien sûr se combiner.

1 Lecture et commentaire du document.
Le commentaire dépendra de l'imagination des étudiants et de leur goût pour les films (romans, BD) de science-fiction.
Exemple : les envahisseurs → Il peut s'agir des mystérieuses créatures de *Independence Day* mais aussi d'êtres venus du passé (des hommes de Cromagnon se retrouvent au XXIe siècle), d'une espèce de surhomme créé par un savant fou, etc.
N.B. Commentaire de la photo de *Farenheit 451* (le titre vient de la température de combustion du papier). Pour lutter contre cette société qui veut détruire toute trace de culture, chacun des opposants décide d'apprendre par cœur un livre qu'il transmettra à ses enfants.

2 Imaginer le scénario et mettre en forme le projet.

■ Objectifs

Communication
• Exprimer ses goûts et ses préférences en matière de nourriture et de restaurants.
• Comprendre/donner une recette de cuisine.

Civilisation
• La nourriture : une des caractéristiques de la culture.

Vocabulaire
• *Vocabulaire de la nourriture*
un bouillon – un pot-au-feu – de l'ail – du persil – une noix (de beurre) – un bol – une poêle – une cocotte
(faire) cuire – farcir – déguster
• un établissement – la clientèle – un immigrant – l'abondance – la majeure partie
• convenir – destiner
• animé – pressé

Cette leçon propose trois activités ayant chacune un document comme point de départ. On pourra aborder ces documents dans n'importe quel ordre.
(1) Un reportage (en version audio ou vidéo) dans un restaurant belge de Paris → Activité d'écoute.
(2) Un texte « Éloge du hamburger » → Débat.
(3) Une recette de la région des Cévennes → Échange de recettes de cuisine.

■ Travail avec le reportage en version audio 🎧

Voir transcription, p. 175.

1 Lecture et compréhension de la présentation du Bouillon Racine.

• Lecture individuelle. Question 1.
a. V – *b.* V – *c.* F (une cuisine belge) – *d.* F (l'annexe est réservée aux clients pressés) – *e.* V.

• Un touriste pose des questions sur le Bouillon Racine (jouer la scène à deux étudiants).

2 Écoute fragmentée du document (selon les réponses aux trois questions).

• Question : « Que commandez-vous... ? »
Relevez le choix des deux femmes.
Expliquer : *sain(e)* : produit frais, produit biologique (bio).

• Question : « Est-ce que les clients ont changé ? »
Les nouvelles exigences : la rapidité – un excellent rapport qualité-prix.
Explications : le stress – le temps réduit consacré à la restauration – la réduction du budget restauration.

• Question : « Et les habitudes alimentaires... ? »
Voir fiche, ex. 5, dans l'exploitation vidéo.

■ Travail avec le reportage en version vidéo 📼

1 Visionner le reportage sans le son.

Énumérer toutes les informations qu'on a pu recueillir sur le restaurant.

▷ *Fiche, ex. 1 :*
a. ancien – *b.* à table et au comptoir – *c.* les trois.

2 Visionner le reportage avec le son jusqu'au commentaire de la cliente.

▷ *Fiche, ex. 2 :*
Date de création : *début du XXe siècle.*
Origine du nom. *Les « bouillons » : restaurants populaires où on servait du bouillon (liquide dans lequel on a fait cuire légumes et viande).*
Clientèle. *À midi : clients pressés qui travaillent dans le quartier (clientèle chic). Le soir : touristes.*
Le chef : *Olivier Simon, né en Belgique.*
La cuisine : *exemple de cuisine belge (travaillée avec de la bière).*

3 Visionner les commentaires des deux femmes.

▷ *Fiche, ex. 3 :*
a. F (seulement la première) – *b.* V – *c.* V (un potage) – *d.* F (elle achète quelquefois des sandwichs bio dans un restaurant japonais) – *e.* V – *f.* V.
• Faire la liste des aliments énumérés par les deux femmes.

4 Visionner la fin du reportage.

▷ *Fiche, ex. 4 :*
a. Ils demandent un excellent rapport qualité-prix.
b. Ils exigent la rapidité du service.

c. Ils ont assez peu de temps à consacrer au restaurant. Le budget restaurant s'amenuise au profit du budget loisir.

▷ *Fiche, ex. 5 :*
a. Ce qui était attaché à la nourriture et qu'on perd.
(1) la variété des goûts
(2) le temps (mijoter des petits plats)
(3) la convivialité
(4) l'attrait (on peut manger en regardant la télé)

b. Ce que les gens ne font plus.
Cuisiner, mijoter des petits plats, passer du temps à faire le marché et à préparer.
Manger ensemble.

c. Leurs habitudes aujourd'hui.
Acheter des plats surgelés. Manger en regardant la télé.

Commenter ces déclarations d'Olivier Simon.

■ Lecture et commentaire du texte « Éloge du hamburger »

• Voir les consignes dans le livre.
• Expliquer :
– *sans équivoque* : sans rien cacher ;
– *sans détour* : d'une manière directe ;
– *melting-pot* : mot américain qui désigne le mélange des différents types de populations qui ont formé les États-Unis.
– *immigrants* : population venue d'ailleurs ;
– *abondance* : quantité.

• Pour l'auteur de ce texte, le fast-food a créé des goûts nouveaux et qui conviennent à toutes les cultures. Le type de restaurant, la façon de servir, de manger, les différents plats conviennent à tous sans considération d'âge, de sexe, de culture.
À commenter.

■ Travail avec la recette de cuisine

1 Remettre dans l'ordre les étapes de la préparation de l'omelette aux cèpes.
• Assurer la compréhension du nom des ingrédients : cèpe (champignon qu'on trouve dans les forêts), persil, ail (dessiner ou traduire).
• Ordre : c – e – b – f – g – a – h – d.

2 Les étudiants donnent des recettes qu'ils connaissent.

Corrigé du bilan 10

1 a. Quand ils se seront reposés.
b. Quand nous aurons fait des économies.
c. Quand j'aurai fini mon travail.
Quand tu seras parti(e).

2 • Il y a six mois que les travaux ont commencé.
• Jusqu'à quand dureront-ils ?
• Combien de temps ont duré la démolition et les fouilles archéologiques ?
• Il aura lieu dans six mois.
• Ce sera fait en deux mois.
• Non, l'installation et la formation du personnel dureront jusqu'au 15 octobre.

3 Il faut que...
a. ... nous **ayons voté** une loi...
b. ... je **sois allé(e)** voir les écoles.
c. ... un festival d'été **ait été créé.**
d. ... nos joueurs **aient gagné.**
e. ... l'opposition **ait reconnu** ses erreurs.

4 a. J'aime bien la Taverne **bien que** l'ambiance n'y **soit** pas terrible.
b. Même si la nourriture **est** bonne, je n'ai pas envie d'y aller.

c. Alors, **au lieu** d'aller à la Taverne, allons au Pot-au-feu !
d. ... n'est pas un restaurant extraordinaire **mais** on y mange **quand même** très bien.
e. ... ils ont d'excellents desserts **alors qu'à** la Taverne les desserts ne sont pas terribles.

5 Voir transcription, p. 176.
La tarte au thon
• Préparation : 15 min. Cuisson : 30 min.

• farine (250 g)
• beurre (125 g)
• une boîte de thon au naturel
• un œuf
• gruyère râpé
• crème fraîche
• huile
• sel
• poivre

• Dans un grand bol, mélanger 250 g de farine, 125 g de beurre, une cuillère à café d'huile. Saler.
• Pétrir en ajoutant un demi-verre d'eau.
• Étaler la pâte dans un moule à tarte.
• Dans un autre bol, mélanger le thon et l'œuf entier avec un peu de crème fraîche et du gruyère râpé. Poivrer.
• Verser sur la pâte et étaler.
• Mettre au four, thermostat 7, pendant 30 min.
• Servir avec une salade verte.

Unité 11

S'adapter

Présentation de l'unité

Cette unité est organisée autour de la notion d'adaptation. On apprendra à apprécier une situation (11(3)), à faire des hypothèses sur le passé et à exprimer des regrets (11 (2)), à s'adapter à de nouvelles situations et à faire un projet de réforme (11(5)).

On se familiarisera avec les rythmes de l'année en France (11(1)). On abordera le thème des médias (11(2) et (3)), celui des relations entre les hommes et les femmes (11(4)), ainsi que celui des traditions et des institutions (11(5)).

Commentaire de la page d'ouverture de l'unité (p. 145)

Observer les photos. Pourquoi chacune est-elle représentative d'une adaptation ? Réemployer le vocabulaire de l'évolution et de la transformation.

- **Photo haut gauche** : Distributeur de boissons, pizzas ou quiches, pâtisseries et cassettes vidéo à la disposition du public 24 h sur 24. Les commerces s'adaptent aux nouveaux besoins : pouvoir manger et se distraire à n'importe qu'elle heure.

- **Photo haut droite** : Défilé de mode. Les vêtements s'adaptent à notre besoin de paraître. Mais nous devons aussi nous habituer à eux.

- **Photo bas gauche** : euros. Les Européens doivent s'adapter à une nouvelle monnaie.

- **Photo bas droite** : une famille. La famille se transforme au gré des situations professionnelles, amoureuses, géographiques, etc.

Connaître
les rythmes de l'année

■ Objectifs

Culture et civilisation
• Connaître les différents événements qui rythment invariablement les années :
– les vacances,
– les fêtes et les célébrations,
– les événements sportifs, artistiques, culturels,
– les traditions,
– etc.

Vocabulaire
• les crêpes – les huîtres – une galette – une bûche (de Noël) – un gigot (d'agneau) – une dinde – une citrouille – du foie gras
• les soldes – le réveillon – un tournoi – un sapin – un cartable – une cloche – une banderole – un fil – un tison – un masque – une fève
• un facteur – un pompier – un éboueur
• fleurir – se découvrir

■ Travail sur le test de connaissances « Une année en France ».

Ce test peut être préparé individuellement ou en petits groupes mais il est avant tout conçu pour une exploitation collective au cours de laquelle les étudiants apportent les informations dont ils disposent et l'enseignant apporte des compléments.

Le test consiste à dater selon les mois de l'année des activités, des phrases rituelles, des plats, des objets représentatifs, etc.
Procéder phrase par phrase en complétant une grille tracée au tableau ou sur des feuilles individuelles.
Voir ci-après la grille complète.
Nous proposons pages suivantes quelques explications ou précisions.

	Janv.	Fév.	Mars	Avril	Mai	Juin	Juillet	Août	Sept.	Oct.	Nov.	Déc.
Ce qu'il faut faire	a	b (le 14)	h (25)		i	f j (21)	a c		h (30)		e g	d
Ce qu'on dit	f (1er)			g (1er)	b e	d (30)			a	h		c (25)
Ce qu'on reçoit, ce qu'on offre	c (1er) e	d	f		b (1er)		d	d	g	g		a (25)
Ce qu'on mange	b c (6) g (25)	a (Mardi-Gras)		e (Pâques) f						i		b (25) d (25) g (25) h (25)
Ce dont on parle	c				e	f g	a d (14)				b	
Les proverbes			d (20)	b c (Pâques)	a						e (25)	c (25)
Les objets	f (6) g	d et e (Mardi-Gras) g	g	c (Pâques) g	h (1er)				b			a (25) g

• **Janvier.** Le 31 décembre, on fait généralement **un réveillon** entre amis. Au menu : **huîtres, foie gras, champagne.** À minuit, tout le monde s'embrasse et se souhaite **une bonne année.** Le 1er janvier est souvent un jour de réunion de famille mais moins systématiquement que le 25 décembre. On commence à se passionner pour **le rallye Paris-Dakar,** course automobile et de motos dans les déserts d'Afrique. On lit **les cartes de vœux** que l'on reçoit (dommage, la tradition se perd !). Mais il faut y répondre (heureusement cette année, on n'en a reçu qu'une quinzaine !). Pourtant, c'est souvent un moyen de garder le contact avec les gens.

Le dessert de circonstance, le 6 janvier, est **la galette des rois.** On y dissimule **une fève** (petite figurine en porcelaine). Celui qui trouve la fève dans sa tranche de galette met la couronne du roi ou de la reine.

• **Février.** Le 14, ne pas oublier que c'est **la Saint-Valentin,** la fête des amoureux. Et bientôt c'est **Mardi-Gras.** Mis à part les chrétiens très pratiquants, plus personne ne fête le début du jeûne car plus personne ne jeûne. Mais on fait encore **les crêpes** en famille ou avec des amis. Chacun fait sauter sa crêpe en tenant de l'or dans la main. Si la crêpe se retourne correctement, c'est le signe d'une année faste.

Les carnavals commencent. La tradition se perpétue dans les écoles et dans les boîtes de nuit qui font des soirées costumées. Il y a aussi bien sûr les défilés de chars organisés par les villages ou les villes.

• **Mars.** On avance ou on recule sa montre d'une heure (on ne sait jamais et, pour s'informer, on téléphone aux amis). Le changement horaire bouleverse le cycle du sommeil des enfants. Enseignants et parents se plaignent.

Il faut remplir la déclaration de revenus à partir de laquelle les services fiscaux calculeront nos impôts.

Le printemps arrive, mais attention, « une hirondelle ne fait pas le printemps ». Il ne faut pas se fier aux premiers signes annonciateurs.

• **Avril.** « **Avril, ne te découvre pas d'un fil. Mai, fais ce qu'il te plaît** », dit le proverbe. Mais il n'y a plus de saison et le climat est totalement bouleversé. Pour se consoler, on fait des farces. Le 1er avril, les enfants accrochent des poissons en papier dans le dos des adultes. On colporte de fausses informations et quand on les dément, on se moque des crédules en disant « **Poisson d'avril !** ».

Le dimanche de Pâques, les églises sont pleines. Les catholiques qui ne vont à la messe qu'une fois par an, y vont ce jour-là. Il faut dire que **les cloches** sonnent à toute volée pour les appeler. On fait croire aux enfants qu'elles viennent de Rome mais ils sont trop occupés à chercher **les œufs en chocolat** dissimulés dans le jardin. À la cuisine, on prépare **le gigot d'agneau.**

• **Mai.** Le 1er mai, on offre du muguet (portebonheur) à ceux qu'on aime. Il y a beaucoup de jours fériés ce mois-là : la fête du travail (1er mai), le 8 mai (commémoration de la fin de la guerre de 1939-1945) et le jeudi de l'Ascension. La tradition veut que si le 1er mai tombe un jeudi, on fasse le pont (4 jours de congés). On peut refaire le pont pour le 8 mai et pour l'Ascension.

Les ponts sont bien pratiques pour organiser les fêtes de mariage. **Vive la mariée !** Ne pas oublier aussi de dire « **Bonne fête maman !** » à l'intéressée.

• **Juin.** Les vacances approchent. Tous les magazines mettent à leur sommaire **des régimes** intelligents et efficaces pour paraître à son avantage sur les plages. On suit **le tournoi de tennis du stade Roland-Garros,** la finale de la Coupe de France de football. On profite de **la fête du cinéma** où, en achetant un seul billet de cinéma, on peut voir autant de films qu'on veut pendant trois jours.

Et à la fin du mois, les enfants crient « **Vive les vacances !** ».

Ceux qui ont passé des examens entrent dans une période d'attente.

• **Juillet.** On fête **le succès au bac** ou on fait tout pour oublier. **On fait les soldes.** On suit **le Tour de France** surtout lorsqu'il y a un Français dans les premiers.

Le 14 juillet, c'est **la fête nationale.** Ceux qui sont à Paris peuvent aller voir le défilé militaire. Le soir, on tire partout **des feux d'artifice** et les jeunes vont danser.

• **Août.** Les Français sont en vacances. Le seul rituel auquel on doit sacrifier est l'envoi de **cartes postales.**

• **Septembre.** C'est la rentrée. Muni de la liste interminable des fournitures scolaires (Il n'y en a plus ! Nous ne faisons pas ça ! C'est quoi ?), on prépare **le cartable** des enfants. Aussitôt rentrés, les enfants vont être à nouveau perturbés par le changement d'heure. On écoute avec attention les informations à la télé pour savoir si on avance ou si on retarde le réveil.

• **Octobre.** Une dure période commence. On reçoit successivement l'**impôt sur le revenu, la taxe d'habitation** et, pour la moitié des Français qui sont propriétaires de leur logement, **la taxe foncière.** On vide les comptes en banque. Et les enfants qui, le jour d'Halloween, sonnent aux portes déguisés en sorcières et en sorciers et menacent de **jeter des sorts** ne devront rien attendre d'autres que des bonbons. D'autant que cette fête importée et commerciale n'est pas du goût de certains, surtout lorsqu'on y consomme de **la soupe de citrouille**.

• **Novembre.** Le week-end de la Toussaint, les Français sillonnent l'Hexagone pour aller **fleurir (de chrysanthèmes) les tombes des morts** de leur famille et c'est souvent un des week-ends les plus meurtriers de l'année.

On oublie en dégustant **le beaujolais nouveau** (le premier vin de la dernière récolte) et en lisant **les prix littéraires**. Pour les jardiniers, c'est le moment de planter des arbres car « **pour la Sainte-Catherine tout bois prend racine** » (25 novembre).

• **Décembre.** La veille de Noël on fait **le réveillon**. Le menu est plus régional et traditionnel que celui du 31 décembre. Certains assistent à la messe de minuit qui, dans certaines régions, conserve un aspect folklorique.

Le 25 au matin, les enfants trouvent au pied de **l'arbre de Noël** ou devant la cheminée **les cadeaux** apportés par **le Père Noël** pendant la nuit. Le repas de midi réunit en général les membres de la proche famille.

■ Écoute de courtes scènes

Il s'agit de retrouver la situation et le moment de l'année où se déroulent ces scènes.
Voir transcription, p. 176.

(1) Septembre. Rentrée des classes. Lecture de la liste des fournitures
(2) Début janvier. Achat de cartes de vœux.
(3) 1er avril. Une femme fait une farce à son mari.
(4) Début août. Départ en vacances. Embouteillages sur les routes.
(5) 1er mai. Vendeur de muguet.
(6) Autour du 6 janvier. On mange la galette des rois. Celle qui a eu la fève est la reine. Elle met la couronne et choisit son roi.

■ Jeux de rôles

Voir la consigne dans le livre.
La scène doit être courte (2 questions réponses). L'objectif est de faire trouver à la classe à quel moment de l'année elle se déroule.
Exemple : H : – Salut ! Ça va ?
F : – Dur après le repas d'hier soir.
H : – Qu'est-ce que vous avez mangé ?
F : – Langouste, foie gras, chevreuil, salade, glace, vin blanc, vin rouge et champagne ! Il va me falloir l'année pour m'en remettre !

Unité 11
Pages 148-149 **Leçon 2**

Exprimer l'éventualité et le regret

■ Objectifs

Communication
• Exprimer des éventualités et des hypothèses dans le passé.
• Exprimer des regrets.

Grammaire
• Le conditionnel passé.

Civilisation
• La télévision et les impératifs de l'audience.

Vocabulaire
• l'audience – un score – une interruption – une dictature – un vulcanologue – un horticulteur – un motard
• triompher – supposer – se remettre en question – accomplir
• absurde – positif – négatif

■ Découverte du document

• L'histoire « La dictature de l'audience ». Après l'interruption de l'été, l'émission « Tour de table » reprend le 4 septembre. Mais elle accuse une chute d'audience de 5 %. Le producteur, son assistante et la réalisatrice recherchent les raisons de cette baisse. Est-elle due au nouvel animateur ou au fait que le concept de l'émission est usé ?

• Question 1

Le producteur de l'émission : En juin dernier, avant les vacances, nous avons décidé de changer l'animateur de notre émission « Tour de table ». Nous avons donc remercié Philippe Laurent et nous avons engagé Luc Moret. Toutefois l'émission d'aujourd'hui a fait 5 % de moins d'audience que celle de l'année dernière. Il semble bien que le changement de présentateur n'ait pas suffi à rénover l'émission. C'est l'émission elle-même qu'il faut remettre en question. Il faudrait que nous parlions moins des problèmes des gens et davantage de ce qui est positif.

• Question 2 – Emplois du conditionnel passé

(1) **Supposition dans le passé** : Si on avait gardé Philippe Laurent, on aurait fait un meilleur score.

(2) **Supposition présente et perspective future** : Supposons qu'on puisse le faire. Qu'est-ce que vous proposeriez ?

(3) **Regret** : Ce n'est pas l'animateur qu'il aurait fallu changer, c'est l'émission.

(4) **Conseil** : Nous aurions dû présenter du positif.

(5) **Information non vérifiée** : TV4 aurait perdu 4 %.

■ La partie « Exercez-vous »

→ **Exercez-vous** ①

Ah, si je t'avais écoutée, je serais allée voir le producteur Lestour. Il m'aurait engagée. Je serais devenue la vedette de son émission. Les journalistes se seraient intéressés à moi. J'aurais été riche. Tu aurais été mon assistante.

→ **Exercez-vous** ②

a. À ta place j'aurais acheté un bel appartement dans l'île Saint-Louis. J'aurais fait des voyages. J'aurais acheté une grande maison sur l'île de Ré et mes amis seraient venus me voir.

b. Tu aurais dû accepter. Ça t'aurait changé de Paris. Je suis sûr que le poste t'aurait plu. Ton salaire aurait été meilleur.

c. Tu vois, Hélène, tu aurais dû choisir David. Vous auriez été heureux. Tu n'aurais pas divorcé. David ne serait pas parti à l'autre bout du monde.

■ Rêve : « Si je pouvais recommencer ma vie... »

1 Lecture de « Rêves de stars ».

La classe se partage les trois témoignages. Lecture individuelle, puis mise en commun des informations.

• Pierre Cardin (célèbre couturier qui s'est inspiré de l'art moderne et a conçu la première collection de prêt-à-porter).

→ Il aurait voulu avoir un enfant. Il aurait été un bon père.

Expliquer :

– *accomplir* : faire ;

– *s'en prendre à* : critiquer.

• Françoise Fabian (comédienne qui joue au théâtre et au cinéma, notamment dans *Ma Nuit chez Maud*).

→ Elle aurait aimé être exploratrice.

Expliquer : *vulcanologue* : spécialiste de l'étude des volcans.

Paul-Émile Victor (1907-1995), explorateur et ethnologue des régions polaires.

• Claude Piéplu (comédien spécialisé dans les seconds rôles où il réussit dans tous les registres).

→ horticulteur (qui cultive des fleurs et des plantes d'ornement) – motard (policier à moto).

2 Les étudiants (en fonction de leur âge) répondent à la question :

« Qu'auriez-vous aimé être, faire :

– dans une autre vie ?

– si vous pouviez recommencer la vôtre ?

Qui auriez-vous aimé avoir comme parents, etc. ? »

■ Prononciation et mécanismes

Exercice 101.

Expression de l'hypothèse au passé.

Adrien exprime des regrets. Étonnez-vous comme dans l'exemple.

• Je n'ai pas été augmenté. Nous n'avons pas fait de voyage.

– Si tu avais été augmenté, vous auriez fait un voyage ?

• Nous n'avons pas fait de voyage. Nous ne sommes pas allés en Chine.

– Si vous aviez fait un voyage, vous seriez allés en Chine ?

• Julie n'a pas réussi au bac. Elle n'est pas entrée à l'université.

– Si elle avait réussi son bac, elle serait entrée à l'université ?

• Nous n'avons pas loué l'appartement de François. Nous n'habitons pas le 5e.

– Si vous aviez loué l'appartement de François, vous auriez habité le 5e ?

• Je ne suis pas allé voir le dernier film de Besson. Je ne peux pas t'en parler.

– Si tu étais allé voir le dernier film de Besson, tu aurais pu m'en parler ?

Exercice 102.

Expression des regrets et des conseils *a posteriori*.

Juliette n'a pas fait un bon exposé. Comme son ami, tirez-en les conséquences.

• Je n'avais pas assez préparé l'exposé.

– À ta place, je l'aurais préparé davantage.

- Je n'avais pas assez dormi.
- À ta place, j'aurais dormi davantage.
- Hier soir, je me suis couchée trop tard.
- À ta place, je me serais couché tôt.

- Je n'ai pas présenté de documents.
- À ta place, j'aurais présenté des documents.
- Je suis allée trop vite.
- À ta place, je ne serais pas allé aussi vite.

Unité 11
Pages 150-151 | **Leçon 3**

Apprécier

■ Objectifs

Communication
- Expliquer une décision.
- Mettre en valeur la cause d'un phénomène.
- Exprimer ses goûts et ses préférences.

Grammaire
- Emploi du subjonctif avec les verbes d'opinion.
- Construction de mise en valeur :
si/tant/tellement... que.

Vocabulaire
- le boulot (fam., travail) – le dodo (enfantin, sommeil) – être accro (fam., accroché, ne plus pouvoir se passer de)
- abandonner
- du coup (en conséquence)

Culture
- Les nouveaux genres d'émissions à la télévision : confidences, confessions intimes, Loft Story, etc.

■ Découverte du document

- L'histoire « La dictature de l'audience ». L'émission de débats « Tour de table » a vu son audience chuter de 5 %. La production a donc décidé de l'adapter à la demande. Un nouveau concept est né. L'émission est intitulée « Je ne suis pas comme vous » et c'est ce soir la première.

1 Écoute de la présentation de l'émission et observation de l'image.

- Identifer la situation.
- Que s'est-il passé depuis le dernier épisode (p. 148) ? Expliquer le titre et les caractéristiques de la nouvelle émission.
- Quel est le thème de l'émission de ce soir ? (Ceux qui vivent sans télé).
Imaginer d'autres sujets possibles pour l'émission « Je ne suis pas comme vous » : ceux qui vivent sans voitures, ceux qui vivent dans un coin reculé de la campagne, ceux qui roulent en Harley-Davidson, ceux qui collectionnent les papillons, etc.
- Qui sont les invités ?
Expliquer : « *boulot, télé, dodo* ». Il existe l'expression « métro, boulot, dodo » qui caractérise la vie de ceux qui n'ont pas le temps de faire autre chose que travailler (« boulot » est un mot familier pour

« travail »), se déplacer et dormir (« dodo » est le mot du langage bébé qui signifie « dormir »). Corinne et Andy ont eu leur vie entièrement accaparée par le travail et la télé.

2 Écoute du témoignage de Corinne et Andy.
Expliquer :
- *accro* : mot familier d'après « accroché » ; être accro à une drogue : ne plus pouvoir s'en passer.
- Faire l'activité proposée dans la question 1.
Avant de jouer la conversation, préparer toutes les questions qu'il faut poser pour reconstituer les informations.
« ... Pourquoi regardaient-ils tout le temps la télé ?
- Parce qu'Andy n'aimait pas que Corinne fasse de la danse et Corinne ne voulait pas qu'Andy aille voir des matchs de foot.
- Et alors ?
- Ben comme ils s'aimaient, ils ne sont plus sortis et ont commencé à regarder la télé... »

3 Relevez les formes qui expriment l'appréciation.

- **Expression des goûts et des préférences** (ceux qui refusent la dictature – il n'aimait pas que je fasse de la danse – j'avais horreur qu'il aille à ses matchs de foot – j'aime mieux qu'on ne la fasse pas réparer).

D'abord elles ne présentent que des dessins animés/...
Ensuite, les adultes n'apparaissent presque plus dans les émissions/...
• Conclusion
Tout cela montre bien que le budget des émissions enfants est très réduit.
En revanche, les recettes, elles, sont très importantes.

Exercice 104.
Emploi du subjonctif après les verbes exprimant les goûts et les préférences (quand les deux sujets sont différents).

Pierre propose... Marie choisit la deuxième solution. Parlez pour elle.
• Nous dînons au restaurant ou à la maison ?
– Je préfère que nous dînions à la maison.
• Après on reste ici ou on va au cinéma ?
– Je préfère qu'on aille au cinéma.
• Je prépare un bon repas ou je fais une salade ?
– Je préfère que tu fasses une salade.
• J'y mets du thon ou des œufs ?
– Je préfère que tu y mettes des œufs.
• Pour aller au cinéma on prend le métro ou la voiture ?
– Je préfère qu'on prenne la voiture.
• Je conduis ou tu conduis ?
– Je préfère conduire.

Exercice 105.
Construction de « tellement... que » et de « si... que ».

Elle raconte ses vacances à la montagne. Son ami confirme. Parlez pour lui. Utilisez « tellement », puis « si ».
• On marche beaucoup. J'ai mal aux pieds.
– On marche tellement que tu as mal aux pieds.
• La région est belle. On a envie d'y rester.
– La région est si belle qu'on a envie d'y rester.
• Nous nous fatiguons beaucoup. Nous dormons 10 h par nuit.
– Nous nous fatiguons tellement que nous dormons 10 h par nuit.
• Je mange peu. J'ai perdu 5 kg.
– Je mange si peu que tu as perdu 5 kg.
• Les gens d'ici sont gentils. On s'est fait des amis.
– Les gens d'ici sont tellement gentils qu'on s'est fait des amis.

Exercice 106.
Construction de « tellement... que » et de « tant... que ».

Pierre et Marie sont allés à un mariage. Confirmez comme Marie. Utilisez « tellement », puis « tant ».
• Il y avait beaucoup de monde. Je n'ai pas parlé à Marie.
– Il y avait tellement de monde que je n'ai pas parlé à Pierre.

• Formes avec « si... tant... tellement... que... » (On est devenus tellement accro que... On était si heureux que... Il y avait tant de choses à faire que...)
• Lecture et commentaire du tableau de grammaire.

■ La partie « Exercez-vous »
→ **Exercez-vous** ①
Anne n'aime pas que mes copains **viennent**...
Elle déteste **faire** *la cuisine*...
Moi, j'aimerais mieux qu'elle ne **fasse** *pas la cuisine et qu'elle me* **laisse** *inviter*...
J'adorerais leur **préparer**...
Mais Anne a horreur que j' **aille**...

→ **Exercez-vous** ②
b. L'émission « Faut pas rêver » est **si (tellement)** *passionnante que je la regarde chaque fois.*
c. Marie ressemble **tellement (tant)** *à Hélène qu'on l'appelle souvent Hélène.*
d. Pierre a **tellement (tant)** *de dettes qu'il a dû faire un emprunt.*
e. Il y avait **tant (tellement)** *de monde... que je n'ai pas pu avoir de billet.*

■ Jeux de rôles
Dans la découverte du dialogue, les étudiants ont déjà imaginé des sujets pour la nouvelle émission. Ils peuvent en chercher d'autres pour jouer la scène proposée. À préparer et à jouer par groupe de trois : un animateur (une animatrice), deux invité(e)s.

■ Discussion
Opinion sur les nouvelles émissions de télévision.
Partir de la photo de « Loft Story ». Cette émission a-t-elle existé dans le pays de l'étudiant ? Sous quel nom ? Y a-t-il eu ensuite des émissions du même genre ? Les regardez-vous ? Quelles sont les nouvelles émissions que vous aimez ?

■ Prononciation et mécanismes
Exercice 103.
Intonation des différents moments de l'argumentation.

Écoutez et répétez ces phrases extraites d'un débat sur la télévision.
• Pour prendre la parole
Je voudrais dire un mot au sujet des publicités/...
Ce qui vient d'être dit ne me paraît pas juste/...
• Pour s'interroger
Est-ce que la télévision fait vivre notre patrimoine culturel ? Absolument pas.
• Succession d'idées
Les grandes chaînes ne s'intéressent pas au publie enfants/...

• Ma voisine avait du charme. J'ai passé une soirée magnifique.
– Mon voisin avait tant de charme que j'ai passé une soirée magnifique.
• Il y avait beaucoup de plats. Je n'ai pas goûté à tous.
– Il y avait tellement de plats que je n'ai pas goûté à tous.

• J'ai mangé beaucoup de gâteaux. J'avais un poids sur l'estomac.
– J'ai mangé tant de gâteaux que j'avais un poids sur l'estomac.
• Nous avons beaucoup dansé. Je me suis senti léger.
– Nous avons tellement dansé que je me suis sentie légère.

Unité 11
Pages 152-153 **Leçon 4**

Parler des femmes et des hommes

■ Objectifs

Communication
• Décrire, comparer des comportements.
• Parler des tâches domestiques.

Culture et civilisation
• Les femmes, les hommes, le couple : statut, comportements, mentalités.

Vocabulaire
• *Vocabulaire des tâches quotidiennes* (voir liste, p. 153)
• une veuve – une femme au foyer – une génération – une tâche – une conquête – l'adolescence
• élever (des enfants) – occuper (un emploi) – imposer – conquérir – acquérir

■ Travail avec le reportage en version audio 🎧

1 Lire la présentation du reportage dans le livre. Faire des hypothèses sur ce que les deux femmes vont dire.

2 Faire une écoute complète. Identifier la succession des prises de paroles.

3 Faire une écoute fragmentée. Compléter le tableau au fur et à mesure.
• Expliquer :
– *une veuve* : une femme mariée dont le mari est mort ;
– *une femme au foyer* : qui s'occupe des enfants et de la maison ;
– *conquérir* : obtenir par la force, en se battant. Les femmes ont conquis des droits en manifestant ;
– *acquérir* : obtenir ;
– *l'adolescence – un(e) adolescent(e)* : entre 12 et 18 ans.

Opinions des deux femmes : C (Colette) – A (Anne).
(1) Les enfants. C : On ne pouvait pas choisir quand avoir un enfant ni le nombre de ses enfants. C'est le changement essentiel. Avant, on était esclave des enfants.
A : On est libre d'avoir des enfants ou de ne pas en avoir. Elle n'aurait pas aimé avoir cinq enfants et rester au foyer.

(2) Les tâches ménagères. C : N'en parle pas précisément mais dit qu'elle était esclave.
A : Avec son mari il y a partage des tâches.
(3) La vie professionnelle. C : Pas de vie professionnelle sinon celle de femme au foyer.
(4) L'argent. C : Ne parle pas du problème.
A : Elle a le même salaire que son mari. Pour elle c'est important car cela évite la compétition et la jalousie.
(5) Les relations avec le conjoint. C : Son mari était libre, il travaillait, il sortait. Elle était la maîtresse du foyer.
A : Ce sont des relations de partage, d'égalité.
(6) Les vacances. C : Ne pouvait pas partir loin à cause des cinq enfants.
A : N'en parle pas.

4 Évolution des femmes en France.
• **Selon Colette.** Le principal changement, c'est la liberté de programmer les enfants (date de naissance et nombre). Elle pense aussi que les femmes de la génération des années 60 ont conquis tout ce qu'elles pouvaient conquérir.
• **Selon Anne.** Les progrès sont énormes : la liberté de choisir d'avoir des enfants, sa profession, la vie qu'on veut avoir ; l'égalité et le partage entre les hommes et les femmes. Elle n'aurait pas aimé vivre à l'époque et à la place de sa mère.

5 Les étudiants font des comparaisons avec ce qui s'est passé dans leurs pays.

■ Travail avec le reportage en version vidéo 📼

1 Visionner le début du reportage sans le son (jusqu'au générique).

Caractériser le lieu et les personnes.

▷ *Fiche, ex. 1 :*

Logement ancien rénové – quartier plutôt bourgeois.
Âge : 60 et 40 ans.
Elles sont ensemble (hypothèses) parce que l'une est la femme de ménage de l'autre, une parente, la mère (c'est cette dernière hypothèse qui se vérifiera).

2 Regarder le reportage avec le son jusqu'au générique. Confronter les informations avec les hypothèses qui ont été faites.

▷ *Fiche, ex. 2 :*

	Anne	*Colette*
Profession	*professeur d'allemand*	*femme au foyer*
Mari	*professeur de français*	*médecin (décédé)*
Enfants	*2 enfants*	*5 enfants*

3 Visionner le reportage par fragments (s'arrêter à chaque changement d'intervenant).

Procéder comme pour la version audio, paragraphe 2, 3, 4, 5, ou selon l'ordre des questions posées dans la fiche.

▷ *Fiche, ex. 3 :*

*Colette a **élevé** cinq enfants... Elle n'a pas pu **jouir** de beaucoup de temps libre... C'était une femme **au foyer**... Les femmes ont **conquis** leur liberté. Elles ont **acquis** les mêmes droits... des droits **essentiels**...*

▷ *Fiche, ex. 4 :*

Voir corrigé dans le travail avec la version audio (opinion des deux femmes).

▷ *Fiche, ex. 5 :*

• *jugement porté par Colette :*

– *sur sa génération. Elle n'a pas été malheureuse mais n'a pas été libre. Elle était en accord avec la société de son temps.*

– *sur la génération de sa fille. Elle a vécu une période de progrès et de conquête de tous les droits.*

– *sur la génération de ses petits-enfants. Elle a tout et ne l'apprécie pas.*

• *Jugement porté par Anne :*

– *sur la génération de sa mère. Les femmes n'avaient aucune liberté d'avoir ou de ne pas avoir d'enfants, d'exercer ou pas une profession, etc.*

– *sur sa génération. Anne a tout ce que sa mère n'avait pas : la liberté et des relations de partage avec le conjoint, non conflictuelles.*

Les femmes et les hommes en France

• **Mariage et union libre**

Un couple sur six vit en union libre. Seulement 43 % des Français estiment que pour constituer une famille il est nécessaire d'être marié. Cette proportion diminue encore dans les grandes villes et chez les diplômés. Aujourd'hui, le PACS (Pacte civil de solidarité) donne un statut juridique aux unions hors mariage, en particulier celles des homosexuels.

• **Est-ce vraiment la fin du modèle de la femme au foyer ?**

Pour les femmes de la génération des années 60 et 70, être une femme au foyer était une condition qu'elles refusaient de vivre. La plupart ont exercé une activité professionnelle et aujourd'hui, les femmes représentent presque 50 % de la population active.

Dans les couples, les grandes décisions sont prises en commun. Ce n'est plus l'homme seul qui décide de l'achat de la voiture ou du lieu d'habitation, mais le partage ne s'est pas fait aussi bien pour les tâches ménagères et l'éducation des enfants. Les hommes n'effectueraient que 10 % des tâches domestiques et s'occuperaient moins des enfants que les femmes.

Les femmes qui ont aujourd'hui entre 40 et 60 ans ont dû assumer vie professionnelle et tâches domestiques. Elles ont beaucoup travaillé. Elles correspondaient au modèle de la « super woman » des années 80 que leurs filles rejettent aujourd'hui.

Plusieurs modèles se mettent aujourd'hui en place :

– les grands-parents assistent le couple pour certaines tâches domestiques et pour les enfants (mais les grands-parents veulent aussi profiter de leur retraite) ;

– les femmes qui travaillent ont recours aux crèches, garderies et femmes de ménage (mais elles regrettent de ne pas voir suffisamment leurs enfants) ;

– l'homme et la femme sont tour à tour au foyer selon leur disponibilité.

■ Comparaison des comportements femmes/hommes

1 Lecture du texte d'Ellen Willer.

D'après l'auteur, l'homme qui se rend à l'hypermarché :

– se comporte comme au bureau (préparation, organisation),

– se comporte comme s'il s'agissait d'une mission (sérieux).

La femme :

– se fait plaisir,

– se laisse aller à ses envies, à ses impulsions.

2 Comparer les comportements des hommes et des femmes dans différentes situations.

Recherche à faire par petits groupes, chaque groupe travaillant sur une situation.

N.B. L'objectif, ici, est de susciter l'envie de parler et d'être spontané.

Le texte d'Ellen Willer est humoristique et volontairement provocateur.

■ Découverte du vocabulaire des tâches ménagères

1 Classer.

(1) Se nourrir : c – e – i – j – l – o – p

(2) S'habiller : b – d – h – n

(3) Le logement : a – f – g – k – m – r – c

(4) Divers : q (la voiture) – s (le chien)

2 Discuter (voir livre).

■ Jeu de rôles

À faire si l'on peut constituer des couples (fille – garçon) dans la classe et si les étudiants aiment les jeux de rôles.

Unité 11		Réformer
Pages 154-155	Leçon 5	

■ Objectifs

Communication
- Construire une argumentation.

Culture et civilisation
- L'Académie française.
- L'ENA.
- La Légion d'honneur.
- L'orthographe du français.

Vocabulaire
- une académie – une élite – un dirigeant – une médaille – la Légion d'honneur – une division – la pointe – la coordination – un bataillon – un martyr – un phare – un casse-tête – le contact – l'intégration – une communauté
- réformer – récompenser – simplifier – coordonner – distinguer – comporter – plaider
- accessible – identique – privilégié

Au cours de cette leçon les étudiants prépareront et rédigeront un projet de réforme pour un sujet de leur choix. Ce travail se déroulera en trois étapes.

(1) Choix du sujet après l'examen de quelques institutions françaises que le magazine *Marianne* voudrait voir réformées (p. 154).

(2) Étude d'une argumentation (texte de la p. 155).

(3) Recherche d'idées et rédaction du projet de réforme.

■ Choix du sujet de réforme

1 Lecture et commentaire du texte de la p. 154.

• Lecture du titre et du sous-titre.

Expliquer : *être dépassé* (vieux, inadapté au monde d'aujourd'hui).

• Pour chaque institution :

– rechercher pourquoi elle peut être dépassée ;

– imaginer comment la réformer ;

– faire des comparaisons avec des institutions ou traditions semblables dans le pays de l'étudiant.

2 Recherche collective.

■ Étude du texte de la p. 155

Suivre le déroulement proposé dans le livre.

Plan de l'article

Titre. Position du problème. On s'attend à une démonstration.

Introduction. Généralisation du problème. Malgré les progrès, il reste des archaïsmes dont celui de l'orthographe.

1er paragraphe. Arguments historiques pour la réforme. Orthographe = moyen de sélection.

2e paragraphe. Suite des arguments. Perte de temps. Accroissement des inégalités de chances.

3ᵉ paragraphe. Arguments des opposants à la réforme.
4ᵉ paragraphe. Pour une réforme qui tienne compte des arguments des opposants.
5ᵉ paragraphe. Conclusion. Reprise et généralisation des arguments. Réformes = facteur d'intégration.

■ Travail sur le projet

Voir déroulement dans le livre.

L'orthographe du français

La complexité de l'orthographe du français a plusieurs origines :

(1) L'alphabet latin est insuffisant pour représenter les sons du français. Ainsi le « v » latin va noter [v] et [y].

(2) En fixant l'orthographe, les grammairiens ont cherché à distinguer les mots qui se ressemblent phonétiquement. D'où « vingt », « vin » et « vain ».

(3) Dans leur souci de donner une allure particulière à chaque mot, ils intègrent des traces de l'étymologie. Ainsi, on écrit « 6 » [s i s] : six (latin : *sex*).

(4) Mais on procède aussi à des généralisations. Sur le modèle de « six », on écrit « dix » qui vient du latin *decem*.

(5) Les copistes du Moyen Âge ajoutent ou modifient des lettres pour des raisons de lisibilité. Ainsi le mot « vile » dont le sens était ambigu est devenu « huile » et « ville ».

Informations complémentaires

• Académie française

C'est la plus ancienne et la plus médiatique des cinq académies qui forment l'Institut (académie des sciences, des arts, etc.).

Ses 40 membres (dont 2 femmes seulement en 2000) sont chargés de rédiger et de mettre à jour le *Dictionnaire de la langue française.* Le titre d'académicien est surtout honorifique. Lors des séances plénières, ils portent l'« habit vert » créé au Second Empire.

• L'ENA

Voir « Petites et grandes écoles » dans l'encadré de la leçon 8(5).

• La médaille de la Légion d'honneur

Créée par Napoléon Bonaparte (futur Napoléon Iᵉʳ) pendant le Révolution. Il existe trois grades : chevalier, officier, commandeur. La décoration, « ruban » ou « rosette » (petit bouton), se porte au revers de la veste.

On attribue chaque année environ 4 000 décorations.

Autres décorations importantes et très appréciées par certains : l'ordre national du mérite, l'ordre des palmes académiques (éducation), l'ordre des arts et des lettres (artistes et écrivains).

Corrigé du bilan 11

1 a. Si le cambrioleur **était passé** par la porte, la serrure **aurait été cassée.**

b. Si le cambrioleur **était monté** dans les chambres, nous l'**aurions entendu.**

c. S'il **avait traversé** le jardin, les chiens **auraient aboyé.**

d. Si c'**était** un cambrioleur, l'argent **aurait été volé.**

e. Si la disparition **datait** de la nuit dernière, il **n'y aurait pas** de poussière sur l'étagère.

2 … il faut **choisir**… je préfère que nous ne **fassions** pas le réveillon… j'aime bien que toute la famille **soit réunie**… que leurs cousins **découvrent** avec… que nos amis **viennent** faire le réveillon…

3 a. Il faisait si (tellement) chaud que les hommes avaient enlevé leur veste…

b. Il y avait tant (tellement) de bonnes choses que je n'ai pas pu goûter à tout.

c. J'ai tellement (tant) dansé que je ne sens…

d. J'ai si (tellement) peu bavardé…

e. Les discours étaient tellement (si) longs que personne…

4 Voir transcription p. 176. Dans l'ordre d'écoute :

1. C'était un poisson d'avril

Nous annoncions hier que la tour Eiffel allait être démontée et disparaîtrait définitivement du paysage parisien. Des scientifiques auraient en effet démontré…

2. Le mois le plus court

Cette année, pour cause de ponts à répétition, il n'y aura que seize jours de travail au mois de mai...

3. Attention aux faux pompiers

Des malfaiteurs déguisés en pompiers se présentent chez les gens sous prétexte de leur remettre un calendrier à l'occasion de la nouvelle année...

4. Une hirondelle ne fait pas le printemps

Le mois dernier, l'annonce de 2 000 emplois créés chez Peugeot laissait espérer une diminution du chômage...

5 a. Au réveil, il a dû débarrasser la table, mettre la vaisselle dans le lave-vaisselle, vider les cendriers, passer l'aspirateur, ranger le salon, laver la nappe...

b. Sa mère a dû nettoyer ses vêtements, recoudre les endroits déchirés, laver, repasser...

c. Il faut vider les valises, faire la lessive, repasser et ranger les vêtements dans les armoires et les placards, faire les courses...

Unité 12

Vivre ensemble

Présentation de l'unité

L'étudiant apprendra à faire face à des situations propres à la vie en société : situations de manifestation de solidarité où il s'agit de demander un service, de promettre, d'exprimer la confiance ou la méfiance (12(1)) mais aussi situations conflictuelles où l'on accuse, s'excuse, pardonne (12(3)).

On abordera les thèmes de l'immigration (12(2)), des jeunes (12(4)) et de la défense du patrimoine (12(5)).

Commentaire de la page d'ouverture de l'unité (p. 157)

1. Identification des deux photos (au moins sous forme d'hypothèses)
Explications par l'enseignant et situation sur une carte.

• **Carnac.** Alignements de grandes pierres levées (mégalithes) datant de la Préhistoire (3 000 ans av. J.-C.) et situés en Bretagne près de Lorient. On suppose qu'ils avaient une fonction religieuse.

• **Azay-le-Rideau.** Célèbre château de la Loire construit au début du XVIe siècle dans un site d'eau et de verdure. Son architecture Renaissance rappelle par ses tours les forteresses médiévales.

2. Recherche d'idées. Que signifie pour vous « Vivre ensemble » ? Quelles qualités, compétences, etc., faut-il mettre en œuvre ?

Unité 12
Pages 158-159 | **Leçon 1**

Négocier

■ Objectifs

Communication
- Négocier un accord.
- Exprimer des conditions.
- Promettre.
- Exprimer la confiance ou la méfiance.

Grammaire
- Expression de la condition et de la restriction.

Vocabulaire
- *Vocabulaire de l'expression de la confiance, de la méfiance, de la condition et de la promesse* (voir tableau, p. 159)
- un metteur en scène – un accessoire – une économie
- rendre un service – dépendre (de)
- débrouillard

■ Découverte du document

• L'histoire « L'assistante ». Patrick Marin, metteur en scène de théâtre, est en train de monter *L'Avare* de Molière. Il rencontre par hasard une amie, Charlotte, qui lui demande un petit rôle pour sa fille Valentine qui adorerait faire du théâtre. Le casting de *L'Avare* est fait mais Patrick propose pour Valentine un petit travail d'accessoiriste.

1 Écoute du dialogue selon la technique du dévoilement progressif.

(a) Observer seulement l'image. Qui sont les personnages ? De quoi parlent-ils ? (Toutes les hypothèses sont possibles.)

(b) Lire l'introduction. Expliquer si nécessaire « metteur en scène » (qui dirige la création d'une pièce de théâtre). Avec les étudiants qui ont travaillé sur le Niveau I de *Campus*, reconnaître Patrick Marin (3(2, 3, 4, 5)).

(c) Lire la première réplique. Imaginer la réponse de Patrick.

(d) Vérifier la réponse de Patrick et imaginer la réplique suivante de Charlotte.

(e) Etc.

• Au cours de ce travail, expliquer :

– *rendre un service* : aider ;

– *ça dépend* : On va se promener demain ? – Ça dépend du temps qu'il fera.

– *compter sur quelqu'un* : Ma voiture est en panne, tu peux me conduire au bureau ? – Oui, tu peux compter sur moi (*avoir confiance*).

– *à moins que* : sauf si ;

– *convenir* : satisfaire. Ce travail me convient (me satisfait, correspond à mes capacités) ;

– *accessoires* : au théâtre, tous les objets nécessaires à la pièce ;

– *débrouillard* : qui sait se débrouiller. Un accessoiriste de théâtre doit être débrouillard car on peut lui demander de trouver un fusil du XVIIᵉ siècle, un tabouret qui correspond à la taille du comédien qui va l'utiliser, etc.

2 Relever et compléter avec les expressions du tableau les formes qui permettent de produire le scénario suivant :

(1) Demander un service, de l'aide

(2) Exprimer des conditions (si – à condition que – ça dépend – etc.)

(3) Exprimer la confiance ou la méfiance

(4) Exprimer des restrictions (à moins que – sauf si – etc.)

(5) Promettre

Voir l'emploi du subjonctif après « à condition que » et « à moins que ».

■ Vérification de la compréhension

Il s'agit de quatre scènes de demande d'aide. Voir transcription, p. 177.

	Lieu	Aide demandée	Formule utilisée	Réponse
1	Sur une route	Pousser la voiture en panne	« Vous pourriez me donner un coup de main ? »	« Bien sûr. »
2	Domicile	Accompagner le demandeur en voiture à la gare suite à la grève des transports en commun	« Excuse-moi de te déranger. Je voudrais te demander si tu pourrais me rendre un service. »	« Tu veux que je t'accompagne... »
3	Invitation chez des amis	Couper le pain (suite à une proposition d'aide)	« Tu peux te charger de couper le pain ? »	« Tout à fait. C'est dans mes cordes (mes possibilités). »
4	Extérieur campagne	Appel au secours	« Au secours ! »	(par l'action)

■ Jeux de rôles

• Les trois jeux de rôles sont des variantes du scénario travaillé à la fin de la découverte du document. Ils permettent le réemploi des expressions découvertes dans le dialogue, le tableau et l'exercice d'écoute.
Les 3 situations sont à lire horizontalement et nécessitent chacune trois étudiants (A, B, C). Dans chaque situation, il y a trois scènes.

• *Exemple* : **Situation 1**
Scène 1 (A – B)
A – J'aurais un petit service à te demander.
B – Un petit ou un gros ?
A – Plutôt un gros. Est-ce que tu pourrais me prêter un peu d'argent ?
B – Ça dépend de la somme.
A – 10 000 euros.
B – Qu'est-ce qui t'arrive ? Tu as des problèmes ?
Etc.

Scène 2 (B – C)
B – Au fait, A est passé me voir hier.
A – Pour te demander de l'argent ?
B – Ah, toi aussi ?
A – Évidemment.
B – Tu crois qu'on peut compter sur lui ?
Etc.

Scène 3 (B – A)
B – Excuse-moi. Je te rappelle un peu tard. Mais il a fallu que j'en parle à Marie. Pour le prêt, on est d'accord, mais à une condition. Il faudrait que tu nous rendes l'argent dans un an.

■ Rédaction – Réponse à une demande de service

• Lecture de la lettre, analyse de la demande.
• Recherche des conditions. Demande de renseignements sur l'ami.
Chère amie,
J'ai bien reçu ta lettre. Tu as eu raison d'écrire car j'étais en voyage et mon répondeur est en panne.
J'ai bien lu ce que tu me demandais à propos de mon

appartement et j'aurais dit oui tout de suite si c'est toi qui t'y étais installée. Mais j'ai eu quelques problèmes avec un locataire précédent et avant d'accepter, j'aimerais que tu me donnes quelques renseignements sur cet ami. Sera-t-il seul ? Peut-on compter sur lui ?
D'autre part, je mettrai quelques conditions à mon accord : qu'il n'ait pas d'animal domestique, qu'il ne fume pas dans l'appartement et bien sûr qu'il le laisse dans l'état où il l'aura trouvé.
...

■ Expression orale

Chaque étudiant prépare une question qui peut être insolite (voir les exemples dans le livre).

■ Prononciation et mécanismes
Exercice 107.
Expression de la condition. Un des parents pose la condition avec « si + indicatif », l'autre avec « à condition que + subjonctif ».

Valentine voudrait devenir comédienne. Ses parents posent leurs conditions.
• Est-ce que je pourrai faire du théâtre l'année prochaine ?
– Si tu réussis ton bac.
– Tu pourras faire du théâtre à condition que tu réussisses ton bac.
• Est-ce que vous m'aiderez financièrement ?
– Si tu vas dans une bonne école.
– Nous t'aiderons à condition que tu ailles dans une bonne école.
• Est-ce que vous me paierez le loyer d'un studio ?
– Si tu as de bons résultats.
– Nous te paierons le loyer d'un studio à condition que tu aies de bons résultats.
• Vous croyez qu'un metteur en scène m'engagera ?
– Si tu es douée.
– Un metteur en scène t'engagera à condition que tu sois douée.

Exercice 108.

Intonation des phrases selon le sentiment éprouvé.

Intonation des sentiments. Au cours d'un repas, un invité a été méchant et insolent avec Marie. Plus tard, les autres invités expriment leurs sentiments.
Antoine est mécontent.
Ce que vous avez fait là n'est pas bien du tout !/…
C'est lamentable ce que vous avez fait !/…
Il n'y a vraiment pas de quoi être fier !/…

L'affaire laisse Patrick indifférent.
Ça ne m'étonne pas de lui !/…

Qu'est-ce que vous voulez y faire !/…
Moi, leurs affaires, ça ne m'intéresse pas !/…

Agnès regrette.
Mais pourquoi a-t-il fait ça ?/…
Je regrette qu'il ait fait ça !/…
C'est vraiment regrettable !/…

Catherine est surprise et indignée.
Mais c'est pas croyable des comportements pareils !/…
Je ne peux pas le croire !/…
Je suis révoltée !/…

Unité 12
Pages 160-161 — **Leçon 2**

Comprendre la société

■ Objectifs

Culture et civilisation
• L'immigration en France : origine, histoire, intégration, etc.

Communication
• Parler des groupes sociaux qui composent une société.
• Exposer les problèmes rencontrés par certains groupes sociaux.

Vocabulaire
• *Vocabulaire du thème de la société et de l'immigration* (voir tableau, p. 161)
• une preuve – les alentours – un fantasme – la proximité – une notion – un descendant
• s'intégrer – dynamiser – doper – s'éloigner – mêler – ignorer – revendiquer
• disposé – dérisoire – harmonieux
• forcément – à l'égard de

■ Découverte de l'article

On se fixera comme objectif principal le repérage des idées et des opinions.

1 Lecture du titre et de l'introduction.

Qu'apprend-t-on ? Quelles sont les interrogations que cela suscite ?
(1) Hexagone (France) = melting-pot (différentes nationalités) → Lesquelles ? Pourquoi ?
(2) Difficulté d'intégration → Pourquoi ? Jusqu'à quel point ?
(3) L'immigration dynamise la société → Comment ?

2 Découverte de l'article. Regrouper les informations autour des trois idées principales. Utiliser le tableau donné p. 160.

• Compréhension des mots nouveaux (question 2).
→ Titre et sous-titre : la France (*l'Hexagone*) – s'adapter (*s'intégrer*) – donner de l'énergie (*dynamiser*).

→ Lignes 1 à 10 : en dehors de (*au-delà de*) – regarder avec sympathie (*être bien disposé*) – ce qui est autour (*les alentours*) – centre de la ville (*cœur*) – un rêve (*un fantasme*) – style du Moyen Âge (*gothique*) – stimuler (*doper*).

→ Lignes 11 à 20 : l'idée que… (*proximité*) – inutile (*dérisoire*) – essayer (*tenter*) – ajouter (*mêler*) – ne pas se reconnaître… (*s'ignorer*).

→ Ligne 21 à la fin : autour de la ville (*les zones péri-urbaines*) – acte juridique (*naturalisation*).

• Recherche et classement des idées.
(1) La France pays multiethnique : arrivée des Italiens après la guerre. Puis Portugais, Espagnols, Algériens, autres Maghrébins, Asiatiques.
(2) L'intégration :
→ elle est difficile : ghettos dans les centres-villes et les banlieues – difficulté d'éducation et de formation pour les jeunes Français issus de l'immigration.

→ **mais elle se fait** : *les immigrés dynamisent les quartiers que la bourgeoisie abandonne pour aller vivre à la campagne. L'intégration se fait par naturalisation, mariage ou familiarité.*
(3) **Les immigrés dynamisent notre société.** *Ils redonnent vie au cœur des villes (les quartiers marchands). Ils apportent d'autres habitudes, d'autres mentalités : se coucher plus tard, le goût des couleurs, de la musique, le sens de la parole et de la proximité.*

■ Commentaire

Voir consigne dans le livre.
a. *Elle l'est surtout depuis le milieu du XXe siècle (voir encadré).*
b. *Une partie des classes aisées a tendance à quitter le cœur des villes pour s'installer à la campagne. Les immigrés s'installent donc dans ces quartiers. Cela signifie qu'ils cohabitent, que leurs enfants vont dans les mêmes écoles. C'est donc un début d'intégration.*
c. *Non, et on en a pour preuve l'existence de ghettos en centres-villes ou en banlieues. Les jeunes enfants d'immigrés ont des difficultés à l'école. Devenus adultes, ils trouveront difficilement un emploi intéressant.*
d. *Il faut nuancer. Les réactions d'hostilité existent mais elles sont rares. Cependant « la France, de ses arrivants, n'aime à prendre que leur musique et leur cuisine ».*
e. *Probablement. D'abord, elle en a besoin. Sans eux l'accroissement de la population ne serait pas assez important. Ensuite, ils apportent une autre culture, donc une richesse.*

■ La partie« Exercez-vous »

Réemploi du vocabulaire du tableau.
• *... à un milieu* **aisé** *... c'est donc* **un clandestin** *... il est très bien* **intégré** *... essaie de* **régulariser** *la situation ... Rachid doit obtenir sa* **naturalisation** *... Il est donc* **en situation irrégulière.**

• Suite de l'histoire. Rachid pourra devenir français :
– si le père d'Éloïse fait avancer son dossier de régularisation (80 000 demandes acceptées de 1998 à 2000) ;
– si Éloïse épouse Rachid.

■ Expression orale ou écrite

Expression d'opinions et argumentation.
Voir la consigne dans le livre.

L'immigration en France

• **L'immigration en France : une tradition**
Il suffit de feuilleter l'annuaire des téléphones de villes comme Montpellier ou Marseille pour voir que la proportion de noms d'origines espagnole, italienne ou maghrébine y est importante. Le tiers de la population française actuelle descend d'immigrés de 1re, 2e ou 3e génération. Depuis les années 30 par exemple, le sud de la France a vu arriver des Italiens, des Espagnols et des Portugais poussés à l'exil par les régimes politiques ou les difficultés économiques de leurs pays. Puis, dans les années 60, des Maghrébins, des Africains et des Asiatiques à la suite de la décolonisation de l'empire français et des problèmes politiques et économiques que leurs pays ont connus.

• **La situation actuelle**
Contrairement à ce que pensent beaucoup de Français, la proportion d'étrangers vivant en France n'a presque pas augmenté depuis 1975 (elle est de 6,3 %). Les courants d'immigration ont plutôt été moins forts depuis 1990 que précédemment.
Les immigrés viennent à 41 % d'Europe, à 47 % d'Afrique et à 12 % d'Asie.

■ Objectifs

Communication
• Accuser quelqu'un d'avoir commis une faute, une erreur, etc.
• Reconnaître sa faute.
• S'excuser.
• Pardonner. Excuser quelqu'un.

Prononciation
• Mots d'origine étrangère.

Vocabulaire
• une répétition (théâtre) – une première (théâtre) – une réplique – une maladresse – une cassette (petite boîte)
• jurer – se rendre compte – faire quelque chose exprès

Comportement et mentalité
• Politesse et règles de civilité.

■ Découverte du document

• L'histoire «L'assistante». Le metteur en scène Patrick Marin a engagé Valentine, la fille de son amie Charlotte, comme assistante accessoiriste pour *L'Avare* de Molière. Mais Valentine accumule les maladresses.

1 Observation de l'image et écoute de la première scène (jusqu'à « N'y pensons plus »).

• Repérer les personnages et la situation (répétition générale).
Pourquoi Patrick est-il mécontent ? Qui a commis la maladresse ?
Noter l'expression de la déculpabilisation (*Je n'y suis pour rien*) du technicien ainsi que les excuses de Valentine.

2 Récit dialogué de la maladresse (question 1)

Charlotte : Alors, tu es content de Valentine ?
Patrick : Ben, elle est mignonne et pleine de bonne volonté mais quelle maladroite !
Charlotte : Que s'est-il passé ?
Patrick : Figure-toi qu'elle a tiré le rideau avant la fin. Etc.

3 Écoute du début de la scène suivante.

• Présenter la situation.
N.B. Harpagon, le héros de *L'Avare*, cache ses pièces d'or dans une cassette (petit coffre-fort) qu'il range dans une armoire et qu'il surveille régulièrement. Comme il se montre égoïste et odieux avec ses enfants et ses domestiques et que de surcroît il convoite la jeune fille qu'aime son fils, son valet lui volera sa cassette, déclenchant chez le vieil avare une crise de folie qui est un des grands moments de la pièce.

• Imaginer la suite de la scène (sur le canevas de la première)
– colère de Patrick,
– accusation par le comédien,
– excuses de Valentine,
– menaces de Patrick et dernières excuses.

■ Recherche de situations fautives

a. Avec une voiture

(1) écraser son ennemi – (2) stationner sur le trottoir – (3) se garer avec une roue sur le trottoir – (4) insulter un autre automobiliste – (5) rouler trop vite – (6) rouler trop lentement – (7) passer au rouge – (8) laisser ses phares allumés.

b. À la maison

(1) empoisonner son mari – (2) mettre ses enfants à la porte – (3) se mettre en colère et casser la vaisselle – (4) insulter sa femme – (5) être trop sévère avec ses enfants – (6) être trop laxiste – (7) tromper son mari – (8) ne pas s'occuper de ses enfants.

c. Au travail

(1) assassiner son chef – (2) arriver très en retard – (3) faire remarquer à son chef que sa cravate est tachée – (4) dire au chef que votre collègue est sorti plus tôt hier soir – (5) rester au bureau tard dans la nuit – (6) s'endormir au bureau – (7) oublier un zéro dans les comptes – (8) oublier le dossier Dubreuil.

d. En vacances

(1) pousser quelqu'un du haut d'une falaise – (2) faire du feu dans la forêt – (3) arriver à l'hôtel le lendemain du jour réservé – (4) pousser une personne habillée dans la piscine – (5) rester huit heures en plein soleil – (6) prendre un plat de plus au déjeuner – (7) se tromper de route – (8) oublier sa carte routière à la maison.

■ Jeux de rôles

Les deux jeux de rôles sont des variantes du scénario du dialogue.

■ Commentaire du document « Impolitesses et incivilités »

1 Découverte collective de la liste. Pour chaque phrase :
– assurer la compréhension,
– discuter de la gravité de l'infraction à la règle. Dans certains pays, ou à titre individuel, on pourra penser que doubler quelqu'un dans une file d'attente est plus grave que cracher dans la rue (sauf si c'est sur les pieds de quelqu'un) ;
– apporter éventuellement un témoignage.

2 En petits groupes, les étudiants font la liste des 10 incivilités qui leur paraissent les plus graves.

■ Prononciation et mécanismes

Exercice 109.
Construction des nouveaux verbes avec des pronoms.

Des jeunes sont en train de créer une association. La présidente et un ami se demandent qui pourrait être trésorier.
• On peut faire confiance à Patrick ? Non ?
– Non, on ne peut pas lui faire confiance.
• Qu'est-ce que tu reproches à Patrick ? Il est désorganisé ? Oui ?
– Oui, je lui reproche d'être désorganisé.
• Et tu crois qu'on peut compter sur Caroline ? Non ?
– Non, on ne peut pas compter sur elle.
• De quoi tu accuses Caroline ? D'être malhonnête ? Oui ?
– Oui, je l'accuse d'être malhonnête.
• Et tu crois qu'on peut se fier à Pierre ? Oui ?
– Oui, on peut se fier à lui.

Exercice 110.
Les mots d'origine étrangère prononcés à la française.

Prononciation des mots d'origine étrangère. Répétez. Trouvez leur origine.

• une pizzeria/…	italien
• un e-mail/…	anglais
• une pasionaria/…	espagnol
• des zakouskis/…	russe
• le karaoké/…	japonais
• des kebabs/…	turc
• des lasagnes/…	italien
• une baby-sitter/…	anglais
• un patio/…	catalan
• des merguez/…	arabe

Unité 12
Pages 164-165 | Leçon 4

Faire des commentaires

■ Objectifs

Communication
• Donner la signification d'un fait.
• Introduire un exemple.
• Mettre en relation des faits et des idées.

Comportements et mentalités
• Les jeunes.

Vocabulaire
• un adulte – un risque – un régime (politique) – un prétexte – la vieillesse – la majorité (âge) – des gorges (géographie)
• enthousiasmer – motiver – surgir – se mêler de
• favorable – fixe – joignable – livré (à soi-même)

■ Lecture et commentaire du document « Regards et témoignages »

• Il s'agit ici d'apprendre à donner la signification d'un fait et de passer du général au particulier.
On emploiera les expressions données dans la rubrique correspondante du tableau.

À 15 ans, Capucine souhaite partir en vacances avec des copains et sans être accompagnée par un adulte. Cela montre que les jeunes veulent une certaine indépendance plus tôt que dans le passé.

• Dégager chaque idée et formuler sa signification.
Pour Capucine, ces vacances sans adulte constituent une aventure → goût du risque propre à l'adolescence.
Elle est dans un endroit fixe et joignable → les jeunes ne veulent pas rompre avec les parents.
Etc.

■ Lecture du document « Analyse » et écoute de témoignages oraux 🎧

Les idées (document « Analyse »)	Les exemples (document sonore)
Les jeunes de la génération « Internet » (nés dans les années 80) veulent être autonomes dès 12-14 ans.	Ce fils de 16 ans qui vit chez ses parents mais se fait lui-même sa cuisine.
Les jeunes ont un pouvoir de décision dans la famille qu'ils considèrent comme une assemblée parlementaire.	Les enfants de Corinne refusent de déménager. Ils mettent en avant le changement d'école, la perte des copains.
Les jeunes aiment le risque. En cela aussi ils se démarquent des adultes et de leur obsession de la sécurité.	Ce jeune homme qui pratique une activité dangereuse : le rafting (descente de torrents en glissant).

Mettre en relation les idées et les exemples en employant les mots de la rubrique « Donner des exemples ».

■ Comparaison avec les comportements dans le pays de l'étudiant

Dégager la signification des comportements propres au pays de l'étudiant en utilisant les expressions de la rubrique « Mettre en relation des faits et des idées ».

■ Rédaction d'un catalogue de souhaits

1 Lecture et commentaire de la proposition de Françoise Dolto.
Arguments pour : À 15 ans, les jeunes ont besoin d'autonomie – Il y a des conflits avec les parents – Certains jeunes commettent des actes dont les parents ne peuvent être tenus pour responsables – À 15 ans, on peut très bien se débrouiller (sauf financièrement).
Arguments contre : Tous les jeunes n'ont pas la maturité pour être indépendants – La solution financière proposée par F. Dolto n'est pas claire. Va-t-on verser une somme d'argent à ces jeunes sans qu'ils travaillent ? Est-il bon d'habituer quelqu'un à recevoir de l'argent sans contrepartie ?

2 Formuler un souhait en forme de proposition argumentée pour les jeunes d'aujourd'hui.
Ce souhait peut porter sur les relations familiales, la vie scolaire, les programmes, les relations avec les enseignants, les formateurs, etc.

Unité 12
Pages 166-167 | Leçon 5

Parler du patrimoine

■ Objectifs

Culture et civilisation
• Les monuments et les sites qui appartiennent au patrimoine de la France.

Communication
• Présenter un monument ou un site appartenant au patrimoine.

Vocabulaire
• un comble (grenier) – une frontière – une victime – une défense – l'unanimité – la mise en place – un canton – la formation – la justice
• aménager – se réfugier – piller – s'ensuivre – renforcer – témoigner – s'imposer – investir – se déplacer
• fortifié (château)

Cette leçon comporte deux parties :
(1) la compréhension d'un reportage en version audio ou vidéo ;

(2) un travail de recherche personnelle en vue de la présentation à la classe d'un site ou d'un monument français inscrit au patrimoine mondial.

■ Travail sur le reportage en version audio 🎧

1 Lecture compréhension du texte de présentation.

Réponses aux questions.

a. Parce que c'est un bon exemple des églises fortifiées de la Meuse.

b. Pour se protéger des invasions et des pillages. L'église était un lieu de refuge.

c. Parce qu'elle était située sur la frontière entre le royaume de France et l'Empire germanique, souvent en guerre l'un contre l'autre.

d. Parce que l'église a été classée monument historique et qu'elle possède des combles importants. Le musée a pour but de témoigner de l'époque dont on vient de parler.

2 Écoute du reportage et relevé des arguments.

Voir transcription, p. 177.

• *Arguments pour*

L'église de Saint-Pierrevilliers est le meilleur exemple des églises fortifiées de la Meuse.

Ça fait connaître le village. Ça lui donne de l'importance.

L'idée de créer un musée a fait l'unanimité.

• *Arguments contre*

L'argent aurait été plus utile dans les secteurs du logement, de la formation ou de la justice.

Le musée ne suffit pas pour faire déplacer les gens.

3 Présenter des réalisations contestées.

■ Travail sur le reportage en version vidéo 📼

1 Regarder le reportage sans le son.

• Faire l'inventaire de ce qu'on a vu.

• Imaginer le sujet du reportage et ce dont parlent les gens.

▷ *Fiche, ex. 1 :* On peut tout cocher, y compris le château fort dont on voit des fragments sur une gravure.

▷ *Fiche, ex. 2 et 3* (Après visionnage avec le son) :

a. Sujet : le musée de l'église de Saint-Pierrevilliers et l'opinion des habitants de la commune.

b. Les gens approuvent la création du musée. Certains critiquent mais pas devant la caméra.

2 Regarder la première moitié du reportage (jusqu'à ce que les habitants s'expriment).

• Faire le point sur ce qui a été compris.

• Lecture de l'introduction du reportage dans le livre.

• Écoute fragmentée et compréhension du détail.

▷ *Fiche, ex. 4 :* a.3 – b.5 – c.2 – d.1 – e.4.

▷ *Fiche, ex. 5 :*

a. du XVᵉ siècle.

b. des armées qui traversaient la frontière et pillaient les villages.

c. ils se réfugiaient dans l'église fortifiée.

d. non, d'autres églises de la région de la Meuse étaient fortifiées.

3 Écouter les témoignages des habitants de Saint-Pierrevilliers.

▷ *Fiche, ex. 6 :*

… de créer **un espace muséographique**.

… le projet n'a pas fait **l'unanimité**.

Quelques **mauvaises langues** le critiquent.

… des habitants le **soutiennent**.

La mairie **a investi**…

▷ *Fiche, ex. 7 :*

• *Arguments contre*

– Il aurait mieux valu investir dans le logement, la formation ou la justice.

– Peu de gens viennent car il n'y a que ce musée à voir dans le village.

• *Arguments pour*

– L'église de Saint-Pierrevilliers est le meilleur exemple des églises fortifiées de la Meuse.

– Ça fait connaître le village.

■ Recherche sur le patrimoine français

Voir consigne dans le livre.

N.B. Photos du document « Au patrimoine mondial ». De haut en bas :

– le canal du Midi ;

– étape sur le chemin de Saint-Jacques de Compostelle (situé en Espagne mais le chemin qui part de France est jalonné de sites magnifiques comme l'abbaye de Conques (vers Rodez dans l'Aveyron)) ;

– la cathédrale de Bourges.

■ Recherche d'une idée de timbre poste

Voir consigne dans le livre.

Corrigé du bilan 12

1 En juillet, **à moins que** (sauf si) le directeur me demande de…

Ça dépend du travail qu'il y aura…

Oui, **à moins qu'**il n'aille quelque part…

… **si** Marie est d'accord.

… **à condition que** Marie n'ait pas changé d'avis.

2 *Charlotte* : Antoine aurait besoin de 10 000 euros !

La mère : Il n'en est pas question. Je n'ai pas confiance en lui.

Le père : Pourquoi ne pas lui faire confiance ? À condition qu'il nous promette de les rendre.

Charlotte : Vous pouvez compter sur lui.

Etc.

3 … il a **émigré** en France…

Il a donc demandé sa **naturalisation**.

Il appartient aux classes **aisées**.

Il est entré en France **clandestinement** et il n'a pas de **carte de séjour** ni de **permis de travail**. Manjul l'aide pour qu'il **régularise** sa situation.

4 a. Je suis désolé. Je ne l'ai pas fait exprès.

b. Je vous prie de m'excuser.

c. C'est de ta faute. Ta négligence est impardonnable !

d. Ce n'est pas grave. Si j'en avais eu besoin je t'aurais appelée. Ne t'inquiète pas. Il n'y a pas de mal.

e. Avoue ! C'est toi le responsable.

5 Voir transcription, p. 177.

(Tous ces lieux ont été vus dans *Campus I* ou *II*.)

a. Marseille

b. les Pyrénées

c. Versailles

d. le Quartier latin

e. les crêpes de Mardi-Gras (ou de la Chandeleur)

f. le 14 juillet

g. la Coupe de France de football

h. la Camargue

Fiches vidéo

▷ Visionnez le reportage sans le son.

1. Cochez ce que vous avez vu.

❏ des ordinateurs   ❏ une statue   ❏ des consommateurs

❏ un magasin   ❏ une avenue   ❏ une exposition

❏ une galerie   ❏ un garçon de café   ❏ une entrée de bar

2. Quel est le sujet du reportage ?

❏ un quartier de Paris

❏ un café original de Paris

❏ une rue de Paris

3. Remettez dans l'ordre les personnes qui parlent.

a. Ils discutent devant un café.

b. Elle adore le Web Bar.

c. Il dit qu'il cherche du travail sur Internet.

d. Elle commente l'exposition.

e. Elle dit qu'elle envoie des messages à sa famille.

Ordre : ....

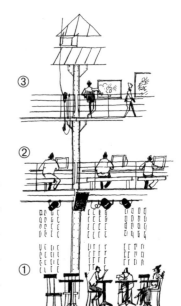

4. Indiquez les différents espaces du Web Bar.

1. ....

....

2. ....

....

3. ....

....

◁)) Visionnez le reportage avec le son.

5. Visionnez la première moitié. Remplacez les mots soulignés par des mots que vous avez entendus.

Le Web Bar se trouve <u>tout près</u> de la place de la République.   ....

Pour <u>s'orienter</u>, c'est facile. Au milieu de la place, il y a une statue   ....

qui regarde <u>Paris</u> d'un air <u>volontaire</u>.   ....

Le Web Bar est un endroit <u>à la mode</u>.   ....

On peut y voir une exposition de photos <u>prises par</u> Denis Bourges.   ....

6. Dites si les phrases suivantes sont vraies ou fausses.

.... **a.** Au Web Bar, il y a une exposition de photos sur la vallée de Narmara en Inde.

.... **b.** La vallée de Narmara est loin des grandes villes.

.... **c.** Denis Bourges est né en Inde.

.... **d.** Le lieu d'exposition est très éclairé.

.... **e.** Les photos exposées sont grandes et les couleurs sont belles et contrastées.

7. Visionnez la deuxième moitié. Cochez ce qu'on peut faire au Web Bar.

❏ dîner   ❏ regarder des films   ❏ prendre le petit déjeuner

❏ discuter entre amis   ❏ écouter de la musique   ❏ voir des expositions

❏ lire le journal   ❏ participer à des débats   ❏ boire un verre

❏ envoyer des messages   ❏ consulter Internet   ❏ danser

8. Complétez la fiche à l'aide du reportage et de l'extrait du « Petit Futé », p. 14.

WEB BAR	
• **Situation** .... • **Heures d'ouverture** .... • **Cadre** .... • **Histoire du lieu** .... • **Actualité du lieu**	• **Description des différents espaces** **1.** .... **2.** .... **3.** .... • **Fréquentation** .... • **Motivations et préférences du public** ....

🔇 **Regardez le reportage sans le son.**

1. Répondez et cochez.

a. Quel est le sujet du reportage ?

....

....

b. Quelles sont les deux activités pratiquées ?

....

....

c. Dans ce club il y a
❑ seulement des jeunes
❑ plus de femmes que d'hommes
❑ des gens de toutes les tranches d'âge

2. Entourez les intrus. Quels sont les objets qu'on ne voit pas ?

une casquette – des chaussures de sport – une chemise – un collant – un jogging

des lunettes de soleil – un pantalon – une serviette – un short – un tee-shirt

🔊 **Regardez le reportage avec le son.**

3. Regardez la partie « Motivations ». Trouvez les motivations des trois personnes. Notez dans la deuxième colonne comment elles sont exprimées.

Motivations	Expressions utilisées
Être plus beau	
Rester en bonne santé	la remise en forme
Se préparer aux compétitions	
Se détendre	
Rencontrer des gens	

4. Regardez la partie « Image de soi ». Reliez chaque mot avec la partie du corps qui correspond.

Indiquez à droite les améliorations physiques que souhaitent les quatre personnes.

les cuisses •

les fesses •

les hanches •

la poitrine •

le ventre •

être un peu plus grande (grandir)

....

....

....

....

5. Regardez la partie « Image de l'autre ».

a. Complétez le tableau.

	L'homme idéal pour les deux femmes	La femme idéale pour l'homme
Qualités physiques	....	....
Autres qualités	la beauté du cœur	....

b. Trouvez les mots qui correspondent aux qualités citées par les trois personnes.

Exemple : la beauté du cœur → aimable, généreux…

a. aimable
b. agréable
c. amusant(e)
d. bête
e. bien habillé(e)

f. brillant(e)
g. bronzé(e)
h. brutal(e)
i. charmant(e)
j. chauve

k. doux (douce)
l. enveloppé(e)
m. fin(e)
n. grand(e)
o. généreux (généreuse)

p. maternel(le)
q. mignon(ne)
r. mince
s. musclé(e)
t. ridé(e)

Regardez le reportage sans le son.

1. Pour comprendre le reportage remettez dans l'ordre les phrases de cet article de presse.

TEMPÊTE CATASTROPHIQUE SUR LA FORÊT DES VOSGES

a Cette tempête a touché la forêt des Vosges.

b Les bûcherons ont dû couper des milliers d'arbres arrachés par la tempête.

c Le 26 décembre 1999, une tempête a traversé le nord de la France.

d Une partie de la forêt a été détruite.

e L'ONF (Office national des forêts) et l'association Oiseaux-Nature cherchent des solutions pour la faune et la flore de la forêt.

2. Choisissez trois images pour illustrer les phrases de l'article.

a. ....

b. ....

c. ....

Regardez le reportage avec le son.

3. Regardez la première partie (jusqu'au moment où Mme Bernardin parle). Complétez avec les mots que vous entendez et à l'aide de la définition.

Nous sommes dans la forêt des Vosges en .... (1).	(1) une saison
Une femme qui marche dans la forêt arrive dans une .... (2).	(2) partie sans arbres de la forêt
Les arbres semblent avoir été .... (3).	(3) couper en tirant
Des .... (4) d'arbres sont à terre.	(4) partie de l'arbre
C'est le .... (5) de la tempête du 26 décembre 1999.	

Cette tempête a .... (6) une partie de la forêt.

Dans la forêt des Vosges, on peut .... (7)

l' .... (8) de la catastrophe ;

Marc Leclère est .... (9) à l'ONF.

Catherine Bernardin est .... (10) de l'association Oiseaux-Nature.

(5) l'effet, la conséquence

(6) le contraire de construire

(7) voir avec précision

(8) la grandeur

(9) travailleur

(10) sous-chef

4. Regardez la fin du reportage. Trouvez dans la colonne de droite le sens des mots de la colonne de gauche. (Deux mots peuvent avoir le même sens.)

a. un arbuste

b. consommer

c. dévaster

d. la faune

e. la flore

f. introduire

g. laisser en l'état

h. maintenir

i. se nourrir

j. provoquer

k. tirer parti

(1) les animaux

(2) ne rien changer

(3) causer

(4) détruire

(5) manger

(6) mettre (ici, planter)

(7) un petit arbre

(8) les plantes

(9) profiter

5. Cochez les phrases vraies. (Il peut y avoir plusieurs réponses.)

a. Catherine Bernardin et Marc Leclère sont allés dans la forêt...

❑ pour mesurer l'importance des destructions

❑ pour voir les réalisations de l'association Oiseaux-Nature

❑ pour mettre en forme le projet de l'association

b. Après la tempête, l'association s'est posée les questions suivantes :

❑ Comment réparer les dégâts causés par la tempête ?

❑ Comment s'adapter au nouveau visage de la forêt ?

❑ Comment améliorer les conditions de vie des oiseaux ?

c. L'association a décidé...

❑ de replanter la forêt

❑ de créer de nouvelles clairières là où des arbres sont tombés

❑ de planter de petits arbres et des arbres fruitiers

❑ de mettre des nids artificiels

FICHE VIDÉO

🔇 **Regardez le reportage sans le son.**

1. Répondez.

a. Où a lieu le reportage ? ....

b. Quel est son sujet ? ....

c. Comment l'histoire est-elle racontée ? ....

....

d. À quelle époque se passe l'histoire ? ....

....

e. Quelles sont les images qui montrent que dans l'histoire il y a :

• un jugement : ....

• une condamnation : ....

• un miracle : ....

🔊 **Regardez le reportage avec le son.**

2. Remettez dans l'ordre ces moments de l'histoire.

a. Élophe est condamné à mort et on lui coupe la tête.

b. Au cours d'une fête, Élophe détruit les statues des idoles païennes.

c. Ses parents, qui sont riches, le font libérer.

d. On met Élophe en prison.

e. Mais il se relève et prend sa tête dans ses mains.

f. Mais il refuse de se convertir au paganisme.

g. Avec sa tête sous le bras, il monte jusqu'au sommet de la colline où il a décidé d'être enterré.

3. Réécoutez le début du reportage (jusqu'au moment où la guide parle). Complétez.

L'histoire de saint Élophe se passe en ....

À cette époque, l'empereur Julien l'Apostat .... à l'empereur Constantin.

Constantin était .... mais Julien l'Apostat est païen.

Il fait rouvrir les ....

Les gens recommencent à adorer des .... et à organiser des fêtes ....

....

Le christianisme recule. Le .... se développe.

4. Réécoutez la suite. Remplacez les mots soulignés par des mots du reportage.

a. Élophe était un chrétien <u>qui avait la foi</u>. (...*fervent*...)

b. Il a détruit les idoles. C'était <u>un acte contraire à la religion</u>. (....)

c. On l'a <u>pris</u> et on l'a mis en prison. (...............................)

d. On l'a condamné à <u>avoir la tête coupée</u>. (....)

e. <u>La personne qui devait exécuter</u> Élophe lui a demandé de choisir <u>le lieu ou il voulait être enterré</u>.

(...............................) (....)

f. On lui a <u>coupé</u> la tête. (...............................)

g. Après son exécution, Élophe <u>est monté sur</u> une colline. (...............................)

5. Cochez les phrases vraies.

a. À propos du siège en pierre

❑ Quand on s'assied dessus ça porte bonheur.

❑ Le rocher a pris la forme d'un siège quand Élophe s'est assis dessus.

❑ Saint Élophe s'est assis sur ce rocher quand il est arrivé en haut de la colline.

b. À propos de la fontaine

❑ C'est une source qu'Élophe a fait jaillir en tapant sur le rocher

❑ L'eau est miraculeuse

❑ Élophe s'est baigné dans l'eau de cette source

Regardez le document sans le son.

1. Donnez des informations sur la personne qui parle.

Son nom :..

Sa profession :...

Réussit-elle dans sa profession ?..

....

....

2. Entourez les mots qui peuvent décrire les vêtements présentés.

long / court

tissu épais / tissu fin

lourd / léger

coloré / terne

symétrique / asymétrique

3. Lisez pour préparer l'écoute du document.

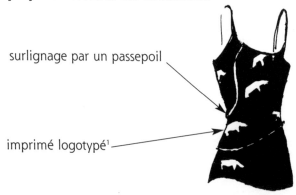

surlignage par un passepoil

imprimé logotypé[1]

Une robe de majorette(*cheer leader*) présentée par Delphine Murat.

1. Delphine Murat ajoute : « Je dirais même rhinotypé. » Elle fait un jeu de mot sur « logotypé » et « rhinocéros ». (La robe est décorée de motifs représentant des rhinocéros.)

 Regardez le document avec le son.

4. Cochez les phrases vraies.

a. Le défilé de mode qu'on voit présente...

❑ la collection de Christian Dior

❑ les récentes créations de Delphine Murat

❑ une ancienne collection de Delphine Murat

b. Delphine Murat s'est inspirée…

❏ des robes de majorettes

❏ des vêtements de sport

❏ du style glamour du cinéma américain des années 50

c. Quand Delphine Murat a l'idée d'une nouvelle robe, c'est :

❏ sans réfléchir

❏ après une étude sur l'histoire du vêtement

❏ en regardant la nature

❏ selon une inspiration

❏ après un travail de recherche technique

5. Indiquez les phrases qui ne correspondent pas aux opinions de Delphine Murat sur la mode.

a. Aujourd'hui, il n'y a pas de mode unique.

b. La mode d'aujourd'hui ressemble à celle des années 60 et 70.

c. Avant, on portait un vêtement pour être plus beau.

d. Aujourd'hui, on porte les vêtements qu'on aime.

e. Aujourd'hui, le vêtement représente ce qu'on voudrait être.

f. Aujourd'hui, on porte un vêtement pour ressembler aux autres, pour ne pas être différent.

6. Indiquez les étapes du parcours professionnel de Delphine Murat.

1. Études ....

....

2. ....

....

3. ....

....

4. ....

....

5. ....

....

Regardez le reportage sans le son.

1. Retrouvez l'ordre des images.

☐ l'entrée de la Cité des enfants

☐ l'espace Météo-Cité

☐ le jeu « La fontaine renversante »

1 vue générale de la Cité des sciences et de l'industrie (avec la Géode)

☐ escalier mécanique

☐ l'espace où on tourne un film en faisant un travelling

☐ l'espace « Langues du monde »

☐ un bassin avec un jet d'eau

2. Au cours de quelle activité les enfants font-ils les actions suivantes ?

(1) parler dans un micro

(2) pomper

(3) filmer

(4) écouter et reconnaître

(5) visionner

(6) danser

(7) tourner une manivelle

(8) présenter (une émission de télévision)

a. Météo-Cité

b. Chariot travelling (tournage du film)

c. Langues du monde

d. La fontaine renversante

Regardez le reportage avec le son.

3. Trouvez la définition.

a. « Prendre d'assaut », c'est...

b. Un lieu d'émerveillement, c'est...

c. Un « tuyau », c'est...

d. « C'est marrant » signifie...

e. Le clou du spectacle, c'est...

f. Un pro, c'est...

(1) c'est amusant

(2) un professionnel

(3) la plus grande attraction

(4) entrer dans un lieu comme une armée en pays ennemi

(5) pour faire circuler l'eau

(6) un endroit magique

4. Complétez les explications.

a. Dans l'espace Météo-Cité, les enfants jouent à ....

....

b. L'espace Chariot travelling permet aux enfants de ....

....

c. Le rôle de l'espace Langues du monde est de ....

....

d. Avec le jeu « La fontaine renversante », les enfants .... d'eau une boule

qui se renverse quand elle est pleine.

5. Réécoutez les commentaires des adultes à la fin du reportage.
a. Trouvez dans le reportage les expressions qui signifient :

(1) faire toucher   ....

(2) voir et comprendre   ....

(3) on joue beaucoup   ....

(4) l'enfant n'est pas passif   ....

b. Au début du reportage, le commentateur dit que la Cité des enfants est un espace « de savoir et d'émerveillement ».
Dans les commentaires des adultes, relevez ce qui justifie ces mots. Complétez avec vos commentaires.

Espace de savoir	Espace d'émerveillement

Reportage
Profession céramiste

🔇 **Regardez le reportage sans le son.**

1. Répondez.

a. Où se passe le reportage ?..

b. Qui parle ?...

c. Est-ce... ?   ❏ une femme artisan

❏ une artiste

❏ une scientifique

d. Que fait-elle ?...

e. Quelles sont les couleurs des objets fabriqués ?...

....

....

f. Des formes apparaissent sur les objets fabriqués. À quoi vous font-elles penser ?.....................

....

....

🔊 **Regardez le reportage avec le son.**

2. Un journaliste interroge la céramiste Claire de Lavallée. Répondez pour elle.

a. Claire de Lavallée, depuis combien de temps faites-vous ce métier ?...............................

....

b. Que faisiez-vous avant ?...

....

c. Comment la céramique est-elle devenue votre métier ?..

....

d. Vous avez fait des études d'arts plastiques ?...

....

....

e. Qu'est-ce qui vous inspire ces formes et ces couleurs ?...

....

....

3. Trouvez le sens des mots utilisés par Claire de Lavallée pour dire ce qui l'inspire.

Exemple : a. 2.

a. une brindille	(1) trace laissée par un objet dur qu'on presse sur un autre
b. un caillou	(2) petite branche d'arbre
c. un(e) copiste	(3) on y écrit le nom des rues et les numéros des voitures
d. une empreinte	(4) le bord de la mer
e. une galaxie	(5) petite pierre ronde
f. une plaque	(6) appareil utilisé pour observer les étoiles
g. une nébuleuse	(7) personne qui copie les livres
h. un rivage	(8) appareil envoyé dans l'espace pour faire des mesures
i. une sonde spatiale	(9) groupe d'étoiles
j. un télescope	(10) formes floues que l'on voit dans le ciel.

4. Cochez les phrases qui expliquent le travail de Claire de Lavallée.
Indiquez chaque fois le mot qu'elle emploie.

Pour Claire de Lavallée, les céramiques…

❏ sont des créations uniques .. *(On les fait une par une. Ce ne sont pas des objets industriels.)* ....

....

❏ correspondent aux formes et aux couleurs de l'univers ....

....

❏ contiennent une idée, un message ....

....

❏ permettent de s'évader du quotidien ....

....

❏ permettent de guérir les problèmes psychologiques de l'artiste...........................

....

❏ possèdent une forme mystérieuse...

....

Regardez le reportage sans le son.

1. Cochez ce que vous avez vu.

a. Le sujet du reportage, c'est...

❏ les activités à l'école en France

❏ les différentes écoles fréquentées par un enfant

b. Dans ce reportage vous avez vu les enfants...

❏ dessiner   ❏ lever la main

❏ écouter une histoire   ❏ prendre la parole

❏ écrire un scénario   ❏ se boucher les oreilles

❏ faire des additions   ❏ taper dans leurs mains

❏ jouer dans la cour   ❏ utiliser des instruments de musique

c. Vous avez vu les objets suivants :

❏ un banc   ❏ des chaises   ❏ une gomme   ❏ une table

❏ un cahier   ❏ des crayons de couleur   ❏ un livre illustré ❏ un tableau

❏ un cartable   ❏ des étagères   ❏ une règle   ❏ une trousse

❏ un casier   ❏ un feutre   ❏ un sac à dos   ❏ un stylo

Regardez le reportage avec le son.

2. Complétez le tableau ci-contre.
Posez des questions au professeur pour connaître des informations qui ne sont pas dans le reportage.

3. Réécoutez la fin du reportage (le débat sur les incivilités dans un lycée).
Notez :

a. ce que les élèves veulent : ....
....

b. ce que les élèves ne veulent pas : ....
....

c. ce que les professeurs trouvent facile : ....
....

d. ce que les professeurs trouvent difficile : ....
....

Type d'école	Âge des élèves	Buts de l'enseignement	Activités pratiquées	Examens
École maternelle	2 ans → 5/6 ans			
École primaire				
Collège				
Lycées (d'enseignement général, techniques, professionnels)				

FICHE VIDÉO

🔊 **Regardez le reportage avec le son.**

1. Complétez la fiche signalétique de la personne qui parle.

• **Nom** : .... • **Prénom** : ....

• **Nom d'artiste** : ....

• **Profession** : ....

• **Père** : .... • **Mère** : ....

• **Enfance** : ....

• **Jeunesse** : ....

• **Voyages et séjours à l'étranger** ....

→ **pays de résidence** : ....

....

→ **activités** : ....

....

....

....

→ **langues parlées** : ....

• **Séjours à Paris** : ....

....

• **Activités à Paris** : ....

....

2. D'après Christopher Warner, les affirmations suivantes sont-elles vraies ou fausses ?

a. On ne peut pas juger les gens d'après leur métier. ....

b. Les réceptions mondaines, c'est passionnant. ....

c. Ce que les gens sont est plus intéressant que ce qu'ils font. ....

d. L'important dans la vie, ce sont les émotions et les sentiments. ....

e. Les gens portent un masque. ....

f. Il faut s'intégrer à la société. ....

3. Reliez. Trouvez deux mots pour chaque expression de Christopher Warner.

Exemple : a → 9.

Quand Christopher Warner parle...

a. des contacts formels

b. des fonctions sociales

c. du côté humain des gens

d. des émotions

e. du cœur

... cela vous fait penser...

(1) à l'amour
(2) à la beauté
(3) à la carrière
(4) à un carnet d'adresses
(5) à la compréhension
(6) à la générosité
(7) aux honneurs
(8) au plaisir
(9) à la politesse
(10) à la solidarité

4. Quels sont les souhaits de Christopher Warner ?

Pour lui ?...

....

....

Pour les autres ?...

....

....

....

5. Quels sont les lieux et les choses que l'on voit dans le reportage ? Énumérez-les.

....

....

....

Le décor de l'entretien avec Christopher Warner est-il bien choisi ?

....

....

....

Regardez le reportage sans le son.

1. Cochez ce que vous avez vu.

a. Le Bouillon Racine est un restaurant...

❏ moderne   ❏ ancien

b. Dans ce restaurant, on peut manger :

❏ à table   ❏ au comptoir

c. On peut aussi...

❏ faire un repas léger

❏ acheter de la bière

❏ manger des spécialités belges

Regardez le reportage avec le son.

2. Regardez le reportage jusqu'aux commentaires de la cliente. Complétez ces informations sur le Bouillon Racine.

• Date de création du restaurant

....

• Origine du nom du restaurant

....
....
....
....

• Clientèle

à midi ....
....

le soir..
....

• Le chef..
....

• Caractéristiques de la cuisine

....
....
....

Aide à la compréhension

Deux plats belges à la carte du Bouillon Racine :

• *Le waterzoi à l'anguille au vert* Le waterzoi est une soupe cuite avec des morceaux de poulet ou de poissons (l'anguille est un poisson en forme de serpent).

• *Rognons de veau à la liégeoise* Morceaux de veau cuits dans la bière.

3. Écoutez les commentaires des deux femmes. Les affirmations suivantes sont-elles vraies ou fausses ?

a. Les deux clientes sont des habituées. ....

b. La première cliente prend souvent une salade verte. ....

c. En hiver, elle prend un bouillon de légumes. ....

d. La deuxième cliente commande un sandwich bio. ....

e. La deuxième cliente va aussi au restaurant japonais. ....

f. Elle aime la nourriture naturelle. ....

4. Écoutez la fin du reportage (les explications d'Olivier Simon). Trouvez les mots employés par Olivier Simon pour dire :

a. Les clients veulent payer en fonction de ce qu'ils mangent.

....

b. Les clients ne restent pas longtemps à table.

....

c. Les gens préfèrent dépenser de l'argent pour les loisirs plutôt que dans les restaurants.

....

....

5. Notez les changements dans les habitudes alimentaires.

a. Ce qui était attaché à la nourriture et qu'on perd

(1) ....

(2) ....

(3) ....

(4) ....

b. Ce que les gens ne font plus

....

....

....

c. Leurs habitudes aujourd'hui

....

....

....

FICHE VIDÉO

Regardez le début du reportage sans le son (jusqu'au générique).

1. Cochez ou complétez.

Le lieu du reportage est un logement ❏ moderne
❏ ancien
❏ rénové

Dans un quartier ❏ bourgeois
❏ populaire

La personne la plus âgée a environ .... ans. La plus jeune a .... ans. Elles sont ensemble

parce qu(e) ....

....

Regardez le reportage avec le son (jusqu'au générique).

2. Corrigez les réponses que vous avez données dans l'exercice 1. Complétez ce tableau d'informations sur les deux femmes.

	Anne	Colette
Profession		
Informations sur leur mari		
Informations sur leurs enfants		

3. Regardez la suite du reportage. Apprenez le sens des mots nouveaux. Complétez avec les mots de la colonne de droite.

• Colette a .... cinq enfants. Cela n'a pas été facile.

Elle n'a pas pu .... de beaucoup de temps libre.

Colette ne travaillait pas. C'était une femme ....

• Dans la deuxième moitié du xxe siècle, les femmes ont ....

.... leur liberté. Elles ont ....

les mêmes droits que les hommes : des droits ....

comme le droit de vote ou le droit au travail.

acquérir (acquis)
conquérir (conquis)
élever
essentiel
au foyer
jouir

4. Notez les opinions de Colette et d'Anne dans le tableau.

Sujets abordés	Colette	Anne
Les enfants		
La vie professionnelle		
Les tâches quotidiennes		
La vie personnelle Les loisirs		
Les relations avec leur mari		

5. Quel jugement Colette porte-t-elle sur :

sa génération : ....

....

la génération de sa fille : ....

....

la génération de ses petits-enfants : ....

....

Quel jugement Anne porte-t-elle sur :

la génération de sa mère : ....

....

sa génération : ....

....

🔇 **Regardez le début du reportage sans le son.**

1. Cochez ce que vous avez vu.

❑ des armes
❑ des champs
❑ un château-fort
❑ un clocher

❑ une charpente
❑ des combles (espace sous le toit)
❑ une église
❑ des fortifications

❑ des gravures
❑ des maquettes
❑ un musée
❑ des scènes de guerre

2. Imaginez :

a. le sujet du reportage : ....

....

b. ce dont parlent les gens : ....

....

🔊 **Visionnez le reportage avec le son.**

3. Corrigez et précisez les réponses de la question 2. Qui sont les personnes qui prennent la parole ?

....

....

....

....

....

4. Les mots soulignés sont utilisés pour raconter l'histoire de l'église de Saint-Pierrevilliers. Trouvez leur sens dans la colonne de droite.

a. Dans l'Est, il y a eu une invasion étrangère.

b. Les soldats ont pillé les villages.

c. Les habitants ont construit une forteresse
pour se défendre.

d. Les armées étrangères étaient composées
de mercenaires.

e. Les habitants se sont réfugiés dans la forteresse.

(1) soldats payés pour se battre

(2) construction qui sert à se défendre
en cas de guerre

(3) entrée d'une armée ennemie
dans un pays

(4) se cacher

(5) voler et détruire

5. Répondez.

a. De quelle époque date l'église de Saint-Pierrevilliers ?

....

b. De quoi avaient peur les habitants de Saint-Pierrevilliers à cette époque ?

....

c. Que faisaient les habitants dans cette situation ?

....

d. L'église de Saint-Pierrevilliers est-elle la seule à être fortifiée ?

....

6. Complétez avec les mots du tableau.

C'est le maire de Saint-Pierrevilliers qui a eu l'idée de créer	un espace muséographique investir (investi)
Certes, le projet n'a pas fait	des mauvaises langues
Quelques .... le critiquent.	soutenir
Mais la plupart des habitants le	l'unanimité
La mairie a .... beaucoup d'argent pour sa réalisation.	

7. Relevez les arguments pour ou contre le projet de musée.

Arguments pour	Arguments contre

Activités conseillées pour la préparation du Delf (unité A2)

En plus des activités qui permettent de découvrir les contenus grammaticaux et communicatifs, les activités suivantes préparent plus particulièrement aux épreuves de l'unité A2 du Delf (Expression des idées et des sentiments).
- **Oral** : présentation et défense d'un point de vue à partir d'un sujet simple et précis face à un interlocuteur.
- **Écrit 1** : identification des intentions et des points de vue exprimés dans un document.
- **Écrit 2** : expression d'une attitude ou d'une prise de position personnelle à partir de questions évoquées dans le document de l'Écrit 1.

• **Unité 1**	1(4), p. 12	**Imaginez – Rédigez**	Oral ou Écrit 2
	1(5), p. 17	**Recherchez les succès**	Oral
• **Unité 2**	2(2), p. 23	**Document « Ils ont un problème »**	Oral
	2(3), p. 24	**Document « Le cinéma »**	Écrit 1
	2(5), p. 28	**Document « Quelle époque »**	Oral
	2(6), p. 31	**Document « Mode de vie »**	Oral
• **Unité 3**	3(3), p. 39	**Découvrez 1, 2, 3**	Écrit 1
	p. 39	**Formulez**	Écrit 2
	3(4), p. 40	**Étudiez 1**	Écrit 1
	3(5), p. 42	**Découvrez 1, 3 (à l'écrit)**	Écrit 1
	p. 43	**Débattez**	Oral ou Écrit 2
• **Unité 4**	4(5), p. 57	**Découvrez 1**	Oral
• **Unité 5**	5(2), p. 64	**Découvrez 1, 2**	Écrit 1
	p. 65	**Parlez 1, 2**	Oral
	5(5), p. 70	**Découvrez 1, 2**	Écrit 1
• **Unité 6**	6(1), p. 77	**Réfléchissez – Discutez**	Oral
	6(2), p. 78	**Recherchez les idées du texte**	Écrit 1
	6(3), p. 81	**Parlez des superstitions**	Oral
	6(4), p. 82	**Découvrez 2**	Écrit 1
		Discutez	Écrit 2
	6(6), p. 86	**Choisissez 1, 3**	Écrit 1
		Choisissez 2, 4	Écrit 2
• **Unité 7**	7(1), p. 91	**Donnez votre opinion**	Oral
	7(2), p. 93	**Donnez votre avis**	Oral ou Écrit 2
	7(6), p. 100	**Découvrez 1, 2, 3**	Écrit 1
		Découvrez 4	Écrit 2
• **Unité 8**	8(3), p. 109	**Parlez**	Oral
	8(5), p. 113	**Parlez des relations 1**	Écrit 1
		Parlez des relations 2	Oral ou Écrit 2

– Notes –

– Notes –

– Notes –

Achevé d'imprimer en France sur les presses de Mame Imprimeurs à Tours (n° 03072011)
Flashage numérique CTP
N° d'éditeur : 10107326 - LO/CGI - Juillet 2003